輿論研究と世論調査

岡田直之・佐藤卓己・西平重喜・宮武実知子

新曜社

まえがき

「一月三舟（イチゲツサンシュウ）」という成句がある。ご存じのように、川面に浮かぶ舟から見るとき、舟それぞれの場所や動きによって、同じ月が異なって見えるということである。この成句に擬すると、さしづめ、本書は「一月四舟」ということになるだろう。執筆者四人の世論観は同じ研究対象である「世論・輿論」をめぐって対立したり、矛盾したりしているからである。

このことは、一面からすると、整合性を欠いているということであるけれども、他面からすると、世論・輿論の見方・考え方やアプローチにスタンダードな立場は存在しないことを意味している。どの世論・輿論観や研究方法が適切であるかは、読み手自身が自己決定すればよいのではないか。この自己決定はもとより世論・輿論現象についての客観的な実態認識に基づくとしても、それだけでなく読み手の感性や情緒の共振にも依存するであろう。

四人の執筆者の基本的スタンスを集約に述べるなら、岡田の場合にはオーソドックスな社会学的方法、佐藤の場合には歴史学的視角、西平の場合には社会調査の立場、宮武は社会学的視点ということになるのではないかと思われる。もちろん、世論研究の方法論やアプローチはこれで尽きるわけではない。

四人の執筆のしかたも、それぞれが相互補完的に縫製しあって、本書をより豊かで充実したものにしていると自負している。世論への関心がこよなく高揚している今日、まことに時宜にかなった出版で、世論研究の専門家のみならず、一般読者の興味関心にも十分応えられたのではないかと思っている。幸いに、各執筆者の個性や持ち味を生かして、世論研究に一石を投じることができたと確信している。

内外の優れた世論の研究文献に比しても、この書は決して引けをとらぬばかりでなく、他に類をみない新機軸をだしている知的構築物であるといってよいだろう。また、言葉によって読み手の知的欲求・想像力を強く喚起するという文章・文体の本質を、各執筆者がなによりも大切にし、しっかりと踏みしめていることも強調しておきたい。そして、読者のさまざまの立場から

の忌憚のない批判を切望してやまない。

　昨今の厳しい出版事情にもかかわらず、本書の意義を評価されて、出版に踏み切ってくれた新曜社の英断に心からお礼申し上げたい。編集に携わった渦岡謙一さんのご苦労にも感謝したい。

　なお、本書の出版を大いに期待しながらも、刊行を目にすることなく他界された堀江洪社長の霊前に本書を捧げたいと思う。

　2007年8月15日

執筆者を代表して
岡田直之

目次

まえがき　　　　　　　　　　　　　　　　　　　　岡田直之　3

第一部　日本における輿論・世論研究の歩み　　　岡田直之　9

輿論・世論研究に関する文献集成の指針　10／試論的な世論の定義　13

Ⅰ　明治・大正・昭和初期の輿論研究事始め　17
　　――主要なパイオニアの輿論観

福澤諭吉の「衆論の構造」　17／末廣重恭（鉄腸）の輿論観　18／青木匡の輿論観　19／吉野作造の輿論観　20／小山隆の輿論観　22／高畠素之の輿論観　25／喜多壮一郎の輿論観　27／戸坂潤の輿論観　29／総括的コメント　31

Ⅱ　戦後の輿論研究　32

新明正道の輿論観　32／米山桂三の輿論観　35／兼子宙の輿論観　38／三崎敦の輿論観　41／小山栄三の輿論観　44／社会学研究会編『輿論の社会学』　47／樺俊雄の輿論観　50／蠟山政道の輿論観　54／総括的コメント　55

Ⅲ　1970年代までの輿論研究　56

米山桂三の輿論観　56／池内一の世論観　57／高橋徹の世論観　61／寺内礼次郎の世論観　62／竹内郁郎「世論と宣伝」　64／児島和人「世論集団と世論過程」　65／松村泰子の世論観　67／日本人研究会編『世論とは何か』（林知己夫／京極純一／辻村明）　68／総括的コメント　82

まとめ　83

第二部　日本型「世論」の成立
　　――情報宣伝から世論調査へ　　　　　　　　佐藤卓己　85

Ⅰ　輿論と世論のあいだ　86

Ⅱ　思想戦時代の「情報」環境　91

第一次大「戦後」から　91
第一次大戦と「輿論の世論化」の衝撃　93

「情報」という軍事用語 94
Ⅲ　内閣情報部——情報局の組織化 95
Ⅳ　宣伝戦の科学と輿論指導 102
小山栄三の宣伝論 102
国際宣伝というグローバル化 106
米山桂三の輿論研究 107
Ⅴ　世論調査の1940年体制 113
戦時下の輿論調査 115
Ⅵ　「ポツダム民主科学」の神話 120
情報局－内務省－内閣審議室の世論調査 123
Ⅶ　「世論」調査の動員体制 128
日米合同「世論調査協議会」から「国立世論調査所」へ 131
Ⅷ　「世論の総力戦体制」を超えて 134

第三部　戦後日本における社会調査　　　　西平重喜 137

Ⅰ　戦後の社会調査 139
乱数表の作成 140／日本人の読み書き能力調査 140／各種のサンプリング・デザイン 142／港区長選挙の予測、東京都知事選挙の予測 142／言語問題の諸調査 143／考現学的調査 144／火災の危険度調査 144／質問法の研究 145／社会的成層と社会的移動の調査（SSM調査） 146／日本人の国民性調査 147／EF調査（東京定期調査） 149／地域調査 150／従業員のモラール調査 152／国際比較調査 153／海外での調査 154

Ⅱ　社会的価値観の変化と国際比較 158
1　データの取扱い 159
2　結果の概要 161
3　価値観の経年変化 166
4　社会価値観の国際比較 177

第四部　1980年代以降の「世論」研究　　　　宮武実知子 189

Ⅰ　「新しい強力効果論」と世論 192
Ⅱ　テレビ政治の世論形成 198

 Ⅲ　世論調査を読む力　204
 Ⅳ　インターネットと公共圏　208
 Ⅴ　「世論」概念の再検討　212

対談　輿論研究と世論調査をめぐって　219
 世論調査との出会い　219／ペルゼル派とパッシン派　221／読み書き能力調査の目的　223／世論調査と社会調査　224／輿論研究との出会い　225／「世論」＋宣伝＝民主主義？　226／「世論」調査の現状について　228／輿論研究の現状について　230

あとがき　西平重喜　232

索引　233

装幀——虎尾　隆

凡例

1．引用は、原則として、常用漢字と現代送りがなに変えた。
2．引用は、読みやすくするために、送りがなを〔　〕で適宜補ったところもある。
3．引用文への引用者の注記は、〔　〕で補った。
4．輿論（よろん）と世論（せろん）の表記については、意識的に使い分けられていた戦前については原則として輿論 public opinion と世論 popular sentiments の意味で使い分けた。1946年以降、「輿」の字が当用漢字表から外れたため、新聞などでは一般に「輿論」にも「世論」が代用されたが、引用文は原文のままにとどめた。

第一部　日本における輿論・世論研究の歩み

岡田直之

輿論・世論研究に関する文献集成の指針

　第一部の目的は戦後日本における輿論・世論研究の歩みを跡づけることである。改めて指摘するまでもなく、ひとくちに戦後期の輿論・世論研究といっても、積み上げられてきた膨大な研究集積があり、そのすべてをもれなく採録することは不可能であるばかりでなく、その必要性もなかろう。当然のことながら、点的な取捨選択を行なわざるをえない。問題は、いかなる視点から選別するかである。

　第一部の基本的なスタンスは戦後民主主義の価値理念である平和主義・国民主権・基本的人権の尊重に立脚して、諸文献を展望し選別することである。昨今、戦後60年を振り返って問い直す作業が多分野で試みられているが、本書もそうした動きの一環であるといえるかもしれない。第一部の主題は「戦後日本における輿論・世論研究の歩み」であるが、本題に先立って、戦前期の輿論観について若干の予備的考察を行なっておこう。

　ところで、「世論」という言葉をどう読むのか。「ヨロン」か「セロン」か、それとも「セイロン」か。NHK（日本放送協会）が1989年に実施した第3回「現代人の言葉環境調査」によると、東京圏の16歳以上の住民の63％が世論を「ヨロン」と読み、34％が「セロン」と読んでいるという（NHK放送文化研究所世論調査部編『世論調査事典』大空社、1996年）。また、「世論」の読み方は、NHKなどマスコミは「「ヨロン」で、世論調査機関・関係者の集まりである財団法人日本世論調査協会でも、「ヨロン」としている」（同書、16頁）と解説している。このように、「世論」を「ヨロン」と読むのが一般的であるといってよい。

　「世論」の読み方の違いはもちろん単に発音上の問題にとどまることではなく、それぞれの意味内容の差異を胎蔵しているはずである。だが、この点について、日本の主要な国語辞典でも、かならずしも明瞭ではない。「ヨロン」「セロン」「セイロン」はほぼ同義語であるといった説明ですませている。恐らく、輿論・世論の言葉の歴史的意味内容の差異と変遷を表わすためには、「輿論」「世論」「公論」「衆論」「民論」「民意」「人心」「公議」「国論」などといったように、漢語を使い分けるしかないだろう。

図1　漢語辞典・国語辞典にみる「よろん」「せいろん」「せろん」

刊行年	書名	著者・編者	発売元	よろん	せいろん	せろん
1868(慶應4)	『新令字解』	荻田嘯	大阪大野木市兵衛	モロモロノギロン	×	×
1872(明治5)	『布令字辨』	佐藤元恭	×	×	×	×
1889(明治22)	『言海』	大槻文彦	秀英舎	輿論[輿人之論、輿、多也衆也]世上ノ多人數ノ相同ズル論	×	×
1892(明治25)	『日本大辞典』	山田美妙	名著普及会	輿論:一般ノ論	世論:世上ノ論	×
1894(明治27)	『日本大辭林』	物集高見	宮内省蔵版	輿論:よのなかのあまたのひとのろん。	世論:よのひとのすべてのろん。	×
1896(明治29)	『日本大辞典』	大和田建樹	博文館	輿論:多数の人の議論。公論。	×	×
1896(明治29)	『帝國大辭典』	藤井乙男・草野清民	三省堂	輿論:一般の論といふにおなじ。	世論:世上の論をいふ。輿論に同じ。	×
1898(明治31)	『増訂三版和漢雅俗いろは辭典』	高橋五郎	いろは辞典發行所	輿論:公議(人民一般の公論)	世論:よのひとのあげつらひ、せけんのひやうばん。	×
1908(明治41)	『大増訂ことばの泉』	落合直文、落合直幸	大倉書店	×	世論:正しき議論。正議。	世論:世上の議論。
1917(大正6)	『大日本國語辭典』	松井簡治、上田万年	冨山房	輿論:世上一般に唱へらるる議論。世論。公論。	世論:世間一般の議論。輿論。	世論:世上に行はるる議論。輿論。
1917(大正6)	『大字典』	上田万年、岡島正之、飯島忠夫、栄田猛猪、飯田伝一	講談社	輿論:世間一般の議論。公論。	×	世論:世上の議論
1918(大正7)	『大日本兵語辭典』	原田政右衛門	成武堂	×	×	世論:世の中の人が國家又は軍隊の上に關して勝手気儘なる論説を試むること。
1921(大正10)〜1928(昭和3)	『改修言泉』	落合直文著、芳賀矢一改修	大倉書店	輿論:世間一般の人の唱ふる論。天下の公論。	世論:世の中一般の人の論ói。せろん。公論。輿論。	世論:1.せいろん(世論)に同じ。2.[佛]順世・外道の言論。悪論。

次頁につづく

刊行年	書名	著者・編者	発売元	よろん	せいろん	せろん
1935（昭和10）	『大言海』	大槻文彦	冨山房	輿論：世上ノ多人數ノ相同ズル論。公論。世論。	×	×
1935（昭和10）	『辭苑』	新村出	博文館	輿論：世間一般の人が唱へる論。社会大衆に共通な意見。世論。	世論：世間一般の議論。せろん。輿論。	世論：せいろん

出所）宮武実知子「世論（せろん／よろん）概念の生成」津金澤聰廣・佐藤卓己編『叢書・現代のメディアとジャーナリズム』第6巻（広報・広告・プロパガンダ）、ミネルヴァ書房、2003年、61頁。

図2　社会学関係雑誌に掲載された「輿論」「与論」論文

論題	年	執筆者	雑誌名	発行所	巻号
与論	1903（明治3）	小林都	社会学雑誌	社会学研究会、社会学雑誌社	5. 2.
与論尊重と少数者	1920（大正9）	大島正徳	丁酉倫理会講演集	丁酉倫理会、大日本出版	214
与論とデモクラシー	1922（大正11）		丁酉倫理会講演集	丁酉倫理会、大日本出版	242
与論と伝承	1923（大正12）	深作安文	丁酉倫理会講演集	丁酉倫理会、大日本出版	245
輿論の生成に就て	1924（大正13）	小山隆	社会学雑誌	日本社会学会	5
輿論の破錠	1932（昭和7）	近藤兵庫	丁酉倫理会講演集	丁酉倫理会、大日本出版	351
輿論の考察	1932（昭和7）	戸坂潤	唯物論研究	唯物論研究会、木星社書院（→隆章閣→唯物論研究会）	2
輿論と沈黙	1933（昭和8）	香原一勢	丁酉倫理会講演集	丁酉倫理会、大日本出版	372
隠れたる与論	1934（昭和9）	太田秀穂	丁酉倫理会講演集	丁酉倫理会、大日本出版	375
輿論の政治性	1943（昭和18）	川辺喜三郎	（年報）社会学	日本社会学会、岩波書店	9
輿論調査法（上）	1947（昭和22）	小山栄三	社会圏	民族文化調査会	1. 3.
与論調査に於ける社会心理学諸次元について	1948（昭和23）	ハーバート・パシン	社会学研究	日本社会学会、高山書院→国立書院	1. 3.
輿論調査法（下）	1948（昭和23）	小山栄三	社会圏	民族文化調査会	2. 1.
輿論と新聞	1948（昭和23）	大道安次郎	社会圏	民族文化調査会	2. 2.

出所）宮武実知子、同上論文、71頁。

宮武実知子が丹念にかつ綿密に調べた「漢語辞書・国語辞典にみる「よろん」「せいろん」「せろん」」（図1参照）ならびに「社会学関係雑誌に掲載された「輿論」「与論」論文」（図2参照）は世論の言葉の言語史的考察としてまことに興味深い。この考察結果をふまえて、宮武はこう述べている。「〔輿論と世論との〕こうした区別の消滅は、単なる言葉の問題ではない。言葉の曖昧さは、その内実への無自覚を促す。政治に対する理性的批判も、娯楽として消費される非合理的衝動も、ともに「世論の支持」で正当化されうる。政治的正当性の根拠として要請されてきた「輿論」と、興味本位に煽られた同調圧力としての「世論」。双方が渾然一体となった世論（せろん／よろん）は、その理念が語られることも、非合理性が批判されることも、ともに困難となってしまったのではないか」（宮武実知子「世論（せろん／よろん）概念の生成」津金澤聡廣・佐藤卓己編『叢書・現代のメディアとジャーナリズム』第6巻（広報・広告・プロパガンダ）ミネルヴァ書房、2003年、72頁）。ヨロンとセロンとセイロンの概念的差異の消失ないし無造作な混用が現代世論の意味内容の空洞化を招来しているのではないかという宮武の洞察は示唆に富み、傾聴に値するだろう。

試論的な世論の定義

　　　　　　世論など存在しない。　　　　　　——ピエール・ブルデュー

　　　　　　輿論は議会政治という政治制度の奥殿にまつられたご神体である。
　　　　　　　　　　　　　　　　　　　　　　——京極純一

「輿論・世論とは何か」については、採録文献が縷々綿々と説明しているので、ここで屋上屋を架す愚は避けたいと思う。さりとてまったく触れずに素通りすることもできないであろう。そこで、私が前書『世論の政治社会学』（東京大学出版会、2001年）で叙述した世論の定義づけをまずもって紹介しておこう（同書、4-6頁）。

　　民主政治は世論に基づく政治である、と一般に理解されている。しかし、その「世論」とはなにを意味するのかについては、かならずしも見

解の一致があるわけではない。ある人は総選挙で確定される有権者の総意を世論の高度な凝縮と反映と見なすであろうし、他の人は世論調査で測定される全国的規模における国民の意見分布を世論の実態として捉えるであろうし、あるいはまた圧力団体・大衆運動・市民運動などを母体に動員・結集される組織的集合意見が現代民主主義社会にふさわしい世論の在り方であると主張する人もいるだろう。

　こうした多様な世論の定義や捉え方はいずれも相応の妥当性と有効性をもっている。どの世論の概要・定義を適切なものと考えるかは第一義的には世論研究者の問題意識や問題関心や研究方法などに基づいて適合的に決定されるといってよい。しかしながら、世論の概念・定義の多義性や多面性に思いを馳せるなら、いずれの世論の概念・定義も自己完結的なものではありえず、まして独占的特権性を主張できないことを肝に銘じておくべきであろう。言い換えるなら、世論の多次元的現実をつねに念頭におかなければならない。

　フランスの社会学者ピエール・ブルデュー（Pierre Bourdieu 1930-2002）は現代政治における世論のありようについて、つぎのように語っている。「政治家はかつて「神はわれとともにあり」と言ったものだが、今日の政治家は「世論はわれとともにあり」と公言している」。ブルデューはクレデンダ（正統化の象徴）としての現代世論の特質を言葉巧みに剔出しているといってよい。多言するまでもなく、現代政治において世論の概念はなによりも政治支配や政治行為を正当化するための中枢的政治シンボルとして利用され機能しているということにほかならない。もとより世論による政治は立憲主義や議会制民主主義や複数政党制などの仕組みによって制度的に支えられているけれども、そうした制度機構の威信と権威がひとたび被治者によって一般的に承認され受容されるようになると、正統性の実質的根拠はしだいに形式化し、ときに形骸化する。こうして、皮肉なことに、世論政治が制度化され定着するにつれて、世論の概念はきわめてイデオロギー的政治言語としての色彩を帯びはじめ、しばしば実体をともなわない正体不明の正統化のシンボルに転化するパラドックスを引き起こすのである。こうして、「世論など存在しない」というブルデューの逆説的な世論テーゼが提起されることになる。世論なるものが字義どおり存在すると思い込むナイーヴな錯認を峻烈に退けて

槍玉に挙げたところに、かれの面目躍如たるものがある。ただし、誤解のないように付言するなら、ブルデューは世論そのものを絶対的に否定しているわけではなく、「否定による自己還帰」という思想的方法に依拠することによって、社会通念として一般に通用している既成の世論観の否定をとおして、世論そのものを根本的に問い直し、世論そのものの実在性を究明するための知的挑発を果敢に試みているのである。

　「世論は議会政治のご神体である」との政治学者の京極純一（1924年-）のメタファーも、現代政治における世論にたいする物神崇拝の実態を日本的感性ですこぶる巧妙に描出し、世論政治なるもののリアリティの断面を衝撃的かつ象徴的に暴露している。かれはこう述べている。世論は「議会政治という政治制度の奥殿にまつられたご神体でありまして、なかなか曰く云い難いものであります」。この「曰く云い難い」世論の観念をいかにして社会科学の概念カテゴリーに変換できるかが世論研究者に突きつけられたアポリアであったといってよい。京極があえて「議会政治のご神体」という象徴的表現のあやを用いたのは、現代政治における世論観念の物神性・虚構性・擬制性を指摘することで、世論の実証主義的定義に包摂しきれない世論事象の政治哲学上の根本問題を示唆しようとしたからではないかと思われる。

　世論の実証主義的研究は、世論に関する政治哲学的考察を中断あるいは切断することで長足の進歩をとげ、輝かしい成果をあげてきたけれども、他面、そのために支払った代償も少なくない。世論観念に染みいる規範性への過度の反発や有無を言わさぬ拒絶はそのひとつであろう。だが、規範概念としての世論という歴史的原点を喪失した世論研究は底が浅いだけでなく、累卵の危うさをはらむといわなければなるまい。

　もちろん、規範概念としての世論と記述概念としての世論とは分析上明確に区別されねばならないし、ましてみだりに混淆してはならないとしても、記述概念としての世論には規範概念としての世論の裏打ちがともなわなければならないし、逆に、規範概念としての世論にも記述概念としての世論という裏地を張り合わせなければならない。したがって、世論とは単に経験的に存在する実態を客観的実証的に記述し認識するための概念装置にとどまるものでなく、さらに規範意識に裏打ちされた実践的な批判概念なのである。こうして、世論の観念は濃淡や比重の差こ

そあれ経験的要素と規範的要素との混合物にならざるをえない。このような世論観念の二重性や重層性が抜け落ちて、かりそめにも理念なき世論の陥穽にはまってはならないだろう。

　民主政治において世論のはたすべき基本的役割とは、いうまでもなく、政治権力の不当な行使への民衆理性——日常的生活世界における一般民衆の判断基準——に基づく絶えざる監視・抑制ならびに政治過程への世論の反映である。言い換えるなら、民主主義社会にふさわしい世論とは、支配権力からの自律を志向しつつ、支配権力との拮抗と緊張関係をとおして民主政治のクオリティとポテンシャリティ（潜在力）とを不断に高める政治的力でなければなるまい。これこそ、世論の理念的核心なのである。現実の世論や事実としての世論はこの民主主義的世論観の原点に照らし合わせて検証され意義づけられることが肝要である。

　もっとも、世論観念の二重性を適切に折り合わせ接合した世論概念の定義は決して容易なことではない。あえて卑見を述べるなら、世論とは、政治社会における政治システムの正統性や政治リーダーの選択や政策問題について、制度的・非制度的チャンネルをとおして組織的に集約され公的に表明される被治者の多様な集合的意思を有力な引照基準にして、政治的社会的影響力と威信をもつ世論形式機関がそれぞれの顕在的あるいは潜在的な利害体系に配慮しつつ、特定の政治社会的勢力の政治的意思を任意に国民の一般意思と見なして僭称する通用的妥当性を内包する明示的政治言説であるといえるだろう。こうして、世論の観念は、（１）多かれ少なかれ世論の裏打ちがともなわなければならないし、逆に、規範概念としての世論にも記述概念としての世論という裏地を張り合わせなければならない。したがって、（２）世論とは単に経験的に存在する実態を客観的実証的に記述し認識するための概念装置にとどまるものでなく、さらに規範意識に裏打ちされた実践的な批判概念なのである。こうして、世論の観念は濃淡や比重の差こそあれ経験的要素と規範的要素との混成物にならざるをえない。このような世論観念の二重性や重層性が抜け落ちて、かりそめにも理念なき世論の陥穽にはまってはならないだろう。

　世論の観念は、（１）多かれ少なかれ擬制的仕掛けとレトリック戦略

の契機をはらまざるをえないこと、(2) 単なる個人意見・集団意見の束や集合ではなく、特定の歴史的政治的文脈に根ざして社会文化的に構成される集合的実体性とイデオロギー的立場とを体現すること、(3) いかなる世論形成機関も世論の独占者・専有者でありえないこと、(4) しかしながら、政治社会過程において支配的・主流的地位を占める世論形成機関が一定のヘゲモニーを握り、一般に優位にたつことも見過ごしてはならない。

I 明治・大正・昭和初期の輿論研究事始め
―― 主要なパイオニアの輿論観

本題に先立って、戦前期の輿論に関する見方・考え方の断面を一瞥しておこう。

福澤諭吉の「衆論の構造」

まず、福澤諭吉（1834-1901年）の「衆論の構造」から始めたい。福澤は『文明論之概略』（1875年）で、つぎのように述べている。

> 一国の議論は人の体質より出るに非ずして其の精気より発するものも、必ずしも論者の多きのみに由て力あるに非ず、其の論者の仲間に分賦せる智徳の分量多きがため、其の量を以て人数の不足を補ひ、遂に衆論の名を得たるものなり。（丸山眞男『「文明論之概略」を読む』中、岩波新書、1986年、92頁からの重引。また、福澤諭吉・松沢弘陽校注『文明論之概略』岩波文庫、1995年、100-101頁を参照せよ）

この福澤の衆論観は、衆論なるものを一方的に非難罵倒するごとき浅薄な短慮ではなく、衆論も優れた知識人のリーダーシップによって啓発されるなら、歴史を動かす革新的な役割を果たす可能性があることを示唆したものとして傾聴に値しよう。人口に膾炙した福澤の名文句「衆論の向ふ所は天下に敵なし」ということにほかならない。

政治思想史学者の丸山眞男（1914-1986年）の明快な解説によれば、この

フレーズは、

> 時勢にはどうせ勝てないのだ、という宿命論の意味ではない……。そのことと、ここでの多数における「質」の問題とを結びつけますと、少数の学者、つまり広い意味での知識階級の職分につながっていきます。知識人というのは、衆論を変革していくという大きな使命を持つ。……学者は勇をふるってわが思う所の説を吐くべし……。異端であることを恐れてはいけない、昨日の異端は今日の正統である、世論に束縛されずに少数意見を述べよという主張は、この衆論の変革の可能性と結びついている……。福澤における人民主義(ポピュリズム)と、知識人の使命観とは、このような形で結びついている……。
>
> 西洋で新聞紙や演説会が盛んで「衆口の喧(かまびす)しき」状態も結局、人民の知徳を鞭撻することになっている、という。福澤のいう「多事争論」のすすめもそこからきている……。……彼はまだ、今日の大衆社会におけるマスコミの発達のなかにひそむ問題性――世論を操作し、ステロタイプ化する作用など――は洞察していません。これは、西洋でも1920年代になって、たとえばW.リップマンの『世論』などという著作でようやく指摘されるようになる……。(同書、93－94頁)

このように、福澤の衆論観は、衆論が根底において非合理・不条理・矛盾をはらむ情動の塊であるにせよ、政治家や知識(インテリゲンチュア)人の適切なリーダーシップのもとに啓発されれば歴史を動かす革新的なパワーに転化すると説いている。ともすると、世論事象を平板化・一面化して、その否定的・病理的側面を誇張しがちな現代メディア社会、とりわけテレビ主導型政治が大手を振ってまかりとおる現在、世論に潜在する構造的多次元性と革新性への視点の有用性を示唆する福沢の歴史的洞察は実に見事というほかない。

末廣重恭（鉄腸）の輿論観

明治初期のジャーナリスト・政治家の末廣鉄腸（1849-1896年）は、こう演説している。「諸君ヨ、諸君ハ口ヲ開ク毎ニ輿論ノ勢力ハ此ノ如ク、輿論ノ功用ハ如何ント称道セリ。然レドモ諸君ハ果シテ輿論ト云フ文字ノ意味ヲ解釈シ得ルカ。輿論ノ意味ヲ簡単ニ説キ明カセバ、国民ノ多数ノ意見ヨリ

成立スル議論ト云フコトナリ」と述べたという（松本三之介・山室信一校注『言論とメディア』日本近代思想体系11、岩波書店、1990年、63頁）。

　庶民・世人が「輿論」の言葉を口にするようになったものの、その意味を十全に理解できなかったという、当時の世相を物語る歴史的資料として記録に値するだろう。

青木匡の輿論観

　ジャーナリストで立憲改進党員としても活躍した青木匡（ただす）（1856－没年不明）は東京政談演説会（1881年）で、「輿論必ズシモ善良ナラズ」と下記のように演説している。

> 今ココニ此ノ論題ヲ掲ゲ来ラバ、論者或ハ言者アラン、一人一箇ノ論議ニ是非善悪アルハ固ヨリ免レ難キ所ナリト雖、国民挙テ之ヲ善トシ国中悉クコレヲ是トスルノ論議ニシテ、未ダ善良ナラザル者アリシヲ聞カズト。是レ所謂知レ一不レ二〔一を知りて二を知らず〕ノ議論ナリ。請フ試ミニコレヲ論ゼン。抑モ輿論ハ一国多数人民ノ議論ナリ。故ニ其国智識ノ度ニ応ジ開化ノ浅深ニ依リテ公議輿論ノ異同アルハ、条理ノ最モ覩易キ者ナリ。見ヨ、開明進歩シタルノ国ニハ高尚卓識ノ輿論アリ、野蛮草昧ノ邦ニハ亦従テ浅薄卑近ノ輿論アルニ非ズヤ。（中略）抑一国ノ政治法律ハ人民ノ公議輿論ニ依テコレヲ左右スルヲ貴ビ、決シテ一人一箇ノ意想ヲモッテ左右スルヲ貴バザルナリ。然ルヲ偶々公議輿論ノ善良ナラザルヲモッテコレヲ用キザルト云フガ如キハ、恰モ利器ノ時トシテ人ヲ傷フノ害アルヲモッテ全クコレヲ廃スベシト云フニ均シ。其言ノ当ラザル、固ヨリ明ラカナリ。（松本三之介・山室信一校注『言論とメディア』日本近代思想体系11、岩波書店、1990年、68－69頁）

　そして、青木は「輿論必ズシモ善良ナラズ」どころか、「輿論必ズシモ悪因ナラズ」と論理文脈を巧みに反転させ、輿論を擁護するのである。すわなち、かれはその演説を、こう結んでいる。

> 輿論ヲ採納シテ、ソノ事ノ善良ナラザルヨリ生ズル弊害ハ小ニシテ少シ、善良ナル輿論ヲ採ラズシテ発スル所ノ弊害ハ大ニシテ多シ。小害ヲ

> 恐レテコレヲ捨ルニ汲々タル時ハ、却テ玉石共ニ捨ツルニ至ルハ古今ノ通弊ナリ。況ヤ小害ダモ見出ス能ハザル善良ノ輿論ニ於テヲヤ。(同書、71頁)

　輿論の礼賛論・美化論の横行した時世に、あえてその時流に挑戦し、「輿論必ズシモ善良ナラズ」と半畳を打った気骨さに、明治期のジャーナリストの真骨頂を思い知らされたといわざるをえない。今日、これほど単刀直入に輿論性善説を否定する世論研究者はまずいないだろう。

吉野作造の輿論観

　大正デモクラシー運動の理論的指導者であった吉野作造（1878-1933年）は周知のように、デモクラシーと輿論との原理論的関連性について、1916年に『中央公論』誌上に掲載された長文の論文「憲政の本義を説いて其有終の美を済す途を論ず」で余すところなく論理明快に叙述している。吉野の昂揚し、かつまた気魄溢れる論理展開をたどるなら、つぎのようになるだろう。

> 　近代の憲法政治は疑もなく所謂近代の精神文明の潮流と離るべからざるの関係にある。近代文明の大潮流が滔々として各国に瀰漫し、其醞醸するところとなって憲法政治は現出したものである。(「吉野作造選集」2、岩波書店、1996年、22頁)

> 　固より各国夫れ々々の憲法は、一面共通なる精神を基礎とすると共に、他面各々其国特有の色彩を帯びて居る事は論を俟たない。(中略)所謂憲政有終の美を済すの途は実に此共通の精神を理解する事を以て始まらねばならぬ。而して予は各国憲法に通有する精神的根柢を以て、民本主義なりと認めるものである。(同書、23頁)

> 　民本主義といふ文字は、日本語としては極めて新しい用例である。従来は民主々義といふ語を以て普通に唱へられて居ったやうだ。時として又民衆主義とか、平民主義とか呼ばれたこともある。然し民主々義といへば、社会民主党などといふ場合に於けるが如く、「国家の主権は人民にあり」といふ危険なる学説と混同され易い。又平民主義といへば、平

民と貴族とを対立せしめ、貴族を敵にして平民に味方するの意味に誤解せらるる恐れがある。独り民衆主義の文字丈けは、以上の如き欠点はないけれども、民衆を「重んずる」といふ意味があらはれない嫌がある。我々が視て以て憲政の根柢と為すところのものは、政治上一般民衆を重んじ、其間に貴賤上下の別を立てず、而かも国体の君主性たると共和制たるとを問はず、普く通用する所の主義たるが故に、民本主義といふ比較的新しい用語が一番適当であるかと思ふ。（同書、23頁）

　民主主義とは、文字の示すが如く、「国家の主権は人民に在り」との理論上の主張である。されば我国の如き一天万乗の陛下を国権の総攬者として戴く国家に於ては、全然通用せぬ考である。然し斯く云えばとて、民主主義を云々することが、直ちに君主制の国家に在っては危険なる、排斥せねばならぬ主張であると、一概に云ふことも出来ない。（同書、25-26頁）

　民本主義は第一に政権運用の終局の目的は、「一般民衆の為め」といふことにあるべきを要求する。（同書、35頁）

　第二に民本主義は政権運用の終局の決定を一般民衆の意嚮に置くべき事を要求する。（同書、43頁）

　人民投票は代議政治の欠点を補ふとは言ふけれども、実際の効用は極めて少い。のみならず之を頻繁に行ふ時は、代議制の根柢を動揺し、其円満なる発達を妨ぐる恐がある。（同書、62頁）

　吉野の長大な論文は、「所謂民本主義が現代憲政の自然の帰趨であり、又其根本の目標であることは明である。而して其発達が実に国民の道徳上知識上の進歩と密接に相待ち相伴ふものなることも亦明了であろう」（同書、142頁）と結んでいる。なんとも回りくどい説明だが、当時の国家体制の下でとにもかくにもデモクラシー擁護論を打ち出すためには、このような八方睨みの論理を展開せざるをえなかったのであろう。
　なお、吉野が輿論について直接論及した箇所を抜粋しておこう。「多数の

政治は少数賢者の指導なしにはもともと健全なる発達を見る能わざるものである。二者相待って初めて憲政は完全なる発達を見る事が出来るのである。この関係を政治的に見れば、多数の意嚮が国家を支配するのであるけれども、これを精神的に見れば、少数の賢者が国を指導するのである。故に民本主義であると共に、また貴族主義であるとも言える。（中略）憲政をしてその有終の美を済さしめんとせば、政策決定の形式上の権力は、思い切ってこれを民衆一般に帰し、しかも少数の賢者は常に自ら民衆の中におってその指導的精神たる事を怠ってはならぬ」（岡義武編『吉野作造評論集』岩波文庫、1975年、73頁。傍点・傍丸は原文）。ここで、丸山眞男の精神的貴族主義のコンセプトを想起する読者も少なくないだろう。

　解説を執筆した近現代史研究者の松沢弘陽は吉野作造の再評価をめぐって、「吉野没後12年、戦後民主主義の中で大正デモクラシーの遺産が再認識され、吉野への学問的な問いもようやく始まった。そして55年体制崩壊後、政党再編のもとでの混迷には、藩閥寡頭制と政友会との政権交替体制が崩壊した後に始まった二大政党政治の混乱に通じる面が在る。そのような状況のもとで、「政治専門家」と民衆＝政治のアマチュアとの創造的な結びつきと民衆の意識と行動の変革を期待し続けた吉野の政治改革論と政治学とを考えることは、時にかなった意味をもつだろう」（同書、331頁）と論評している。吉野の民本主義をブルジョア・デモクラシーの制約と限界をもつものと一刀両断にするのではなく、その現代的含意をいまいちど再考察すべきだろう。

小山隆の輿論観

　社会学者の小山隆（1900-1983年）は『社会雑誌』第5号（1924年）に、「輿論の生成に就て」（47-66頁）と題した論文を執筆している。

　かれは論文の冒頭部で、「実に輿論尊重は近代文明社会における普遍的傾向である。しかし一度翻って輿論なる語の内容を省察し、輿論の本質に立ち至る時は、たちまちにしてその中心の奈辺にあり、その範囲の何処まで及べるかを把捉するに苦ましめる」（同論文、47頁）と述べ、輿論とは何かを理解することがすこぶる困難であると宣明したうえで、輿論をつぎのように定義している。

　　　私は輿論とは共同関心を中心として相互作用によって組織せられた公

衆の意見であると考える。即ち、輿論は時々転替する関心を中心として生滅し、その範囲について限定すべからざるものである。この故に輿論は必ずしも特定社会団体をもってその主体となさず、その範囲は特定社会団体の範囲より、あるいは広く、あるいは狭く、またはこれと相交錯する。かかる意味において、私は輿論の主体を各種の社会団体に分つ説には賛し得ない。輿論の主体は実に公衆なるひとつの社会圏である。
（同論文、48頁）

　小山はこのように輿論を定義づけて、さらにみずから輿論研究のアプローチの特徴について言及する。「私は……当為としての輿論を離れて、単なる実在としての輿論の考察に向いたい。しかし輿論の本質に至る捷径はその生成の過程を分析し、これが因由を尋究するにあると信ずる」（同誌、48-49頁）。
　戦後輿論研究者の多くは当為（ゾルレン）としての世論研究を否定し、実在（ザイン）としての世論の実態把握をめざす実証主義の立場に立脚するのであるが、小山論文がどのくらいの示唆的影響を及ぼしたのか、私は断定的に考証することはできない。だが、少なくとも戦後初期の輿論研究者に与えた直接・間接の影響はかなり大きかったのでないかと思われる。
　小山論文の実証的世論研究への基本的スタンスとともに、もっと注目されるのは世論形成における複数関連要因の相互作用という社会心理学的視点が組み込まれていることだ。それは、かれが世論形成の「3種の契機」として、（1）注意の集中、（2）共同関心、（3）象徴を挙げていることに端的に示されている（同誌、56-63頁）。このあたりの所論はW.リップマンやG.タルドを下敷きにしているといってよいが、小山の独創性は相互作用のメカニズムとして、（1）発表分子、（2）一次的結合分子、（3）二次的結合分子を構想している点にある（同誌、64頁）。
　「発表分子」とは、「輿論生成の最初の刺戟を与えるものであり、輿論の核心を為すものである」。「一次結合分子とは注意を喚起せられたる事象に対し、直接関心を有し、これが理解欲求に与えるものを言い、輿論の消長はこの一次的結合分子の多寡によって決定せられる。輿論の拘束力の大小も、関心の強度とともにこの分子の数に依繋す」。「二次的結合分子とは、与えられたる意識的産物に対して、直接の関心を有せず、時にはむしろ反対の関心を有す

るも、その意識的産物が多数者の共同関心たることを認め、かつそこに意識的、無意識的に威力を感じて、沈黙的態度をとるものである。これを輿論の消極的因子をなす」と解説したうえで、小山は下記のように締めくくるのである。少し長文の引用となるが、小山のブリリアントな知性がいかんなく発揚されているので紹介する。

　しからばこれら三分子間に、いかなる相互作用が行わるるか、まず発表分子と、一次的結合分子との間においては、前者は後者に対して刺戟暗示を与え、後者はこれに対して共同関心を意識し、そこにタルドのいわゆる反覆、模倣の作用が行われる。しかしここに、しばしば輿論における不合理的因子の胚胎せらるるを看過することは出来ぬ。すなわち擬制と称せられる人為的作為の存する事実である。擬制とは、ある目的のために作られる作為であり、思惟の技巧である。実際真実ではないが、真実であるかのように考へられて、目的の到達に役立つ仮定である。擬制は、譬喩的類似と、実質的同似を混同する心理を、その根柢に含む。社会内に、種々の分化があり、因襲の存するとともに、各人の認識能力に限度があるがゆえに、各人の思惟判断は一方的となり、全般に及び難い。ここに擬制は基因する。したがって擬制によって輿論の生起する時は、最もしばしば象徴を伴う。さらに擬制の半面には、錯覚なる心理現象の存在がある。かくのごとく発表分子、ならびに第一次結合分子間に、すでに幾多の不合理的過程を含む。
　さらに第二結合分子においては、あたかもこれと逆の現象が見出される。ある意が有力となり、これが社会全体の共通欲望を含むと思惟せらるるに至れば、そこに拘束力を感ずる。したがって自己は必ずしもその共通欲望によらず、時には欲望を有する如き場合にも、これに反対の意志を表明せず、まったく共通欲望によれるが如く装おふ。殊に発表分子に、何等かの威力を備うる場合に、この現象は多く現れる。これを称して社会的擬態と言ふ。かくのごとき作用が三分子間に行われるが、それは種々複雑なる相をとり、またこの関係は決して静的にあらずして、絶えず変動せることもちろんである。
　かくして輿論は、社会内における諸成員の相互作用の結果として成立する。しかしてひとつの観念が他の観念を駆逐して、公衆の舞台に上り

来る所以は、必ずしも合理的過程によらず、その種々なる社会事情、心的傾向に依存するものと私は認める。(同論文、65-66頁)

　小山の輿論の三層三重構造説を図式化するなら、図3のようになるだろう。中核部あるいは根っこに「発表分子」が置かれていることに留目してほしい。

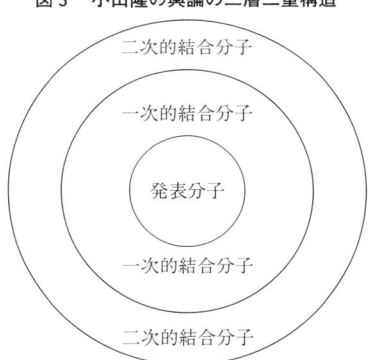

図3　小山隆の輿論の三層三重構造

高畠素之の輿論観

　日本で初めてカール・マルクス（1818-1883年）の主著『資本論』（第1巻1867年、第2巻1885年、第3巻1894年）を全訳した社会思想家の高畠素之（1886-1928年）は1925年に『社会問題辞典』（新潮社）を公刊したが、そのなかに「輿論」の小項目がある。輿論の研究文献と称する類のものではないけれども、いわば「番外篇」として1925年（大正14）という時期に、輿論についてどんな総括的説明が行なわれていたかを知るうえで貴重な資料だと思えるので、あえて全文を採録したい。
　アメリカのジャーナリスト・政治評論家のW.リップマン（1889-1974年）の『世論』が刊行されたのは1922年であるが、その直後に執筆されているだけに、いっそう興味をそそるであろう。

　　　輿論なる文字は一般に使用するところであるが、政治学上に於いて

はこれを英語のpublic opinionの義に従い、公議輿論というが普通である。元来輿論なるものはひとつの政治心理学上の問題であって、これをその立場によって解説する時は、頗る広汎かつ多岐に渉らざるを得ないものである。然し簡単にいえば国家機関・政党政派、及び一般政治家を囲繞するところの民政的勢力である。なお簡明にいえば一定の政治問題に関する一般国民公同の意見なりというを得る。輿論は一定の政治問題を以てその対象とする。例えば或る国と戦うべきか否か、親しむべきか否か、或る処分は正当なるか否か等の問題が起されて、始めて輿論の発動を見るのである。然し、輿論はただ漠然たる意見に対して或る判断を加うるのみであって、精密厳格なることを必要としない。例えば憲法を制定するか否か、或いは修正すべきか否かということは輿論の範囲に属し得るものであるが、その編章条項の如何は、決して輿論の問題となるものではない。斯く輿論なるものは、国民の全部が一定の政治問題に対してその意思を表示することはあり得ないが故に、新聞・雑誌・その他の刊行物に現われるところの思潮、もしくは、公会・演説会等の論調を綜合し、通観し、これによって、国民一般の意思の存するところを推測推定し、大体をとり、一定時期の社会的意向を抽出することに依って与えられるのである。

　輿論はこの意味に於いて、政治社会に於ける自然的発生物である。故に国家機関又は法律によって作製し得べきものではないが、今日の立憲国は、皆その憲法を以て、議論・集会・出版の自由を保証して、輿論のためにその道を開き、その発達を助成せんことを期している。然しながら、輿論は必ずしもかかる無形の空気を捕捉することばかりでなく、憲法又は法律を以て、直接これに触れる方法も設けられている。レフェレンダムの如きはその一例である。又輿論を政治心理より見れば、多数民衆の意見の一致、即ち人間の宣伝性と模倣性との産物である。故に煽動家・野心家・デマゴーグ等のために乗ぜられ、単なるモップのために致される事がしばしばある。故に輿論とは愚論なりとの皮肉な定義もある如く、ともすれば完全なる公議となし得ない場合もあり得るが、何れにせよ、時代の傾向なり、人心の帰趨なり、思想の潮流なりは、この無形の輿論を以て大体を測定する外はないのである。立憲政治とはかかる輿論の正鵠を判じ、その要求を実際施設の上に反映せしめんとするものに

外ならぬが故に、輿論との間に重大なる関係あることを知らねばならない。民の声は神の声なりというが如きは這般の消息を伝ふるものと解される。

輿論の定義、輿論形成と輿論の多様な発現様式、輿論の情動性・浮動性と革新性とのアンビヴァレンス、輿論と時代潮流との関連性など、驚くほど現代世論の考察にも通用する説明である。それに内外の輿論関連文献（例えば、J. G. タルド、G. ルボン、F. テンニース、W. リップマン、福沢諭吉、吉野作造）を読みあさったと推察でき、明記されていないものの、そのエッセンスを巧みに折り込み滲透させたところの、輿論に関する優れた解説である。その骨子は世論研究の古典である W. リップマンの『世論』に勝るとも劣らぬだろう。1925年という時期に、このような目を見張る総括的な輿論解説が行なわれたことは驚嘆に値しよう。

喜多壮一郎の輿論観

早稲田大学政治経済学部の新聞学講座を担当し、後に立憲民政党から衆議院議員となった喜多壮一郎（1894-1968年）は、1930年に発表した論文「輿論とヂャーナリズム」（「綜合ヂャーナリズム講座」第 2 巻、内外社、1930年、1-23頁）で、輿論の概念を総点検し、5節で紹介した小山隆の輿論概念（輿論とは共同関心を中心とした相互作用からして組織化された公衆の意見であるという主張）を妥当なものとして踏襲しているが、小山と異なる点はジャーナリズムが公衆的意識（輿論）の醸成装置であるとの前提に立って、「ヂャーナリズムが公開された現実的事実に関して読者なる公衆の社会的意識を統制して始めてヂャーナリズムと輿論との関係が成立する」（同論文、11頁）と、ジャーナリズムと輿論の両輪関係に着目していることだろう。

さらに、興味深いのは、「社会的認識の対象とならんとしつつもいまだ読者の共同関心の域にまで到達しない心理状態（輿論に対する世論）を俎上に戴せていることである」として、喜多はこう記している。

> この心理を記事のうちにふくませてヂャーナリズムが表現し批判すればそこに空間的に且つ現実的事実として始めて時間的に統一されて読者の意識となる。この発展の過程と、輿論構成の一方法をみれば、現実的

事実を輿論化する作用は群集に輿論を与えんとする演説映画以上にヂャーナリズムは指導力をもつ。それは読者が知らず識らずのうちに、暗示的に意識的に、同一類似の意識軌道に読者の意識は追いこまれたのである。いかにそれが大なる力かはやがてヂャーナリズムがその社会機構としての本質に輿論機関なりとの平面的説明を許容されていることによって明白だ。（同論文、12頁）

　ヂャーナリズムにおける輿論の構成過程を考察するにそこに二種の過程が発見される。そのひとつは、例えば、ここに社会的認識を要求するにたる一個の事実Xが発生した。この場合にヂャーナリズムは直ちにその一個の事実Xが社会的認識Yを要求するにたると知ったときには、論説なり社説なりをもってこの発生した一個の事実に対して評論し批判してくる。このヂャーナリズムの機能的技術をaとすれば、この場合にはヂャーナリズムを中心にしてx×y×aの関係が成立する。このx×y×aは輿論の一型態である。すなわち、第一次の輿論構成的作用でヂャーナリズムの読者が判断の総和としてもつ共同関心である。（同論文、12-13頁）

　他の場合、すなわちある現実化されていない一事実をx′とし、社会的認識をy′とし、x′が未発生状態にある場合に、ヂャーナリズムが論説批判の方法をもって発生すべき事実x′はかくあるべしかくあらざるべからずと表現した。この場合は、ヂャーナリズムの論説批判をa′とすれば、発生すべき一箇の事実X′――未発生の事実――に対して社会意識y′を要求したる手段である。いわゆる世論となって輿論x′y′a′の型態的意識状態であるが、これは前者のxyaとは異なる。これこそ欲求の総体としての共同意識であって輿論そのものを構成してはいない。すなわち輿論構成的傾向を社会に認識せしめた場合であるのだ。されど、この場合においても、ヂャーナリズムがなすところの論説なり批判が社会意識を発生せしめないこともあり得る。それはヂャーナリズムの執った態度が社会の要求せんとしつつある根本思潮に触れてこない場合には、いわゆる笛吹けども人踊らずで、社会的認識へは到達しない。公衆の判断の総和としての輿論と公衆の欲求の総和としての共同意識とは厳密に

は差質をもつのである。すなわち、ヂャーナリズムの輿論構成力は読者の社会的認識を生ずべき、社会意識の潮流へ働きかけることが欠くべからず条件である。(同論文、13頁)

　持って回った言い方・説明で即座に脳裏に沁み込むようなものではないけれども、喜多の、この社会心理学的知見に裏付けられた輿論観で興味をそそるのは、潜在的な世論を公衆的意識(輿論)に顕在化し昇華するのがジャーナリズムのかけがえのない役割であると力説している点である。もちろん、現代の大衆紙とは経営基盤・読者構成・編集方針が異なっているので、現代新聞・現代マスコミとの単純な比較類推は厳に慎まなければならぬけれども、(1)当時は新聞の輿論形成力が絶大であったという客観的事実を再確認すること、そして(2)今日においても、潜在的輿論の顕在化に際してマスコミの演ずる役割は決して小さくないことを示唆している点で、喜多の論点を軽々しく看過してはならないだろう。

戸坂潤の輿論観
　マルクス主義の立場から時代の反動化に抵抗した戸坂潤(1900-1945年)は『唯物論研究』(12号(2)、1932年、60-65頁)に「輿論の考察」という論文を執筆している。かれはつぎのように筆を起こしている。

　　吾々現代人の常識によれば、輿論は最も尊重されるべきものであり、従って輿論という概念はまた最も大事な重大な概念ということになっている。万機公論に決すべしというテーゼは今日の常識的な社会意識ないし政治意識にとっては絶対的なものとなっている。
　　こういう常識を疑わない限り、輿論という概念はすでに許された概念として、よくよくその概念が問題として上程される資格の検査を抜きにして、考察の対象となることが出来るだろう。と言うのは、この概念は、これが実際に持っている歴史的宿命からは独立に、一般的に形式的に、分析され得るものだと考えられるのである。『輿論の批判』(F. Tonnies, *Kritik d. öffentlichen Meinung*, 1822)と言っても、じつは輿論の歴史的本質が批判されるのではなくて、輿論の形式的な諸規定が、いわば語源学的にさえ、分析されるに過ぎないだろう。(同論文、60頁、傍点原文)

戸坂はさらに、輿論の概念が一般的概念でなく、優れて歴史的な概念であることを、つぎのように論証している。

> ほかでもない、輿論が発見されたのはフランス大革命を機会としてであった。この歴史的発生が輿論という概念の一定の色調と限界とを決定している、そしてそれが今日にまでほとんどそのまま伝えられていることを注意すべきだ。今日から言えば輿論という言葉をもって呼んでも好いような現象は、無論フランス大革命などをまつまでもなく、古来存在したのであるが、大事なことはこの輿論という概念は決してそのような昔の輿論を反映して発生してきたものではないという点である。（同論文、60-61頁、傍点原文）

> 〔輿論は〕実はフランスの革命的新興ブルジョアジーが見出したところの一つの概念を言い表わす概念だったのでなければならぬ。だからいわゆる「輿論」というものは、実は単に一般的な輿論なのではなく、まさに「新興ブルジョアジーのもつ輿論」だったのであり、それがまた今日にまでそのまま規定を以て伝承されているのである。（同論文、61頁）

こうして、戸坂は、「プロレタリア大衆の一般的意見」としての輿論こそが民主主義の推進力であり原動力であるとの主張に立ち至るのである。かれの結論的表明は、つぎのようなマルクス主義的確信に満ちあふれている。

> 輿論の問題はかくて、当然なことながら、階級イデオロギーとその対立との問題に、階級意識とその対立との問題に帰着する。この実質的特質を抜きにして一般的に輿論を語ることは、形式による虚偽なのである。
> （同論文、64-65頁）

戸坂の輿論観が戦後初期の輿論研究者たちに強いインパクトを与えたことは、後述する阿閉吉男や樺俊雄の諸論文をみれば一目瞭然である。また、マルクス主義的輿論観は欧米の輿論研究に欠落した視座を提起した点で特筆に値するだろう。

総括的コメント

　戦前期に輿論について考察した人びとは政治家をはじめ学者やジャーナリストなど実に多士済々で、その考え方も超国家主義や自由主義や啓蒙主義やマルクス主義といった思想的乱舞が見られるとともに、相互の激越な対論が交わされていた。

　こうしたイデオロギー的カオスにもかかわらず、清水の舞台から飛び下りるような心境で、あえて共通項を摘出するなら、つぎのようになるだろう。

　第一に、いずれのイデオロギー的立場に立つにせよ、国家統治と輿論との濃密な関係に踏み込んで輿論現象にアプローチし論じていることである。

　第二に、多くの論者はアカデミズムとジャーナリズムとをない交ぜた方法論を採り、そのフュージョン（溶融）が独得の知的雰囲気を醸成して、国民大衆への強烈なメッセージになっていたことだ。自由奔放な口舌の争いがいやがうえにも輿論問題への注視をうながしたといってよい。

　第三に、いずれの論者もみずからの主張や見解の妥当性や正当性を、歴史的文脈に基礎づけている。輿論を決して空疎な観念語として一般的抽象的に論じていない。

　第四に、争点への対処の方法や提案を積極的に述べていることである。

　第五に、新聞ジャーナリズムが輿論の方向づけや輿論形成の主動因あるいは起爆剤であることを力説している。

　第六に、言わずもがなのことだが、戦前期には婦人参政権が確立されていなかった歴史的状況のもとで、輿論の担い手は成年男子だとのジェンダー・バイアスが自明の大前提であった。

　第七に、明治期の自由民権論や大正期の民本主義が一面において輿論への熱い関心を刺激し誘発したけれども、軍部の台頭と超国家主義の跋扈を契機に輿論のプロパガンダ化が生じ、自由主義的輿論が抑圧・弾圧の標的となって窒息し、代わって体制翼賛的輿論が大手を振ってまかり通ったことは周知のことであろう。だが、戦前期の輿論観がその後の輿論研究への知的源泉の一端となったことも否定できないだろう。

II　戦後の輿論研究

さて、戦後初期（1940年代後半）に一斉に開花し花盛りとなる輿論研究の繁茂した森に分け入ってみよう。敗戦によって日本のラディカルな民主主義革命が起動し、多くの社会科学者をこぞって輿論に駆り立てた背景があったことは指摘するまでもないだろう。

新明正道の輿論観

綜合社会学の先導者であった新明正道（しんめいまさみち）（1898-1984年）は論文「輿論」（掘眞琴・樺俊雄編『民主主義講座』第3巻、愛育社、1946年、59-75頁）を、つぎように書き始めている。

> 民主政治は輿論を基礎として成立するものであり、輿論の発達の如何は民主政治の発達を左右するものと考えられるところから、民主主義の立場を支持するものは、いずれも輿論の価値を強調し、その尊重こそ民主政治を確立する第一の要件であると見ている。事実輿論と民主政治とがたがいに唇歯輔車のような密接な関係をもっていることは、近代の政治的な実践によってすでに明らかにされているところであって、自ら民主政治が進展するにしたがって、輿論に対する社会的な評価が次第に高められ、輿論に神の声にもひとしい威厳が与えられるようにいたったのも、決して故なしとはしないのである。
>
> しかし、輿論が一種の神性を与えられ、その存在が実体化されているだけ、その現実の在り方、その現実の構成はともすると看過されがちであって、その日常的な観念にはいちじるしく科学的な検討の不足が感じられる。我々は輿論という言葉を安易な気持ちで使用し、輿論が何を意味するかについては、すこぶる曖昧な観念をもって満足していると言ってよいのであって、これまでのところ我々はなお輿論について偶像的観念以上のものをもっていなかったとさえ主張されうるのである。
>
> もちろん、輿論そのものは決して仮象的なものではなく、それ自身あくまでも厳然たる社会的現象であり、これが、特に近代社会において最も重要な社会意識の一典型をなしていることは、否定し難い事実である。

だが、これが現実的に重大な意識をもつものであるだけ、その観念をはっきり把捉しないで、ただ輿論の重要性を説くに止まるならば、輿論に期待される公明正大な内容的な発展は不可能となり、民主政治の実現がそのために歪曲されてしまう危機におそわれないとは言へぬ。この意味において、我々としては、輿論の民主政治に対する意義を認めるからには、当然輿論について明確な現実的な認識を確立する要があるのであって、ただ、輿論を魔法の杖のように謳歌するだけでは、かえってそのあるべき姿を見失うことになるのである。今日必要とされるのは、もはや輿論の偶像的な強調ではない。我々は民主政治の基礎をなす輿論を現実的に問題としてそのあるべき様相をとらえ、これによってその本来約束された威力を積極的に発揮させることを意図すべき時期に対面しているのである。（同論文、60-61頁）

以下、この論文のポイントを抜き書きして紹介する。

〔ポイント1〕　ある意見が公的であると称するには、それが多数者によって支持されているというだけでは不十分である。全体的な一致は必要でないまでも、多数の意見が輿論となるには、これと異なった意見をもった少数者が、恐怖心からではなく、納得によってこれに服従することが必要とされる。（同論文、63頁）

〔ポイント2〕　輿論は一般化して考えると社会意識ないしは社会意志を意味するものであるが、すべての社会意識ないし社会意志がそのまま輿論としての特徴をそなえているものとはかぎらない。輿論はすべての社会の意識ないし社会意志ではなく、特定の形態をもった社会、すなわち公衆の社会意識ないし社会意志を意味している。公衆は群集と同じく集合的統体をなし、形態的には団体から区別されるべき特性を有している。公衆は共同の意見や欲望によって結合された個人の非組織的無定形的な統体をなしているが、群集におけるように直接的な接触ではなく、間接的接触にもとづいて成立するところにその特性がある。輿論はこうした公衆の社会意識ないし社会意志と見るべきものであって、それが無定形的な浮動性につきまとわれているのも、この基盤の性格から由来するも

のである。（同論文、65頁）

〔ポイント3〕 輿論は自然のままに放置されているかぎり、意志的傾向をもっていると言っても、これから政策的な方向を導き出すことは困難であって、これを明確化するものとしては、政党の統合的な機能が必要とされてくる。輿論は政党によってはじめて政治的に具体化されうるものであり、この意味において輿論はある程度まで浮動的なものである。（同論文、69-70頁）

〔ポイント4〕 輿論が合理的な国民大衆の意見として民主政治の推進力たる働きをなしうるには、輿論の対象をなす社会の諸問題について出来うるかぎり正確な事実の認識が用意され、さらにこれにもとづいて国民の間に合理的に意見の淘汰が行われるだけの議論的な訓練が進められなくてはならないのであって、かくの如き精神的環境の形成が不十分であり未発達的であるかぎり、輿論の形成は依然として脆弱点を保有することになる。（同論文、73頁）

〔ポイント5〕 われわれはわが国に輿論調査の盛行を目撃する。これは輿論の意義が認識されてきたことを反映するものであり、それ自身大いに歓迎さるべき傾向であるが、輿論の内容に重大な関係をもつその形成過程にさらに関心すべき問題のあることを忘れるべきではない。民主政治の建設にとっては、輿論の結果的調査よりも、輿論の形成、特にその正しい形成への努力がはるかに重大な根本的意義をもつものである。（同書、75頁）

綜合社会学の第一人者の筆による論考であるだけに、さすがに重量感がある。当時は今日のように輿論を科学的に測定する方法が未熟であったので、新明がしきりに「輿論の科学的客観的な把握」の不可欠性と緊要性を要請したのは至極当然であった。その後の世論調査の方法論と技法の飛躍的な発展によって、この問題点は基本的に解決していることは改めて指摘するまでもない。それにもかかわらず、かれが「輿論の結果的調査よりも、輿論の形成、特にその正しい形成への努力」を力説しているのは、今日の世論調査の隆盛

への警鐘として真摯に耳を傾けなければならないだろう。

　新明のこの論稿は内外の輿論研究の諸著書・論文を幅広く渉猟して、その論点を批判的に摂取統合している。かてて加えて、社会科学と人文学的教養との溶融がえも言われぬ独得の知的雰囲気を醸し出している。

　新明のユニークな輿論観は「新明正道著作集」第9巻『群集社会学』(誠信書房、1993年)に詳述されている。この著は、「群集の幽霊は至るところに出没している。共産主義や反動主義のそれと相交錯するかのように」(同書、7頁)というマルクスの共産党宣言(1848年)をなぞった有名な文章で始まっている。この大著はひとくちでいえば「群集」と「公衆」と「大衆」に関する社会学的考察である。「群集」は「近代の新しい産物である」といわれるが、歴史的にみれば古代や中世にも存在した。しかし、「群集の歴史において一線を画するもっとも重要な事件は、フランス革命である」(同書、14頁)との標準的見解も肯定している。

　目を見張る論述のひとつは、G.タルド批判である。かれはこう述べている。「タルドは現代は公衆の時代であるといった。しからば、群集はもはやその重大性を失ったものであろうか。否そうでない。公衆はますます盛んになりゆくとしても、それはさらに群集に至って開花するものである。それはかえって群集を有力ならしめる作用さえもつのである」(同書、30頁)。

　いまひとつの留目点は、「公衆といえば市民階級というほど両者がいつでも一つになっているという結論を導き出すのは誤りで、両者は本来別々の運命を辿るものとみるのが正当である」(同書、257頁)という所見である。アカデミズムで無造作に受容されている在り来りの見解を根底から覆す異議申立てであるといってよい。

米山桂三の輿論観

　社会学者の米山桂三(1906-1979年)は日本におけるアカデミックな世論研究の草分け的存在である。かれは戦後すぐに、恐らく戦時中に書きためたと思われる原稿を『輿論と民主主義』(目黒書店、1946年)としてまとめて出版した。米山はこの本を、つぎのように書き始めている。

　　古来から輿論とは何であるかについて、いろいろの意見があるようだが、私は寡聞にして未だ学者の一致した輿論の定義というものを知らな

い。
　それほど輿論を定義づけることは困難な仕事なのであるから、いまここで輿論は何かについて簡単に答えることも不可能である。
　そこで私は、……ひとまず輿論を次のように定義づけておきたいと思う。すなわち、輿論とは「集団全体の利害に関するそのときどきの（公的）問題につき、自由な討論・選択の結果、個々の集団成員の多数が自発的に支持するに至った包括的意見である」と。
　上の定義をさらに3つの部分に分けて、その各々につき分析的な説明を加へることに致したいと思う。すわなち上の定義を、（1）輿論とは集団全体の利害に関するそのときどきの（公的）問題についての意見である。（2）輿論とは自由な討論・選択の結果、個々の集団成員の多数が自発的に支持するに至った意見である。（3）輿論とは多数の支持する包括的意見である、という3つの部分に分けて説明せんとするのである。（同書、31-32頁）

輿論の本質を上の如きものであるとするならば、輿論がいかにして成立するかという問題は、比較的簡単な事柄であるように思われるとして、米山はつぎのように述べている。

　集団に共通する問題があって、これについての自由な討論・選択の結果、多数の支持する包括的意見が決定されたとき、輿論が成立したということになるであろう。しかもこの場合、「報道の自由」の確立によって集団全体に共通する問題が少しの歪曲や隠蔽もなく報道せられ、「言論の自由」の確立によって、各人は自己の意見を自由に発表し各人相互間に充分な意見の交流が行われ、しかも「結社の自由」の確立によって、少数を尊重し、かつ少数を承服せしめ得る「多数の意見」が成立したときに正しい輿論が成立したと言い得るのである。
　ところが上に述べたような輿論成立の過程は、実は純理的に考えた理想型にほかならないのであって、現実に、すべての輿論が上の如き過程を経て成立すると考えるのは大きな過ちである。
　私は輿論成立の現実的な過程は、（イ）多数が付和雷同する場合、（ロ）少数の意見が輿論とされる場合、（ハ）両者の複合過程の三者に分類す

るを至当と考える。(同書、42頁)

　ここでは（イ）（ロ）を割愛し、（ハ）の複合過程を採り上げることにしたい。米山のユニークさがにじんでいるからだ。輿論成立の複合過程について、かれはつぎのように説明している。

　　輿論が群集の盲信する付和雷同的意見であったり、大衆が単に私的な立場から支持する「少数の意見」であったりすることは、しばしば目撃するところではあるが、私はそのいずれも正しい意見での輿論成立の過程とは考えない。すなわち私は、前者を群集煽動の過程とし、後者を大衆啓蒙の過程として、厳に「輿論」成立の過程からは区別するを至当とするものである。
　　然らば輿論は事実上、如何なる過程を経て成立するものであろうか。まさに「輿論」成立の現実的過程は、両者の中間あるいは両者の複合過程と看做さるべきであるが、いま、その然る所以を説くであろう。
　　まず、輿論の成立に参加し、かつ輿論の担い手たる個人の問題であるが、これらの個人が群集の中に没入してしまって、感情的にのみ盲動する愚民と見ることは不適当だということである。言い換えれば、これらの個人も、本来は、ある程度公事について常識的智識――あるいは心構え――をもつ人々だということである。しかしさりとて、これらの常識的一般人は、決して公的問題を充分に理解し、「公益」に照らして独自の意見を発案し、あるいは公然と討論に参加し得るほどの智識を持ち合わせているわけではないから、普通は、輿論がまず少数有識者の意見として発案されるものであることは避け得られないもの〔の〕如くである。
　　しかのみならず、常識的一般人が公的問題について完全な智識をもたない――すなわちある程度無智だということは否定出来ないところであるので、普通、輿論はまず少数有識者の意見として提示され――しかもそれが「多数」の権威を背景に持つ新聞・ラジオ等の通信機関を通して伝えられるので、常識的一般人も、ある程度はその「権威」に威圧されて群集化し、提示された少数者の意見を付和雷同的に盲信する傾向を示すのである。
　　ところが、彼等常識的一般人も、少なくとも公的問題に関する常識的

な智識は持っているのだから、危く完全に群集化してしまうことから救われて、その常識的な智識あるいは意見をもって、提示された意見との間に一致点を見出そうと努力するのである。しかしこの場合、常識的一般人の意見と提示された少数有識者の意見との間に一致点が見出されれば、これら常識的一般人も「多数」の一員となって輿論の支持者となるが、もしその一致点が見出されないようなときには結局、少数反対者としてとどまるほかがなくなるのである。（同書、42-48頁）

　このようにして、常識的一般人は、自己の常識的意見と、彼等に提示された少数有識者の意見との間に一致点なり不一致点なりを見出さんとする努力を通して、検討・選択の過程に代えるのであるから、一般大衆の場合に見たように、常識的一般人は、ただ私事と公事とが関連する限りにおいてのみ輿論の支持者となるという場合とは異なるのである。
　かくて多数の個人が、各種各様の立場から――それを常識と呼んでも心構えと名付けても、あるいはリップマンのようにステレオタイプとしてもよいが――、ある包括的な意見を支持したときに、輿論が成立するということになるのであって、この場合多数の者は各自勝手な立場からにせよ、ひとつの意見を積極かつ自発的に支持するのであるから、それによって輿論の機能も充分発揮されたことになるであろう。（同書、48-49頁）

　上述のように、米山論文は欧米の輿論研究の単なる紹介にとどまることなく、その成果を踏まえたうえで、日本の政治的社会的実情にふさわしい独自の考察を試みた点で高く評価できるであろう。かれが戦後日本の世論研究のパイオニアであったことは歴然としている。

兼子宙の輿論観
　新明正道や米山桂三の社会学的輿論考究と対照的に、兼子 宙（1909-1989年）は社会心理学的見地から輿論を論じている。かれは『輿論の心理』（羽田書店、1947年）の序文で、こう記している。

　　輿論とは何を指すのか、それに聴くにはどういう方法をとるべきなの

か、またそれを調査するにはどういう方法と用意とが必要なのか、などという点になると一般に余りにも漠然としか考えられていないように感じられる。

　輿論はいうまでもなく、ひとつの社会現象であるから、この現象の発生、生長の過程から、それが社会に対して果す機能並びにそのもつところの力、またそれを調査し把握する方法に到るまで、これを社会心理学の立場から一貫した考察を試みて見たいと考えて、とりまとめたものがこの小著である。（同書、序、1-2頁）

兼子の著書の核心部を成す「輿論発展の機制」については、下記のように記述されている。

　輿論現象とは個々人の社会的態度が一つの社会的問題をめぐって相互に社会心理的な相互作用を現出する、そこに生じて来る社会現象を指すものである。こういう見方に立つと、輿論現象は様々な発展の段階をもち、また様々な社会の社会構造を反映している人々の社会的態度のあり方に従って色々な形態を示すものであって、かくかくの形態をとったものだけ輿論と呼ぶとする定義の仕方は、かえって物の本質的な理解の上に不便を来す仕方であると考えられる。むしろ発生的にはひとつのものであるかぎり、これを広くとりあげて、その間の関係を見て行くことの方が適当と認められるのである。（同書、34-35頁）

さらに、C.キングの輿論発展の段階・過程について、つぎのように解説している。

　第一は問題の発生である。これは最初は社会的な不安が原因となって発生した個人の生活に対する何かの脅威や漠然とした不満のかたちである。それはこれから逃れだし、あるいはこれを取りのぞこうとする関心を、まず若干の進んだ人々の心に呼びおこすのである。
　第二にはこれらの不満が広い一般的な表現を見出す段階が来る。すなわち、これらの不満はそれが社会的な基礎を持ったものである場合には、大てい感情的な反応行動を惹起して、意外な事件などを生み出すことが

多い。そこで、このニュースが拡がり、またそれについてお互に「こまったものですね」等と語り合いが起る。このようにして問題は社会全般に容易に拡まって行く。——この段階はいわば問題の無自覚的な反応、感情的な反応として伝播する段階であるといえる。

　第三の段階としては、この不満に対する解決策を提案する幾つかの意見が発生する。ここで指導者が立ち現われることが多い。そしてこの意見の対立から次の討論の段階に入る。

　第四は討論の段階であるが、討論といっても、必ずしも討論会が行われることばかりをいうのではない。それは新聞の論説や、パンフレットで論ぜられて、一般の人はそれを読むという場合も含まれる。あるいは同僚がまくし立てる意見をただ聞かされるといった場合も含まれる。あるいは妻や子供から聞かれて自分が意見を述べることもあろう。この段階が輿論として最も活発な時期である。そして第二段階の漠然とした感情的意見はここでは明確なものとなり、理性的なものとなる。討論というものは話し手ばかりでなく聞き手の方の考えも明確にみちびく働きをもっているからである。

　そうこうしているうちに、最後の段階としてその問題の解決が訪れて問題が消失し、輿論現象も段々と終りをつげる。ある場合には問題は解決されないで他の問題に変形転化して行き、これに伴って輿論も別のものに移って行き、あるいはこの問題に対する関心が次第に薄らいで、意見もいつとはなしに忘れられて仕舞うこともある。（同書、36-38頁）

　このキングの輿論形成過程説はジェームズ・ブライス（1838-1922年）の輿論形成説を下地にしていると思われるが、「茫漠としてつかみどころのない社会的ルサンチマンや脅威感の爆発→感情的不満や心理的不安の集約と凝縮→政治的社会的争点化→政治争点の解決策の提案→問題解決案をめぐる多元的・理性的な討論→政治争点の解消あるいは先送り」という輿論形成モデルは、その後の輿論研究において定説化されていったといえよう。

　なお、兼子は欧米諸国の輿論と異なる日本の輿論の特徴に触れ、いまなお封建遺制の残滓をぬぐいきれない日本社会の輿論について、こう述べている。

　　いわゆる泣く子と地頭には勝たれぬというあきらめから、人々は沈黙

を守って、不満は忍従のうちにおし殺されることが多いのである。しかしそれでもなお鬱積する不満は、そのはけ口を狂歌や川柳など落首というような変形した姿に求めて、これが隠れた流行として口から口へと大いに流布する現象を見ることがある。あるいは戦時中のわが国のように、言論の圧迫が甚だしく、また公正なニュースも許されない時に、そこにとほうもない流言蜚語として、変形された皮肉なニュースや見解が社会をかけめぐったことはわれわれの記憶にまだ新しいことである。このような正常の輿論の発展を許さない社会では、この落首とか流言蜚語とかが、いわばこれの変装した姿として、心理的には代償現象として現れてくるのであって、これらは輿論現象と同じ腹の奇形児であるともいえるわけである。(同書、38-39頁)

　もちろん、現代日本の社会では言論・思想の自由が憲法で保障され制度的にも確立されているので、兼子の指摘がそのまま当てはまるわけではないが、こうした日本の輿論の問題点がまったく氷解したとは思われない。また、「泣く子と地頭には勝てぬ」という諦念や尻込みの日本的精神風土は、ドイツの世論研究者ノエル=ノイマン (1916年-) の「沈黙の渦巻き仮説」(Spiral of Silence Hypothesis) と一脈相通じるところもあって、まことに興味深い。この仮説はよく知られているように、人びとはマスコミが提示し報道する社会の支配的意見に照らし合わせて、みずからの意見の表明を行ない、自己の意見が社会の支配的意見と一致するなら公然と表明するように動機づけられるが、支配的意見と異なり対立する場合には、自己の意見を公然と表明することを差し控えるように動機づけられる一般的な傾向があると説明されている。

三崎敦の輿論観
　昭和初期の社会学者である三崎敦 (1899-1981年) は戦後の1947年に、「輿論及び輿論調査」(「民主主義大講座」第3巻、日本正学館、1947年、1-47頁)と題した論文を執筆している。
　この論文の出だしはこうである。

　　満州事変より日支事変へ、日支事変より太平洋戦争へ、いつ果つべしとも見えなかった軍国主義の時代も、遂に昨年〔1945年〕の八月をもっ

て終了するに至り、我等は新しく民主主義の旗印の下に文化国家として再出発することとなった。

　封建主義的色彩のあらゆる点に於て濃厚であった日本、俗に言う「泣く子と地頭には勝てぬ」とか、「長い者には巻かれろ」とか言う文句は、明らかに日本の民衆の卑怯な、屈従的な態度を表現している。真理への服従、真理への検討……に努力精進するよりも、上司よりの命令、権力者よりの示達に対しては、屈従を先にして、これに対する批判討議を持たなかったのが、日本の民衆である。

　ここに官僚政治、軍閥政治が横暴を極める精神的な根拠がある。（同論文、3頁）

さらに、三崎はつぎのように論じている。

　古代において輿論概念には明らかに二つの要素が含まれていたのである。ギリシャ語のフェーメーはその一つであって、これは噂を意味するものであり、他の一つはノモス、法を意味するものである。フェーメーが動揺的な可変的な内容を持っているのに反して、ノモスは固定的な永続的な内容を持っている。それで前者においては輿論成立の構成要素たる様式過程が現われているし、ノモスには輿論の効果性・規範性が現われているのである。同じくラテン語のフアマは噂の意味であって、この単数性〔単数形〕は集合的意味の輿論「民の声」「神の声」vox populi, vox dei に対しているのである。（同論文、6-7頁）

　輿論については各国において学者が種々の説明をしている。その説くところ帰一点なく輿論の本質は未だ分明ならざるものとされているが、私として一つの見解を立ててみたい。

　第一に輿論の対象となる問題は、国民の共同関心事である。少数の国民にのみ重大なる関係あるか、特定の社会集団にのみ関係のある題目は輿論の対象となり得ない。国民一般に普遍的共同的事項にして初めて輿論の対象となり得るのである。

　第二に、輿論を構成する人々の範囲である。この範囲が極めて不明瞭であって、我々は日常生活において、輿論の意味をあまり厳密に規定し

て使用せず、いい加減に使っている。（中略）新聞の論調は輿論形成の重大なる契機とはなり得るが、新聞の論調すなわち輿論ではない。（同論文、14-15頁）

　しかしここに注意を要する事項がある。それは輿論における不合理的因子の胚胎についてである。すなわち、擬制と称せられる人為的作為の存する事実である。擬制とは、ある目的のためにつくられる作為であり、思惟の技巧である。実際、真実ではないが、真実であるかのように考えられて、目的の到達に役立つ仮定である。擬制は譬喩的類似と実質的同似とを混同する心理をその根底に含む。社会的に種々の分化があり因襲の存するとともに、各人の認識能力に限度あるがゆえに、各人の思惟判断は一方的となり全般に及び難い。ここに擬制は基因する。従って擬制によって輿論の生起する時は、最もしばしば象徴を伴なう。さらに擬制の半面には、錯覚なる心理現象の存在がある。かくの如く発表分子並びに第一次的結合分子間に、すでに幾多の不合理的過程を含む。さらに、第二次的結合分子においては、あたかもこれと逆の現象が見出される。ある意見が有力となり、これが社会全体の共通欲望を含むと思惟せられるに至れば、そこに拘束力を感じる。従って自己は必ずしもその共通欲望にあずからず、時には反対の欲望を有するが如き場合にも、これに反対の意志を表明せず、まったく共通欲望にあずかれるが如く装う。殊に発表分子に何等かの威力を備える場合にはこの現象は多く現れる。これを称して社会的擬態と言う。（同論文、19-20頁）

　さらに、「戒心すべきは権力をもって輿論を構成せんとして社会的擬態を齎すことである」（同論文、21頁）とも述べている。

　この論文は、輿論形成に積極的に参画しようとしない女性といったジェンダー・バイアスの叙述や、輿論形成をめぐって小山隆論文に安易に依拠しているなど、部分的には問題をはらんでいるけれども、「社会的擬態」という独創的アイデアを提起していることは高く評価してよいだろう。
　三崎のもっとも主張したかったことは、権力者が輿論を社会的・擬態的に操作し形成することへの不安と危惧であった。今日の情報社会・メディア社

会の進展は、この三崎の不吉な予感を確証しているように思われる。

小山栄三の輿論観

戦後初期の世論研究でひときわ抜きん出ていたのが、新聞学者・世論調査家の小山栄三（1899-1983年）の一連の著作である。小山は1935年に『新聞学』（三省堂）、1950年に『新聞社会学』（有斐閣）、1969年に『新聞学原理』（同文館）を刊行しているが、いずれも基本となっているのは1935年の『新聞学』で、『新聞社会学』はその最新の改訂増補版である。

その第4章「世論の構造」（91-161頁）は初期世論研究を飾るモニュメントである。

ここで、小山の知的営為の宝石のようにきらめく切片やポイントを抜き書きしてみよう。輿論とは何かへの考察を触発するモメントとして役立つであろう。

　　世論とは逆流を伴いながらも滔々として流れる大河のようなものである。だから真の世論が起こってくるのには、まず言論の自由が許されていなくてはならない。（『新聞社会学』110頁）

　　生活の分離からくる多数の異なった意見があっても、それが討論や新聞やテレビやその他の報道機関などの影響によってだんだん統一されて、小さな逆流を含みながら滔々と流れる大河の、海に向かってそそぐようなものになってゆくのである。
　　このように世論は個人が集まって作るが、逆にまた個人を拘束するというフィードバック作用をなすことが、政治的行動の力となるのである。（同書、142-143頁）

　　〔正しい世論形式の条件については〕第一は、正確な事実の認識である。……第二に必要なのは、正当な熟慮された判断である。……第三に必要なのは、意見の自由な発表と討論の自由とである。……第四に必要なことは、十分に考慮された意見を政治のうえに実現しようとする積極的な意思力の存在である。（同書、109-110頁）

図4　小山の世論図式

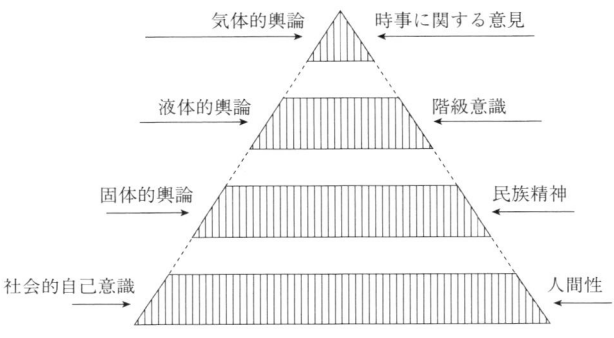

```
           気体的輿論  ／＼  時事に関する意見
                    ／  ＼
           液体的輿論／    ＼階級意識
                  ／        ＼
           固体的輿論        民族精神
                ／            ＼
         社会的自己意識        人間性
```

出所）小山栄三『新聞社会学』有斐閣、1951年、153頁。

〔世論の多数性については〕世論の力というようなものは、単に多数の意見が一致しているからというだけで出てくるものではなく、同じ意見をいだくものが多数あるということが、他の人間を拘束する統制的な力をもっているということから出てくるものである。世論の多数性ということは数学的意味の多数であるか、または効果的意味の多数であるかは問題であるが、結局、それは世論の力が分量としてある威圧力をもつということである。言葉をかえると、いちいち全住民の頭数をつねに勘定して世論というわけではないから、多数ということは力の象徴であるというふうにも考えられる。（同書、115頁）

　さらに、小山はフェルディナンド・テンニース（1855-1936年）の固体状の輿論・液体状の輿論・気体状の輿論の三種類に啓発されて、輿論の新たなパラダイムの構築を試みている（図4参照）。かれは戦後世論研究に独自の地平を開拓したといってよい。
　なお、参考までに付け加えると、テンニースの『世論批判』（*Kritik der öffentlichen Meinung*, 1922）についての洞察力に満ちた論文がある。宮武実知子の「戦間期ドイツにおける世論研究の試み――テンニース『世論批判』の再検討」（『京都社会学年報』第7号、1999年、141-154頁）である。
　宮武はこの論文の出だしを、こう書き記している。「「世論を反映した政治」「世論に訴える」といった言い回しを新聞やテレビで見聞きしない日はない。現代の政治・経済は世論という概念抜きでは語れない。とりわけ、

世論が問題となるのは今も政治的・社会的混乱の時である。歴史上、世論に関する研究の〔は〕常に革命や戦争といった経験を経て発展を遂げてきた」(同論文、114頁)。

『世論批判』は「ドイツで初めての体系的世論研究」であったにもかかわらず、長年ほとんど顧みられることのない書物であった。しかし、この600頁近くの大部の書の再評価が1970年代に入って行なわれるようになったという。興味深い論述のひとつは、テンニースが世論（öffentliche Meinung）と大文字の輿論（die Öffentliche Meinung）との概念区別を詳述していることである。本書は奇しくもW.リップマンの『世論』(1922年)と同年に刊行されたが、リップマンの小文字の世論と大文字の世論の概念区分と瓜二つである。

宮武論文で注目されるのは、一面において『世論批判』で提起されている論点の有効性を評価している点である。宮武は結論的に、こう総括的評価を行なっている。

> 世論の概念を理論的に細かく分類した上で、現実分析に応用するという、理論と時代診断を兼ね備える試みは野心的である。特に、戦争期の世論の理論的分析は困難で、ハーバーマスの『公共性の構造転換』の中でも扱われていない主題である。現在の実証型の世論研究が扱うことのできなくなった問題設定と長い射程を、『世論批判』は提示しているのだ。(同論文、153頁)

小山論文への宮武の好意的評価とは対照的に、吉見俊哉は1999年に執筆された論文「東京帝大新聞研究室と初期新聞学的知の形成をめぐって」(『東京大学社会情報研究所紀要』58号、平成11年、45-98頁)で、小山論文の骨子をラディカルに批判している。すなわち、小山の新聞学研究のキー・コンセプトになっている「新聞」とは、吉見が指摘したように、いわゆる新聞紙(newspaper)だけを指すのではなく、映画・ラジオ・雑誌などのマスメディアを包摂し、さらに会話・書簡・公文書や風評なども含む広義のコンテンツ(ニュース)のことであるが、そのような新聞と世論形式・世論操作との関連をめぐって、「小山は実際、新聞の機能は社会の異質の観念を同質化、統合化することであると考えている」(同論文、59頁)と述べるとともに、そこでは「世論の自律的形成の可能性が否定されている」(同論文、60頁)と、吉

見は酷評している。

　この小山の着想は、一方でアメリカのマスコミ論的知見の摂取を、他方ではその多分に楽天的な啓蒙的理性信仰への批判とを併せ持っていたといってよいが、吉見は、「小山の新聞学には、そのまさに報道＝ニュースをめぐって、支配と抵抗、差別と排除、うわさによる伝播や意味の読み換えといった諸契機が激しくぶつかりあい、せめぎあうダイナミックな政治的過程への視座が完全に欠落していた」（同論文、61頁）ことだ、と小山論文の根本的欠陥をラディカルに批判し、なぜ小山の新聞学がその後の新聞学・ジャーナリズム研究・マスコミ研究・世論研究で切り捨てられたかの根因を鋭く見抜き、的確にえぐりだしている。小山の新聞学・宣伝理論をネオ・ナショナリスティックの視点から見直す動きが一部の研究者に見られる折、吉見の小山新聞学への批判は傾聴に値する留意点をもつと思われる。

社会学研究会編『輿論の社会学』

　戦後初期の輿論研究の始発点で、その後の世論研究への跳躍台になったのはなんと言っても、樺　俊雄（かんば）（1904－1980年）らの社会学研究会編『輿論の社会学』（同文館、1948年）である。編者らは序言で、執筆意図について、つぎのように述べている。

> 　　近代民主主義社会は輿論尊重の社会であると言われるように、輿論という問題は今日においては特に重要視さるべき問題であると言える。しかるに、問題の重要なる割合に、その本質の闡明がまだ充分に尽くされていないのも、この輿論の問題である。これが本研究会が輿論の社会学について若干の解明を行おうとしたゆえんである。

　執筆者たちは当時の新進気鋭の社会学者で、分担執筆した論文名は、樺俊雄「輿論の社会学」、大道安次郎（だいどう）「輿論と新聞」、渡辺義晴「輿論と政治」、米山桂三「輿論調査の方法」、阿閉吉男（あとじ）「輿論とイデオロギー」という魅力的な構成となっている。

　いまここで、すべての論文の紹介・解説を行なうことは不可能であるので、私の問題関心に照らし合わせて樺俊雄と阿閉吉男の論文を採り上げる。

　最初に樺論文について、その要旨を紹介する。樺によると、「いま輿論の

社会学のプロブレーマティクを考えるに当って、まず第一に明確にしておかねばならぬことは、輿論という現象が明瞭に人々によって意識され、また事実においても輿論が社会生活において重要な機能をもつに至ったのは、近代社会に入ってからのことだということである。（中略）われわれは輿論という現象が人々によって確認され、それが社会生活において重要な機能をもつことが明確になったのは近代社会の民主的体制においてであるということを、率直に認めることから出発しなければならない」（同書、5-6頁）。そしてさらに敷衍して、「輿論の時代と言われる現代の輿論の存在形態を普遍化して、超歴史的なものとすることは輿論の本質を正しく捉える所以ではない。かくして輿論の社会学は歴史社会学の特殊な一形態として輿論の存在形態の歴史性を把握することに、その最も重要なる課題を見出すものだと、言わねばならぬ」（同書、7頁）と述べて、輿論の社会学のレゾン・デートル（存在理由）を力説している。今日では、自明のことがらとはいえ、世論研究の原点を明瞭かつ的確に論述した点で注目に値するだろう。

　阿閉吉男（1913-1997年）の論文「輿論とイデオロギー」も、同様の認識を示している。少し長い引用になるが、その後の社会学的世論研究者がしばしば引用する箇所であるので、あえて抜粋しておきたい。

　　最近、漢字制限がおこなわれて輿論の代りに世論という言葉が使用されているが、世論が輿論の持つ内容と一致しているかどうかはなはだ疑わしいように思われる。元来、輿論という言葉は Public Opinion, l'opinion publique, die öffentliche Meinung の訳語であるから、それは公衆の言論を意味するものであって、世論というよりはむしろ公論もしくは衆論という方が妥当であると思う。中国語からの借り物である輿論は中国では「輿衆也。謂衆人之言論」といわれていたし、梁書武帝記に「行能臧否、或素定懐抱、或得之輿論」と記されていたところから見ても、この言葉は公論もしくは衆論といわれるべきであろう。（『輿論の社会学』149頁）

　　この際忘れてはならないことは、輿論が大公衆の意見としてある以上、輿論は社会意識の一形態であり、したがってそれがイデオロギー（Ideologie）の一形態であるということである。（同書、156頁）

今日われわれにとって肝要なことは、階級対立によってもたらされた二分した階級意識を貫いてこれを克服する真の輿論を形成することである。もちろん、このような真の輿論は今日のごとき激化した階級対立の克服を目指すものであり、新しき社会の創造を目途するものであって、これは今日の社会における大多数のものの意識たるプロレタリア的階級を前提として形づくられるのでなければならぬ。かくして真の輿論は今日の社会における大多数のものの意識と最も密接に関連するものであり、これをより高い社会意識に引き上げ洗練しなければならないのであって、このように階級意識が洗練されることによって初めて真の輿論というにふさわしいものとなるであろう。(同書、171頁)

　この阿閉の輿論観(民主的輿論形成イコール社会主義的輿論形成)は格別、過激でも突出でもなく、ましてや血を血で洗うような社会主義革命を想定していたわけではない。阿閉は時代の空気を鋭敏に察知して、時代精神を一気呵成に吐露したといってよい。
　ちなみに、プラグマティストとして名を成した鶴見俊輔(1922年-)は当時の時代精神あるいは時代思潮をめぐって、こう述べている。

　　日本の民主主義の現在を支える日本流のプラグマティズム(そういう思想はあると思う)は、革命なしでここにある。しかし、民主主義は、いかなる場合にも革命をさけるという形の思想としてはなりたちにくい。ある条件の下には、現存の秩序をくずす用意があるという革命の可能性を視野に(肯定的に)ふくむということなしには、保守的な民主主義といえどもなりたちにくいと私は思う。革命と手をきった民主主義によって、現在の日本に民主主義はつづくことができるのか。(『鶴見俊輔集1 アメリカ哲学』筑摩書房、1991年、475頁)

　この鶴見の民主主義思想はいわゆる「法と秩序」を最優先させる現状維持型民主主義観の対極に位置し、民主主義の創造的発展を目指すラディカルな民主主義観である。民主主義の形骸化・空洞化への批判が目立つ昨今、正当な民主主義のあり方を把握するうえで、きわめて示唆にとむ刺激的な見識を

示しているといわなければならない。

　また、当時、新進気鋭の社会学者であった高橋徹（1926-2004年）も「日本の世論」と題した論文で、「近代的産業のなかで成長してきたプロレタリアート」が戦後世論の有力な担い手となってきたことに言及している（高橋徹「日本の世論」清水幾太郎編『マス・コミュニケーション講座』2巻、河出書房、1955年、185頁）。

　阿閉の輿論観が全体として確乎不抜のマルクス主義の基調で彩られていた印象をぬぐいきれないのに対して、鶴見や高橋は経験的合理主義や啓蒙思想の良質の遺産を重要視して、ジェームス・マディソン（James Madison, 1751-1836年）の唱えた「理性の穏やかな声」（the mild voice of reason）に基づく民主主義革命のもとでの日本の世論の創造的前進の必須性と、その実現の可能性になみなみならぬ希望と期待を寄せていたのである。

樺俊雄の輿論観

　先述の社会学者、樺俊雄は「輿論」（樺俊雄・堀眞琴・責任編輯『科学教養講座』第1巻、三笠書房、1948年、159-183頁）を、つぎのように書き出している。敗戦直後の日本の民主主義革命への高揚感がひしひしと感じられるけれども、他面では真の民主主義がはたして実現できるかどうかの危惧も表明されている。

　　　要するに輿論とても政治社会の一切を解決しうる万能薬ではないことを、われわれは知るべきである。われわれは輿論の機能の限界をも知ることによって、却ってそれの本質を一層よく知りうると確信するものである。輿論の問題についても、それが歴史的に形成されたものである故に、またそれは歴史的に克服されるものであることが、探究されなくてはならないのである。（同論文、163-164頁）

　そして樺は「輿論は近代市民社会の成立とともに起きた現象」であって、このことは「輿論についての理論的考察の結果としてのみ主張しえられることではない。輿論発生の歴史的考察の結果としても、同一のことが主張しえられるのである」（同論文、176頁）と力説している。

　この論文は（1）近代輿論の歴史的社会的制約、（2）資本主義社会にお

けるブルジョア輿論の限界・欠陥、(3)ブルジョア輿論のプロレタリア輿論への革新的転化、という三本柱を基軸に論理展開されているが、樺がこの論文で強くアピールしたかったのは、輿論は近代市民社会で誕生し、その正統性を確保したので、よくもわるくもその歴史的社会的制約を受けつつ、政治世界で一定の役割を演じた、という社会学的理論命題であった。この輿論テーゼは、マルクス主義者だけでなく、世論現象に興味と関心をもった社会学者にも広く浸透し、受け入れられたといってよい。こうした点で、樺俊雄は疑いもなく戦後の世論研究の礎石を築いた群像のひとりであったといえるだろう。

　さらに樺俊雄には、「新聞と輿論」（中央大学文学部紀要『現代社会学』第25号、1962年、1-39頁）という1960年の安保闘争の歴史的体験を踏まえて執筆された論文もある。安保闘争の激動期に、新聞がこの事件をどのように報道・解説・論評したかを丹念に分析し、自らの所感を述べたものである。

　周知のように、樺の令嬢美智子さんは安保闘争のさなかの6月15日深夜に警官隊によって圧殺されたといわれている（死因については諸説がある）。樺俊雄・光子『死と悲しみをこえて』（雄渾社、1967年）は樺夫妻が「愛しい子を喪った親の悲しみ嘆き」を切々と綴った書で、涙を誘われずにはいられない。

　樺はこの書の結びで、「現在のように資本主義社会が腐敗、堕落、退廃、不安、犯罪等々を生みだしている以上、健全な社会を望む人たちにとっては社会主義社会こそそれを実現するものだということが分かってくるだろうと思います。だが、それにしても、資本主義から社会主義への移行というようなことは、これもまたそう簡単に行なわれるものではなく、その途上にはいろいろな障害があることを覚悟しなければなりますまい。（中略）そうだからといって19世紀の歴史にみられるような市街戦が行なわれるなどと、私は考えません。現代の革命はなんといっても労働者階級が中心となって、その他の勤労者階級が協力して社会主義実現へのイニシアティブをとるのでなければならないだろうと考えられます」と、力強く訴えている（樺俊雄・光子『死と悲しみをこえて』257-258頁）。

　このような文脈を念頭に置いて「新聞と輿論」を読むなら、かれの心情と真意をもっと深く理解できるだろう。

樺は冒頭で、こう問いかける。「新聞は輿論形成の機能という点で現在ではタルドの時代とちがっているだろうか。私はそうは思わない。依然として新聞は輿論形成という機能の点で他のマス・メディアを引きはなして大きな力をもっている」(同論文、1頁)。そして、この問題を考察するさいの視点として、「マスコミ企業体が今日の資本主義社会のなかで営まれている企業体である以上、それが現時点における日本の社会の経済的政治的状況のなかでどのような地位を占め、またその状況によってどのような変貌をとげているかを、分析することである。そうでなくて、たんに一般論として抽象的に新聞と輿論との関係を考察するのでは、なんら具体的な結論は出ないし、またそれによってなんら得るところもないだろう」(同論文、4頁)と述べている。
　以下、注目点を抜き書きしてみよう。

〔注目点1〕　新聞企業がすでにビッグ・ビジネスとなり、新聞企業体を独占資本が支配しはじめただけではなく、新聞企業体それ自身が独占資本の一翼を担うにいったった現在においては、新聞の自由ははたして維持されているであろうか。(同論文、5頁)

　　新聞の自由といっても、それはあくまで営利主義の枠のうちにおける限りにおいてである。(同論文、5-6頁)

〔注目点2〕　最近の新聞が口癖のようにもちだす不偏不党とか中立公正とかというスローガンにしても営利主義と結びついているし、またそれと結びつく限りにおいてのみ主張されている。(同論文、6頁)

〔注目点3〕　報道される事実は、どういう階層、どういう立場の人間に有利であり、ないしは有害であるかということが問題となるのであって、いわゆる不偏不党の立場とか中立公正の主張とかがあるわけではない。(同論文、6頁)

〔注目点4〕　新聞が中立公正の立場に立つことを標榜するのは、そのこと自体としては正しい。ただ、その結果として大衆の政治的アパシーを助

長するところに問題がある。だが、はたして新聞の中立公正の立場と読者大衆の政治的アパシーとは不可分なものなのであろうか。(同論文、10頁)

さらに、核兵器廃絶への輿論形成に、今日の新聞が努力していないことを嘆いたアルベルト・シュバイツァー(1875-1965年)の文章を紹介し、シュバイツァーの文章には、私の主張したいと思うのと同じことが書かれていると述べている。

〔注目点5〕 第一には、新聞の使命は「意見もなく報道すること」ではなくて、「判断力のある世論」を作りあげ、世論を励まして正しい決定を下させることだとしている。このシュバイツァーの主張はいくら強調しても、強調しすぎることはない。第二には原子兵器の存在というような、すべての人間にとって重大な問題について、新聞はなんら輿論を作りあげようとしない。さらに第三には、原子兵器の存在について正しい主張を市民がもつ政治的権利をふみにじるような非民主的なことをすべての民主主義国家が行っている。これらの主張がこの文章のなかに書かれているが、このことこそ今日の新聞がおおいに反省すべきことがらである。(同論文、12頁)

〔注目点6〕 独占資本……成長の過程に並行して、新聞をはじめとするマスコミの各分野においても政府の政策に追従するように論調が変化しはじめている。それは、さきに述べたように、政界および財界の支配層がマスコミの支配層にたいして呼びかけたことにもよるが、また中にはマスコミの方から進んで協力したばあいもある。いずれにせよ大企業としての新聞は金融部門を通じて直接間接に財界と密接な関係をもっているし、また政府の巧妙なマスコミ統制政策のために政界とも密接な繋がりをもっている。(同論文、17頁)

〔注目点7〕 日本の新聞の目標はもはや権力からの解放ではなく、人民からの解放である。そして、マスコミによって知る権利を否認され、無知の状態におかれて、支配階級の意のままに操縦される国民大衆が正しい

輿論を作り上げるすべもない。マスコミによってかもし出されている天下太平ムード、あるいはレジャー・ムードにひたって、ひたすら甘い夢を見つづける国民大衆はいつ、どのような破局のなかに導かれるかわからないわけである。民主主義が正しい輿論によってのみ維持されるものだとすれば、民主主義を守るというか、むしろ正しい民主主義を作りだすためにも、われわれは現在の日本の新聞をたえず検討しつづけなければならない。(同論文、34頁)

　新聞の中立性あるいは不偏不党の原則への根底的批判の根拠として、(1)ビッグ・ビジネスと化した新聞企業体の寡占化、(2)政・財・官界とのもたれ合いの営利主義への傾斜、(3)大衆デモクラシーの下で進行する政治的アパシーを助長する新聞のセンセーショナリズムを列挙し、現代新聞の生理と病理とをあますところなく槍玉にあげて総攻撃を仕掛けた観がある。
　この樺のマルクス主義的輿論観は、60年安保闘争を市民主義・市民運動の立場から総括した丸山眞男・日高六郎・鶴見俊輔・久野収らの視点と対立することも同時に指摘しておかなければならない。この論文で問題提起された諸論点は、資本主義体制下の現代マスコミ・ジャーナリズムの本質を照射していることを的確に受け止めるべきであろう。

蠟山政道の輿論観

　蠟山政道ほか『世論に関する考え方』(新日本教育協会、1955年)はアカデミックな世論研究者よりも、「世論と直接つながりのある仕事をしている」ジャーナリストを主役に企画されたところに特色がある。「世論の複雑な生態」をつきとめたいとの問題意識が伏流となっている。
　日本における現代行政学の創始者である蠟山政道(1895-1980年)はこの本の冒頭で、「世論という言葉は、しきりに用いられるけれども、その意味を正確にとらえることはすこぶる困難である。しかし、正確にとらえることのできないものであっても、それが存在していることは明白であり、その動きが社会的に政治的にきわめて重要なものはいくつもある。世論はそうしたものの最たるものである」(同書、4-5頁)と述べたうえで、これまでの世論研究の成果に基づき、三つの世論の考え方・研究方法を紹介している(同書、5-9頁)。すなわち、第一に、世論の発展を歴史的に考察するものであり、第

二は社会心理学的な方法であり、第三は世論を担う政治的主体である個々人のパーソナリティの心理学的研究である。

　そして、結論的に、現代の大衆デモクラシーはよかれあしかれ大衆政党によって運用される以上、世論への働きかけは不可欠であり、政治指導者の最大関心事にならざるをえない。しかも、現代世論は浮動性・気まぐれさ・同調性によって特徴づけられている。こうした現代世論の特質が日本の民主主義を危殆に陥れるのではないかと憂慮している。現代日本政治がこの憂慮をすっきりと払拭しているとは言い難いであろう。

総括的コメント
　この時期の輿論研究に関する総括的まとめをするなら、つぎのようになると思われる。

（1）ガブリエル・タルドの「公衆」概念が有力なキーワードとして共有されていること
（2）輿論の特質として公共的な政治争点にかかわる点を指摘していること
（3）輿論形成の起動因として新聞の潜在力を明示的に、あるいは暗々裡に想定していること
（4）輿論とは何かについては、輿論の実態を想定する世論調査法が未熟であったため、抽象的な定義に終始している場合が少なくなく、輿論の現実的実体にまで踏み込んでいないこと
（5）輿論を一般に多数意見であると定義づけながらも、民主主義の価値理念に照らして、少数意見の尊重を力説していること
（6）マルクス主義の階級社会論的視座が多かれ少なかれ同時代の輿論研究者の問題意識に浸透していたこと
（7）輿論を個々人の「意見」の集積や総計と見なすのではなく、相互作用を媒介とした複合的・集合的な社会事象であると考えられていたこと
（8）量としての輿論よりも輿論の質を問うことが重視されていたこと
（9）自由かつ平等な討論が輿論の質を高めるのに不可欠であること
（10）大衆社会における「輿論の世論化」やポピュリズム（大衆迎合主義）

や政治的アパシーへの不安や危惧が抱かれていたこと

　このような総括が許されるなら、その後の輿論研究の主題や論点がほとんど網羅されていることに、改めて感嘆せざるをえない。

Ⅲ　1970年代までの輿論研究

米山桂三の輿論観

　米山桂三はつとに「輿論概念の規定なき輿論調査」の不毛性を繰り返し指摘してきたので、輿論変動はかれにとって手慣れた主題であった。「輿論の静態的な縮図は、それがどれほど精密なものであったとしてもそのままでは変動する輿論の指標としては未だ不充分だというほかはない」（米山桂三「輿論の変動」『社会学評論』第 2 巻 1 号、1951年、109頁）と、かれは力説する。そして、輿論変動に関する理論的仮説を、つぎのように提起している。

（１）慣習が強く支配する農村的社会にあっては、輿論は潜在化して変動せず、社会変動の激しい都市的社会においてのみ輿論は顕在化して変動する。
（２）輿論の変動は慣習の拘束が強い事柄についてよりも弱い事柄について激しい。
（３）輿論というものは討論、すなわちその顕在化の過程を通して自からの変動を果す。

　そして、このような理論的仮説の実証化を目指して、かれはつぎのような図式を提示している。

① 「多数集団成員の行為なり意見なりが一方の極に凝集する」 J 曲線
② 賛成と反対とに二分される V 曲線
③ V 曲線が動態化した W 曲線
④ 討議の結果、成熟化した意見分布である正常曲線の 4 類型を挙げて、総括的な結論として「輿動変動の理論は、J 曲線から V 曲線へ、V 曲線から W 曲線へ、W 曲線から正常曲線へ、しかして正常曲線から再び

図5　正常曲線と変動曲線

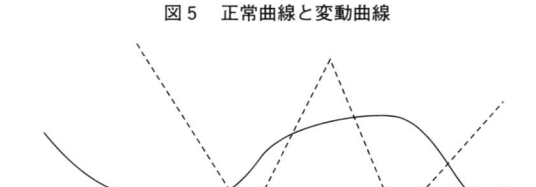

注）実線は正常曲線、点線は変動曲線を表わす。

図6　輿論変動の諸相
（J曲線→V曲線、V曲線→W曲線、W曲線→正常曲線、正常曲線→J曲線への循環ダイナミズム）

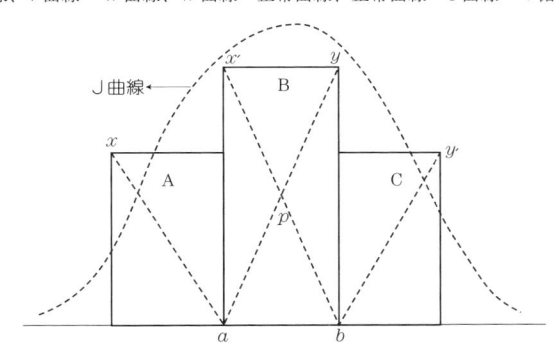

注）$x\cdot y$、$x'\cdot y'$はV曲線、$x\cdot p\cdot y$はW曲線。

J曲線へという経過の循環だということになる」（同論文、108頁）。

「事実の基礎づけがない理論は宙に浮いた空論でしかない」（同論文、108頁）という米山の問題意識に基づく所信であるだけに、世論変動の分析と考察に当たって今日でも多くの示唆を与えてくれるであろう。全体として小ぎれいに図式化されすぎている嫌いはあるけれども、米山の熱情あふれる知的挑戦に感動せざるをえまい。

池内一の世論観

この時期の世論研究でまずもって採り上げなければならぬのは、池内一(はじめ)（1920-1976年）の「世論研究序説」（『放送学研究』第15号、日本放送出版協会、

1967年、5-54頁）である。かれはすでに1954年に「世論」と題した長文の論文（日本応用心理学会編『心理学講座』第10巻（社会心理）中山書店、1954年、3-70頁）を書き、(1) 世論概念の再構成、(2) 世論事象の基本的過程、(3) 社会過程としての世論事象——現象的世論の分析——について論究している。「世論研究序説」はこの論文で提起された論点を継承し、より綿密に発展・深化させたものである。政治学・社会学・社会心理学の先行文献を幅広く渉猟し、心理学的視座のもとに独自の総括的統合を目指した野心的な力作である。「序説」という控え目のタイトルにもかかわらず、池内はかれの世論研究の総決算を意図して、渾身の力を振り絞ってこの論文を執筆したと思われる。

「はじめ」と「むすび」以外の題目は、(1) 伝統的理論の虚構、(2) 世論事象の概念的把握——方法論的問題、(3) 世論事象の再検討——特質と構造、(3-1) 民意の運動過程としての世論事象、(3-2) 世論過程と統治過程、(3-3) 現象的世論過程と基底的世論過程となっている。この題目を一瞥しただけでも、池内論文のスケールの大きさと問題意識の深さが感得できるはずである。

70頁になんなんとする池内論文を要約して紹介することは不可能なので、その核心的ポイントに焦点を当てたい。まず、社会的過程と心理的過程とを組み合わせた世論過程のモデル化がある（図7参照）。

近代世論の伝統モデルはモデルAに相当するが、このモデルAでは世論形成の循環的ダイナミックスが想定されていない、と池内は批判する。モデルBは、ある事故・事件で世論が暴発・沸騰し、そうした状態がしばらく継続する場合である。モデルCは政治争点の最終的結着・解決が困難をきわめ、世論過程が活動期と沈静期とを継続的・反覆的に繰り返す場合にほかならない。かれはこれらのモデルを「原始的な図示的表現」であると謙遜しているけれども、心理学的視座に立脚した優れた図式であるといってよいだろう。

もうひとつの着目すべき論点は現象的世論過程と基底的世論過程との二重構造の指摘である。これら二つの世論過程の相互連関が阻害されると、「現象的世論過程は独自の下位体系を形づくって、その中で空転し、基底的世論過程は然るべき外的刺激の栄養を絶たれて沈澱し、いたずらに、方向性のない非活動的なポテンシャルを蓄積する。そして一方では、現象的世論がそれ

図7 世論過程のモデル

モデルA ── 社会的決定

モデルB ── 潜伏期・活動期・残存期

モデルC ── 活動期・沈静期・活動期・沈静期・活動期

―― 社会的過程　……… 心理的過程

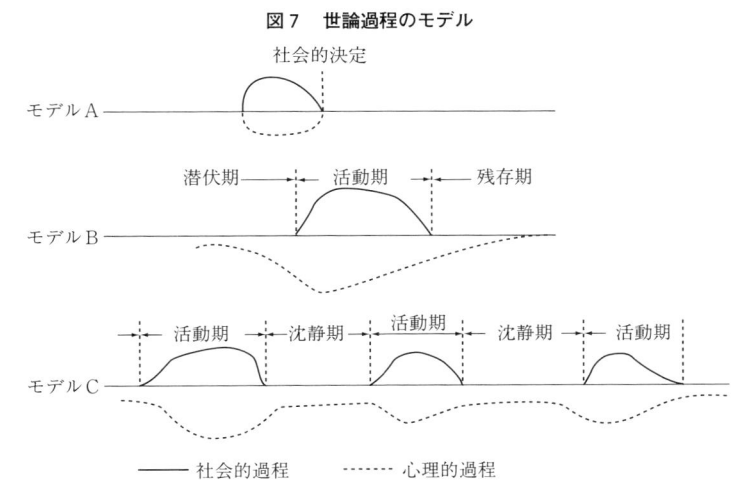

出所）池内一「世論研究序説」『放送学研究』第15号、NHK総合放送文化研究所、1967年、21頁。

を支え、それに力を附与する土壌を奪われるために実質的な社会的作用力を失い、他方では鬱積した無定型のエネルギーが、予想外のチャンネルを通じて奔騰することもあり得ないことではない。／このような世論の二重構造こそ、自由主義的民主主義の社会において、もっとも怖れなければならない問題であろう」と、世論の二重構造のはらむ問題点に言及するとともに憂慮している。この現象的世論と基底的世論は顕在的世論と潜在的世論とも別言されているが、先行研究でも論究された馴染みの定番テーマであって、池内の独創ではない。恐らく清水幾太郎の著書からヒントを得たと推察できるからである。

　清水幾太郎（1907-1988年）は名著といわれた『流言蜚語』（岩波書店，1947年）の第2部「流言蜚語と輿論」で、2種の輿論を区別している（70-75頁）。かれはまず、輿論とは何かを問う。「吾々は輿論がその根本において客観性にではなくして却って主観性に立つものであることを主張できるのではないであろうか」（同書、93頁）と述べ、人口に膾炙した名文句が続く。「輿論は完全な不一致において成立することができぬとともに、完全な一致においても成立することを拒絶される。輿論は一致と不一致との中間にのみ成立することを許されると言わねばならぬ。言葉を換えれば、輿論は常に社会成員の

一切を通ずる見解の如く見えるにも拘らず、実は社会成員の一部のものの見解であると見なければならぬ。それは対立物を予想して始めて考えられるものである」（同書、94-95頁）。そして、リズミカルな清水節は、下記のように締めくくられる。

> 潜在的と顕在的とはすべての輿論が通過する二つの段階であると言い得るとともに、二つの種類であるとも言うことができるのである。輿論が社会生活において根源的な役割を果たしている国々、すなわちデモクラシーの発達した国々においては極めて多くの潜在的輿論が顕在的輿論に発達する機会をもつのであって、それだけ潜在的と顕在的とは二つの段階として存在するのであるが、デモクラシーのあまり発達していない国々においては潜在的輿論のうちで顕在的輿論に発達しうるものは極めて少数である。他はすべて潜在的な形態のままで何処かへ消えて行かねばならぬ。（同書、100頁）

この結語を改めて読み返すとき、当時の日本社会における輿論の未熟さへの懸念が率直に表明されているとともに、日本社会の近代化によって輿論の二重構造が円滑に調整されることへの期待もうかがい知ることができるであろう。

池内は恐らくこの清水のアイデアに触発されて現象的世論と基底的世論の二重構造を、L.W.ドゥーブの内面的世論と外面的世論の2分類と重ね合わせながら心理学的に焼き直したと思われる（Leonard W. Doob, *Public Opinion and Propaganda*, Holt, 1948, pp.39-40）。

池内は「世論研究序説」の「むすび」で、みずからの世論研究の立場と今後の世論研究の在り方とを、つぎのように述べている。

> 世論に対する筆者の構えは、……きわめて実践的である。日本の世論の今後の動向に対しては、深い関心と危惧をもっている。もちろん、筆者は、上述のような二重構造の図式が、そのまま今日の日本の世論状況に妥当するとは思っていないし、事態がそれほど切迫しているとも考えていない。しかし、冷静に観察すれば、それに近い状況は随所に発見できるはずであろう。そしてこれを的確に把握するためには、あまり単純

化された権力 – 世論、体制 – 反体制の理論図式は、おそらく、不十分であろう。われわれはすでにワイマール民主制の崩壊や、もっと身近かに戦前の政党政治と民主主義運動のあまりにも惨めな末路を経験している。この失敗を繰り返さないためにも、研究者は世論の構造の再検討を迫られているのではなかろうか。(同論文、50頁)

長い紹介になったが、この時期の世論研究の最大のキーパーソンであった池内の実践的世論研究の主唱は今日においても世論研究者が肝に銘ずべき貴重な助言であるといってよい。

高橋徹の世論観

高橋徹編『世論』(有斐閣，1960年)は長い間、世論研究のスタンダードな参考文献としてつねに挙げられてきた。佐藤卓己編『戦後世論のメディア社会学』(柏書房，2003年)の文献解題によれば、「「一種のおまもりことば」となっている「世論」という理念は、神格性や魔術性が付与され、きわめて多義的に解釈されている。「世論の尊重」という体裁をとりながら正反対に進む政治の実態をえぐりだして、「民衆のため」に正確で明晰な世論観の確立を目指す。後に世論研究・マスコミ研究をリードすることになる研究者たち(岡田直之、岡部慶三、竹内郁郎、藤竹暁ら)がまだ30歳前後、少壮気鋭の若手だった頃の共同研究」であると説明されている。

高橋はこの書の執筆意図について、つぎのように述べている。

> 名前だけは「世論の尊重」という体裁をとりながらも、その実、およそそれとは正反対の道を歩みつつある政治の実態をえぐりだしたい。そのためには、政治家や批評家の手垢によって汚されている世論の観念を洗濯して、本来の「クリアー・アンド・クリーン」なものとして民衆の手に返したい。それと同時に、民衆が政治の非合理性と闘い、力強い世論を形成してゆくための方法や道筋を発見したい。また、世論の状態を「科学的に」調べるための適合的な手段を吟味したい。これらがわれわれを執筆へと踏みきらせた動機である。(同書、2-3頁)

この書の全体を詳述するスペースはないので、高橋の「世論の見方」の主

要部分だけを紹介することにしたい。かれによれば、「現在、世論の考察をめぐって生じている不幸のひとつは、その定義や本質論議の貧困にあるのではなくて、逆にそれぞれの個有な観点からする千差万別な定義や本質論の過剰にある」(同書、1頁)という。そして続けて、

> いわゆる知識社会学の方法によって、これまでの世論概念やまた現に氾濫している世論談議そのものを対象化し、その批判的検討を通じて、真実性と客観性に根ざした共通部分を発見することが必要なのである。(中略)イギリスの政治学者カー(Edward Hallet Carr, 1892-1982)は、「現代のマス・デモクラシーの指導者たちが、世論を政治に反映させることにもはや意を用いなくなり、世論の形成とか操作といったことばかり熱中している」様子を慨嘆しているが、この社会的実在としての世論を操作するために、政治的神話としての世論が大幅に利用されているのが、現代なのである。(同書、3頁、傍点原文)

と述べている。この箇所はよく引用されるので、世論に関心を抱く読者には耳に胼胝ができるほど言い聞かされているに違いない。

この高橋の世論観が戦後初期を彩った光り輝いた輿論観といかに大きく遊離し、落差があるかは改めて指摘するまでもなかろう。こうした現代世論への深刻な悲観論は1960年代の世論研究者に幅広く共有されていたのみならず、その後の世論研究の理論的枠組みにもなったのである。

寺内礼次郎の世論観

寺内礼次郎(1928-2003年)は世論研究への歴史心理学的アプローチを試みたことでユニークな心理学者であった。しかも、マルクス主義への親近感を抱いていたことでも異色であった。いまだ60年安保闘争の余韻がくすぶっていた最中に書かれた150頁をこえる長大な寺内論文「世論」(波多野完治編『世論・宣伝――現代社会の心理』心理学入門講座8、大日本図書、1961年、53-210頁)は、まことに意欲的な労作である。かれは、現代日本における世論診断について、つぎのように述べている。

> 批判的コミュニケーションが反体制運動の中で世論として成立し、そ

れが政治、経済闘争と結びついて広汎に大衆を動員して、いわゆる大衆行動に移るのが、今日の日本における世論の姿である。そして世論に支持された大衆行動を通して、真の民主化は徐々に進行している。(同論文、83頁)

　寺内の世論形成過程は、図8に明示されているように、個々人のパーソナルな意見が集団討議を媒介にして社会的規模の世論に統合・結集されるとともに、競合し対抗する世論集団間の闘争を通して民主的大衆運動に転化していく、というグランド・デザインを素描している。

図8　世論形成過程の組織図

個々の意見　　　　個々の意見

↓　　　　　　　↓

集団討議　　　　集団討議

↓　　　　　　　↓

世論　　　　　　世論

↓　　　　　　　↓

集団間討議

↓

世論集団

↓

大衆行動

出所）寺内同論文，89頁。

また、かれはますます隆盛をきわめつつあった世論調査を強く批判している。

　　各マス・メディアが世論調査の結果をさして、これが日本の世論であると唱えることは「木を見て森を見ざる」のたぐいであろう。もし、世論調査が真に世論を測定することを目標とするならば、その調査対象は、具体的な集団に属し、集団の意志を代弁し、政策決定に参加する人を、とくに意図的に選ぶことが肝要であろう。（同論文、143頁）

寺内のこの論文は、世論研究の重要な問題領域と主題を網羅しており、日本における歴史的事例の列挙とあいまって、1960年代の世論研究で異彩を放っている。

竹内郁郎「世論と宣伝」

竹内郁郎（1932年-）は「世論と宣伝」（綿貫譲治・松原治郎編『社会学研究入門』東京大学出版会、1968年、141-160頁）で、かれの世論研究の総括を試みている。

かれは、世論が価値的対立を含むすぐれて集合的現象であるとの社会学的視座に立って執筆している。ここでは、「世論の形成過程」に焦点を絞って紹介することにしたい。かれが述べているように、「争点の発生から、その争点をめぐる多様な見解が集合的な意志としての世論に集約されてゆくまでの過程は、世論研究がとりくむべき中心的なテーマのひとつである」（同論文、148頁）からだ。

竹内は、「個人の見解が集合現象としての世論に収斂していく過程で実質的な媒介機能を果たしているものは、組織とシンボルである」（同論文、153頁）と主張し、古典的デモクラシーの理念的モデルが提起した〈個人の理性的判断〉→〈合理的討論〉→〈合意〉というかたちの世論形成過程がもはや幻想や虚像でしかない現代大衆社会では、〈ステレオタイプ的認知〉→〈組織リーダーによるシンボル操作〉→〈情緒的統合〉というかたちに組み替えて定式化したほうがより現実適合的であると主唱した（同論文、158頁）。そして、結語で「本来集団固有の主張にしかすぎないものを、全体社会の「世論」として表示することが少なくない。こうしたことが世論の実質的な意味

をますます形骸化してゆくのである」（同論文、159頁）と締めくくっている。この結語は現代の世論政治の断面をみごとに浮き彫りにしているといってよい。この論文を含めて、竹内の一連の世論研究は当時の世論研究者に大きな影響を与えた。引き続き紹介する村松泰子や児島和人の論文をみれば、そのインパクトの痕跡は歴然としている。

児島和人「世論集団と世論過程」

　児島和人（1933年–）は、「世論集団と世論過程」（内川芳美・岡部慶三・竹内郁郎・辻村明編『講座・現代の社会とコミュニケーション』第1巻『基礎理論』東京大学出版会、1973年）で、「世論とは分裂と矛盾を含んだ、社会的・心理的運動体であり、過程である。その運動・過程は一面から見れば、社会的・心理的組織化の過程であり、他方から見れば、世論集団の内と外における社会的コミュニケーションの過程でもある」（同論文、175頁）と定義づけたうえで、この定義にそって「世論集団の特質と類型」について考察する。世論を担う世論集団の特質として、（1）社会的・政治的〈争点〉（issue）の存在、（2）争点に関する〈意見〉の存在、（3）意見間の対立を挙げている。

　これら3点に関連して若干の補足説明をするなら（同論文、176–186頁）、まず「争点」については、権力エリートによる上からの争点提起と民衆による下からの争点提起とを区別し、住民運動や市民運動にみられる下からの争点提起が近年の世論形成にとって重きをなしつつある点に着目している。

　争点に関する「意見」をめぐっては、上からであれ下からであれ、争点の提起は既存の態度体系で処理できない認知状況をもたらすので、「〈権威〉ある情報を鵜呑みにしたり、新しい問題状況に積極的・能動的にかかわっていくなどの意見のヴァリエーションがある」という。そして、「世論が人民の意志の具体的表現である以上、多くの研究者が指摘したように、公衆の本質を政治過程への参加に求めることは妥当な見解である」と述べている。

　「対立」については、「対立は世論集団間の対立と集団内の統一を併発させる」と指摘し、「争点の公的性格が、まさに〈公〉衆の、つまり世論集団の本質的性格を成立せしめているのであり、それの担う意見がたとえ〈私的意見〉によって強く規定されようとも、〈公的意見〉〈世論〉と称されねばならない」と説明している。そして、「世論および世論集団を広義に解釈し、擬制としての〈公衆〉を含めると、世論（世論集団）の三つの形態を区別する

図9　世論（広義）と世論集団の諸形態

擬制としての公衆（Public）の世論（Public Opinion）
$\begin{pmatrix} 全体社会レベル \\ 統一的・画一的形態 \end{pmatrix}$

類似的（like）　　　　　　　　　　　　共同的（Common）
公衆の世論（public opinions）　　　　公衆の世論（Public Opinions）
$\begin{pmatrix} 個人的・心理的レベル \\ 個別・離散的形態 \end{pmatrix}$　　$\begin{pmatrix} 集合的・集団的レベル \\ 分裂・対立的形態 \end{pmatrix}$

出所）児島和人「世論集団と世論過程」内川芳美・岡部慶三・竹内郁郎・辻村明編『講座・現代の社会とコミュニケーション』第1巻（基礎理論）、東京大学出版会、1973年、186頁。

図10　世論内過程の諸類型

タイプ名	世論集団	〈潜在化――顕在化〉 潜在化　活性化　顕在化	発現頻度
①類似的・潜在的世論	類似的公衆	○	より多い ↑
②類似的・活性的世論	類似的公衆	○ ⇆ ○	
③類似的・顕在的世論	類似的公衆	○ ←―――→ ○	
④共同的・活性的世論	類似的公衆 ↓ 共同的公衆	○ → ○ ○ ← ○	
⑤共同的・顕在的世論	類似的公衆 共同的公衆	○ → ○ ○ ― ○ ⇆ ○	↓ より少ない

出所）同書、192頁。

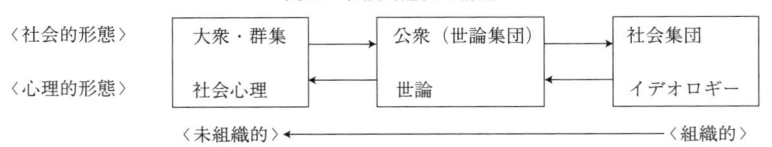

図11　世論外過程の構造

〈社会的形態〉	大衆・群集	⇆	公衆（世論集団）	⇆	社会集団
〈心理的形態〉	社会心理	⇆	世論		イデオロギー

〈未組織的〉 ←――――――――――――――→ 〈組織的〉

出所）同書、197頁。

ことができる」として、図9・図10・図11のパラダイムを提示している。

さらに世論の展開過程の考察に移り、（1）世論内過程（図10）と（2）世論外過程（図11）との区分けを試みている。この二つの図式は児島のユニークな構想の所産である。こうした考察を通じて、児島は最後に、「現代における世論は、世論の組織的導管の逆作用を中心として停滞・閉塞している反面、基本的対立としてその永続化の傾向を含み、さらに擬制としての世論がそれらを被うべく交錯しているという基本構図を示していると考えられる」と、論文を締めくくっている。

児島が果敢に挑戦し、構築を試みた世論パラダイムは、かれの特殊な用語法が内容の理解をことさらにむずかしくしているけれども、先行研究のキーポイントを読み取り、丹念にひとつひとつ積み上げていく思考実験を行なったことは評価できるであろう。

村松泰子の世論観

村松泰子（1944年-）の「世論」（綿貫譲治・松原治郎編『社会学研究入門』東京大学出版会、1968年、43-58頁）の紹介に移ろう。村松は世論事象の構造について、「すべての成員の反応の総体としての世論事象を、政治過程に作用する〈力〉としてとらえるためには、それを少なくとも三つの部分に分けて考える必要があると思われる。それを一応、顕在的世論、潜在的世論、原初的世論と呼んでおこう。この三つは、あることがらに対する反応が、個人の次元で担い手によって自覚されているか否かと、社会的な次元で顕在化している程度とによって分けられる」と、その基本的アイデアを説明している（図12参照）。

顕在的世論とは、「担い手によって意識されており、かつ社会的に顕在化している反応——さまざまな形で社会的に表明される意見——の総体をいい、その存在や、存在のしかたは、政策決定者および一般の人び

図12　世論事象の3層構造

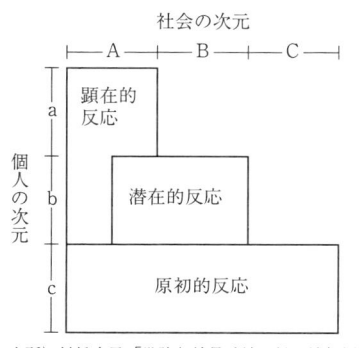

出所）村松泰子「世論」綿貫譲治・松原治郎編『社会学研究入門』東京大学出版会、1968年、48頁。
注）A・B・Cは社会の次元、a・b・cは個人の次元をそれぞれ表示している。

とにとって、ほぼ感知しうる」（同論文、47頁）。潜在的世論については、「担い手によって意識されてはいるが、社会的には潜在的な反応——社会的に表明されるに至っていない意見——の総体」（同論文、47頁）であって、「時事的な争点に対して、意思または手段をもたないために表明されないか表明されるに至っていない意見と、あることがらについて意見はもっているが、さしあたって具体的な争点がないために、それが表明されないでいるもの」とが含まれている（同論文、47頁）。

原初的世論とは、「担い手に意見としては自覚されずにおり、したがって社会的には潜在的な反応の総体」（同論文、47頁）のことであって、人びとの日常生活のなかで信じている「素朴な実感や直観といったものを指し、人間をその内部から動かす力の源泉である」（同論文、48頁）と説明している。

この世論事象の3層構造は世論の襞に深く踏み込んだ考察として、まことに興味深い。先行研究の優れた成果を巧みに使いこなして理論化されているだけに説得力と妥当性をもつといえよう。

日本人研究会編『世論とは何か』

日本人研究会編『世論とは何か』（「日本人研究」第4号、至誠堂、1976年）は、1970年代の世論研究を締めくくるのに、もっともふさわしい。

収録論文はそれぞれに興味深い論考であるけれども、すべて紹介するスペースがないので、私の興味と関心に即して3つの論文を取り上げることにする。

i　林知己夫の世論観

まず、林知己夫「世論をどうつかまえるか」（同書、1-48頁）を取り上げる。

統計数理学者である林知己夫（1918-2002年）は、その論文をこう書き始めている。

　　　世論という言葉も世論調査という言葉もかなり日本の社会に浸透してきているように思う。世論は世論調査によって測られ、世論調査は世論を測るものだという期待感が暗黙のうちのあると言ってよかろう。さらに一歩進んで「世論調査によって測られる世論、世論調査によって測ら

れぬ世論」という見方をする人たちもいる。しかし、世論と世論調査との関係が適宜に理解され、明確な立場で論じられていないので、さまざまな意見が持たれ、世論調査の結果が恣意的に解釈されるというのが実情でもある。それにしても、世論とは便利な言葉である。わかったようで本当のところは明確ではないという言葉ほど便利なものはない。与党・野党の政治家は、自分の意見を述べ、これが世論だと言い、私は世論にしたがうなどと堂々と述べる。本当に世論にしたがっているのなら、与党はもっと議席が伸びて安定政権になろうし、野党はとっくに第一党になってよさそうなのに、一向にその気配もない。世論とは何か、あるいは民意とは何か。概念としてはいろいろ定義できようが、それは実際に把握できるようなものであるかどうかをまず検討してみねばならない。あるようでない、ないようであるのが、このような世論、民意の相の様に思われる。むしろ、つかまえどころのない、決め手のないところが、その言葉の利用価値と言えるのかも知れない。(同書、1-2頁)

　林は世論の抽象的定義の不毛さ・無意味さを終始批判し、「データによって現象を理解する」というテーゼを標榜し、世論の操作概念化による政治への影響行使を重視した。そして、世論の役割が政治・行政を監視し、制御することにあることを強調している。世論調査の技術的発展がこうした世論のコントロール機能を助勢したと、林は暗黙のうちに想定しているのである。
　こうした議論の流れに沿って、林は世論を、こう定義する。

　　世論とは「世論調査の方法」によって明らかにされるものであり、われわれが目ざす対象——これも具体的にわれわれが定義せねばならない——のある時点におけるある問題群に対しての意見構造・分布(それを支える態度構造を含めて)、あるいは意見構造・分布の動態を言う、こう定義しておきたい。(同書、7頁)

　林は統計学者にありがちな味も素っ気もない数値の羅列に終始するのではなく、古今東西の文明・文化に精通した深い教養に裏打ちされたエピソードやトピックスを巧みに織り交ぜながら自説を展開する。かれの論文の魅力はここにある。

一例を挙げてみよう。「唯々諾々と世論にしたがうというのをきくと、イソップ物語の親子で驢馬売りに行く話を思い出す」と彼は言う（同書、45-46頁）。
　ご存じのように、「ご覧よ、ロバはゆったりと気楽に歩いているのに親子はほこりを浴びながら歩いている、なんというお馬鹿さんだ」。そう言われて、親は息子をロバに乗せて歩いて行くと、年寄りの親を歩かせるなんて心ない息子だと罵られる。そこで親がロバに乗ると、「ひどい親だ、子供を歩かせるとは」と言われる。それならば、いっそのこと、2人でロバに乗ればよい。すると、「二人〔と〕もロバに乗ってロバが可哀想だ」と口さがない連中に言われる。親子は結局天秤棒でロバを担ぐ羽目になる。橋のところでロバは暴れだし、川に落ちて溺死する。林がこのイソップ物語の引用で示唆しようとしているのは、世論に引きずり回されて、いつも右顧左眄してばかりいると、元も子もなくなってしまうということであろう。
　林の世論観のまとめは、つぎのようなっている。

　　最後にもう一度繰り返せば、世論、つまり世論調査のデータの性格のさまざまな様相を心得て世論を重用する政治家が、思想や性格の問題と共に、これからの情報化社会にふさわしいものであって、民主主義社会に幸いをもたらすものであると観じ、私は大いに歓迎するものである。政治家にかぎらず、ものいう人びと、ジャーナリストはもとより一般の人びともこういう見方になって欲しいものと思うしだいである。識者の不明は悪い気候の様なものだ。（同書、48頁）

　この文章だけを読むと、林はいかにも世論調査至上主義者のように聞こえるが、かれは世論調査の効用と限界を熟知しており、世論調査でわかることは、「牡丹に唐獅子、竹に虎以上のことはまず出てこない」（同書、45頁）と釘を刺していることを念のために明記しておきたい。

ii　京極純一の輿論観

　ベストセラー『日本の政治』（東京大学出版会、1983年）の著者である政治学者の京極純一（1924年-）は、「輿論の政治」（日本人研究会編『世論とは何か』117-137頁）の論文の冒頭で、こう述べている。

「輿論」は、政治学で申しますと、議会政治の正統性根拠、いいかえれば、議会政治という政治制度の奥殿にまつられたご神体でありまして、なかなか曰く云い難いものであります。（同書、117頁）

　そして、「議会政治との関係における輿論の話」に移り、8項目の論題に言及している。以下、8項目について、おおまかにそれぞれのポイントを略記することにする。

1　民心
　民心は輿論ではありませんが、古来、あらゆる政治において大切でありました。皇帝であれ、ヒトラーのような独裁者であれ、為政者として民を治めてまいります場合、利害関係者である治められる側、被治者の側の人たちが、為政者を支持する、あるいは為政者に対して抵抗しない、暴動・一揆・反乱を起さない、ということが、治める上で、最少限度必要であります。（中略）ヨーロッパにはVox Populi, Vox Deiという政治の諺がございます。「民の声は神の声」であります。中国にまいりますと、「民の声は天の声」とか「天に声なし、民をして言わしむ」などと申します。治者にとって、長年政治をつづけていく、といいますか、治める立場を維持していくために、民心に従うことがいかに大切であるか、こうした諺が教えております。（同書、119-120頁）

2　議会政治
① 政治制度の転換にともなって、民心がやがて「輿論」になり、政治制度に組み入れられるようになる、ということであります。（中略）「民心」は、為政者の心構えとして、しょっちゅう気をつけていなければならない神秘的な事柄では終わらなくなり、為政者存立の正統性根拠になり、しかも、議会における議席数という、誰の眼にも見える数量的表現を与えられます。民心を失った政党は議席を失って野党になる、そういう政治制度の時代なのであります。
　これは大変な転換でありまして、この転換の段階ではじめて、「輿論」という制度が成り立つのであります。その結果、輿論は二つの側面をも

つようになります。一方では、古来あります「民の声は天の声」という意味の民心——これまで為政者の心構えであった民心の支持が、公式の政治制度の上で公開された役割を与えられます。他方、輿論は、政論として、日常的に展開され、公開の場で、機動的流動的な形をとるようになります。(同書、121頁)

② 日本語で申しますと、幕末の文献に公議輿論というセットになった言葉がみえます。その公議輿論が二字につまりまして、後に五カ条の御誓文に出てくる「万機公論ニ決スベシ」の公論になるのであります。日本でも公に公開の場で政論を議し、たくさんの人が賛成してできあがった公論が、政治のなかに、明治とともに、出てきます。(同書、122頁)

3 輿論の自発性
① 政治上のあらゆる問題について、国民誰しも意見をもたなければならない、という要請が議会政治の制度上の基礎となるのであります。かつて「上御政道を私議する」ということで処罰されましたが、制度が変りまして、公論という段階に入りますと、まず国民が意見をもつこと、次に、意見をもった国民が自発的に政治に参加することが期待され、要請されるのであります。(同書、122-123頁)

② 公論には政治好きの有志しか参加しない、これが事実であります。幕末に「処士横議」という言葉がございますが、政治好きが政論を唱え、唱導し、仲間をつくる、興味のない人は知らん顔でいる、ということになります。こうして、公議輿論は、一方で原理上の全員性、他方で事実上の部分性——偏倚性を特徴とするのであります。(同書、123-124頁)

4 量の輿論
① 輿論が一方で全員性、他方で部分性、という矛盾のなかで、この矛盾を解くために、なるべく全員性を達成しようとすれば、輿論の「輿」つまり、量の側面が表に出てまいります。いわゆる多数派の形成ということになります。この場合、現代の私どもは、つい、頭数を数えることだけを念頭に浮べますが、実は、頭数を数える、票数を数えることのほ

か、音量を測る方法もあります。(同書、124頁)

② 声ある声が輿論であり、しかも、それが大音量であればあるほど、輿論である、という考え方の具体例は政治運動であります。さまざまな政治的示威、デモンストレーションは、政治的意見のたいへん巨大で強力な物的表現であります。国会で審議をしているとき、「総理、この国会を取り巻いている何十万人のデモ隊の声が聞こえますか。これこそ真の輿論ですぞ。」ということであります。これが音量輿論の現代的な形であります。(同書、127頁)

5　質の輿論
① この〔輿論の〕論は政論の「論」でありまして、……量に対していえば、質に当ります。(中略)輿論は、質としての輿論が量としての輿論になっていくプロセス、ということになります。そして、このプロセスのなかで、知的主導権の争奪が、十九世紀以来の議会政治の大きな主題になりました。この知的主導権の争奪戦の主役は、……新聞であります。学者が論壇に登場するのは二十世紀、とくにその後半に入ってからであります。「ペンは剣より強し」という諺のとおり、新聞主筆陣の社説や論説が知的主導権を握り、巨大な政治勢力となったのであります。(同書、128-129頁)

② この場合、「無冠の帝王」を呼号する主筆陣の知的リーダーが、輿論を組織していくプロセスを説明するモデルが、「公衆」であります。知的リーダーが政論を述べ、あるいは、首唱し、信者をつくる伝導ないし宣伝のプロセスで、聴衆として、公衆が定義されます。(中略)公衆は公論の聴衆であり、この頃の言葉でいえば、論壇の聴衆であります。そして、公衆は、政治的関心が高く、公論への意欲が強く、その上、専門家としてではなく、健全な常識の持ち主として、的確な判断力を持ち合わせている、こう想定されております。したがいまして、公衆は、公論を論じる新聞の社説の消費者ないし熱心な読者であり、その社説を読んだあと、自分の意見と判断を新聞に投稿する人たちであります。その意味で、公衆は新聞という知的主導権集団のまわりにある衛星集団であり

ます。世論はPublic Opinionでありますが、Publicすなわち公衆の
Opinionは、知的リーダーが首唱し、その消費者としての公衆が受け入
れたもの、ということになります。

　公衆という場合、もうひとつ大事なことは、公衆が健全な常識と的確
な判断力の持ち主であり、冷静なバランスのとれた判断のできる人たち
である、ということであります。つまり、公衆は、激情とか、熱狂とか、
党派性とかに遠い、ということであります。いいかえれば、公衆は、公
平である、と申しますか、偏倚性がない、と申しますか、要するに、熱
狂的な党派性がない、ということであります。(同書、129-130頁)

6　情の輿論

　説得はレトリック、修辞学の問題であり、大正ふうの日本語でいえば、
雄弁の問題であります。……日本では修辞学が発達しておりませんで、
雄弁は昂奮と熱狂と陶酔の方に志向しております。こうして、当初は知
的リーダーによる知的な説得で始まったものでも、次第に、知的でない、
感情的、やがては激情的な色彩をおびるようになります。(中略) 政治
上の論なり意見が、知の世界からだんだん情の世界に移ってきて、意見
を核とした昂奮と熱狂と陶酔の世界ができてまいりますと、輿論がやが
て国民感情に変ります。

　……「情の輿論」は、はじめは、少数者限りのものでありますが、マ
ス・メディアの手をへてだんだん一般的に受け入れられ、たくさんの人
の共通信条になってまいりますと、、山本七平さんが『文藝春秋』に書
かれたことがありますが、日本語でいう「空気」、あるいは、大勢、あ
るいはコンセンサスになってまいります。別の日本語で申しますと、住
民感情、県民感情、国民感情、つまり、情そのものになってしまいます。
そうなりますと、「民心」と申しても、いわゆる人心動揺、人心不安の
「人心」に近くなります。そして、この人心、いまや激情となった人心
に逆らうことは、政治家にとって、たいへん困難なことであります。
(同書、131-132頁)

7　政治家と輿論

① 昔であれば馬上天下の権を握るところを、総選挙を通じて天下の権

を握るのが、議会政治家であります。そして、この議会政治家は、昔ながらの民心のほかに、輿論をいつも考慮に入れなければなりません。しかも、この輿論は、一方で、議会政治家にとって、その存立の正統性根拠であり、他方で、日常的に、政治家に対して命令を発するものであります。そこで、こういう輿論という政治勢力に対して、議会政治家がどう対抗するか——。

　議会政治家は、合法的な手続きによって、権力を掌握しております。総選挙によって議席をえ、国会で首班指名を受けて総理になり、あるいは、大臣になっています。その政治家の主導権に対して、輿論という別の政治勢力が登場し、政治家から政治的主導権を取り上げようということでありますから、輿論が政治家に歓迎されるはずがありません。（同書、132–133頁）

②　議会政治家にとって、輿論はその存立の正統性根拠でありますから、輿論を無視したり、「輿論は愚論であり、迷論である」などと公言したりするわけにいきません。議会政治家は「輿論を尊重し、輿論に従う」といわざるをえません。しかし、政治家としては、自分の主導権を維持したいわけですから、当然に、別の輿論を、「真の輿論」として担ぐことになります。政治家が楯にとる別の輿論のひとつは、「地元の声」という輿論であります。（同書、133–134頁）

③　政治家が楯にとる輿論のいまひとつは、議席数であります。議席数が議会政治の制度上、最高の輿論確認装置である、と前に申し上げました。したがいまして、多数党は、いつも、輿論の支持を受けていることになります。しかし、与党が、「わが党のいまの議席数を見ろ、これが輿論だ」といいますと、いかにも専制的、圧制的な「問答無用」の姿勢になります。それに輿論は論でありまして、政治上の問題に対する意見であります。事情が変った後で昔の議席数をあげてみても、いま問題となっている事柄について答になるものではありません。そこで、結局、「解散しよう」「総選挙をやろう」ということになり、議席数でその時の輿論の所在が分る——これで話が出発点にもどりして、議会政治の制度が再確認されることになります。（同書、134頁）

8　輿論の政治

　最後に、輿論による政治と良い政治との関係について申し上げます。まず第一に、人心なり、民心なり、コンセンサスなり、輿論なりを敵に廻しては、政権を維持できないのでありますから、議会政治のもとでは、輿論の支持のない政治は不可能であります。政治権力は、最終的には、警察や軍隊の実力装置によって維持できます。議会政治の場合もこの点は同様ですが、政治家、為政者が輿論によって支持されていれば、被治者が自発的に服従しますから、警察や軍隊などの実力装置をあまり使わずにすみます。国民の側からみた議会政治の長所は、政権争奪が非軍事的になり、また、警察・軍隊の使用も最小限度になり、安全で平穏な生活が営めることであります。そして、これが高度工業社会の運用を可能にする条件であります。したがいまして、議会政治家としては国民の輿論の支持があること、とくに人間として、信頼され、尊敬されていることが重要な条件であります。政治家に対する信頼と尊敬がなくなれば、議会政治という形式のかげの実質的な専制政治、「わが党は多数党であるぞ、文句あるか」という圧制になってしまいます。

　ところで、世間には、政治家不用論があります。まず、輿論の支持のない政治は不可能である、とすれば、政治家は、要するに、輿論の関数にすぎないではないか。それに、輿論なり、国民なりが直接に政策決定をする技術的条件も昔はなかったが、これだけエレクトロニックスが発達した今は、すべての家庭にコンピュータの端末をとりつけ、毎日一定の時間に、その日その日の政治問題について、国民投票を実施し、その集計結果に応じて、政策決定すればよいではないか。それこそ輿論の政治であり、政治家など一切いらない。そういう議論であります。これには、ひとつには、国民が、いつでも、誰でも、最も適切に判断できる、という前提に立った議論であります。しかしながら、輿論のいうとおりの政治が実質的によい政治になるかどうか、この点について保障はぜんぜんありません。（同書、135-136頁）

　以上長々と京極論文の紹介をしてきたが、若干の所感を述べることで締めくくりたい。この論文の優れている点として、（1）現代輿論の多面的・立

体的諸相に光を当てて、その特徴をえぐりだしたこと、（2）現代輿論の光と影を照射し、日本社会における輿論政治の実態を在りのままに捉えるとともに、その直面する諸課題を提起したこと、（3）現代輿論の形成をめぐって、政治指導者ならびに知的リーダーの政論・公論の発表と、それを国民的規模で伝達するジャーナリズムとその聴衆である「公衆」との相互関連を図式的に提示して、現代社会における世論形成のプロセスの骨太の輪郭ないし構図を描出したこと、（4）現代輿論の際立った特徴として、輿論の二重構造——すなわち、合理と不合理、理性と感性、説得と煽動、正と邪、フェーメー（動揺的・可変的なうわさ・風評）とノモス（規範性を有する固定的・永続的な法・慣習・制度）などとの複合的絡みを明るみに出したこと、（5）輿論をただ抽象的に論じたり、ひたすらその普遍性を追求するのではなく、内外の歴史的事例に照らし合わせることでアクチュアルな考察になっていること、（6）時代のキーワードを取り込むことで、現代輿論の諸相にリアリティを付与するのに成功していること、（7）人口に膾炙した格言を適宜差し挟むことで、自からの考えや主張を理解してもらえるように努めていること、などの諸点をひとまず挙げることができる。大河のごとく滔々とよどみなく編み出される透徹したロジックとレトリックの連鎖には目を見張らざるをえない。惜むらくは、その後の輿論研究者がこの聳り立つ京極論文を十分に学習しなかったことだ。残念なことに、「宝の持ち腐れ」であった。（8）政治家不用論はいかにも京極らしい軽妙な問題提起で、実に興味深い。かれの論文には、いつもオモテの論理とウラの論理とが背中合わせに付着しており、この政治家不用論についても、京極は政治家不用論よりもむしろその裏返しの政治家必要論を重視していると考えるべきだろう。

　なお、京極の他の関連性を有する著書・論文に補充的に触れておきたい。ひとつは、かれの名著といわれている『日本の政治』（東京大学出版会、1983年）のなかで、かれは「3通りの世論」について述べている（同書、352頁）。第1に、「新聞が世論である」という世論観が存在する。第2に、「有権者を第一起動力とする議会政治のもとで、世論を新聞紙面に独占されてしまえば、選挙によって任職された議会政治家の主導力が脅かされる。そこで、議会政治家は、選挙区で聞く有権者の生の声を基礎に、新聞論調と異なる、その折々の「世論」を紹介する」。第3に、「全国有権者の生の声を統計学的に正確に把握する努力」である世論調査の集計結果が世論であるという、もっと

もポピュラーで受け入れやすい世論の見方であって、「「国民投票」の近似的代用品」としての性格をもっている。これら3通りの世論の重なりやずれを分析的に考察することで、世論のダイナミックスを解析できるであろう。京極は現代世論を彩る多重多層性と構造的葛藤・亀裂に目を向ける必要性を促しているのである。

いまひとつの着目に値する論文「現代日本における政治的行動様式（中）——研究序説の（1）昭和26年暮の高知県知事選挙を手掛かりとして」（『思想』第340号、1952年10月号、53-69頁）のなかで、京極は日本の世論の際立った特質について、つぎのように述べている（同論文、68頁）。

① 現代日本でみられる、「世論」のリーダーのタクトをわれがちに先廻りし、タクトが少し右あるいは左にゆれると、はねかえってくる世論の内容ではもとのタクトのゆれ方を何倍にも増幅した振幅の大きさがみとめられ、リーダーはまたこれに世論として追随し、このリーダーの動きがまた増幅されるという循環した増幅現象が、——世論の雪崩れである。この現象には、秩序内容を求める不安が——価値基準の依存性と重なりあっているのである。いうまでもなく、「正しいから勝つ」ということはジグザグの過程では「勝ちそうなのが正しい」ということを意味する。従って、タクトのゆれ方はうけとる方の依存性によって増幅され、ここに「世論」が生まれ、しかもリーダーもまた秩序内容に叶うために追随する。（同論文、68頁）

② エリッヒ・フロムはマス・ソサイエティにおける同調性向（automaton conformity）の支配について述べている。マス・ソサイエティで各個人が心理的に孤立することの補い且つ系（コロラリー）として、本来の自我の発達という名のもとに、マス・メディアによって社会的擬似自我が作られてゆく。個性の発展と併行して社会の画一化が進むことはこうした同調性向による、とフロムはのべているのである。前述の世論の雪崩れにもまた、このマス・ソサイエティにおけるマス・メディアによる同調性向の支配が契機として含まれていることはいうまでもない。しかし、現代アメリカ——フロムがとりあげた——と現代日本とには価値態度と心理のメカニズムとに質的な差がある。前者では、個性と自我とが確立されね

ばならないという前提に立って、これがほんとうの自分の意見だ、というコースを辿る。後者では、個性と自我とが確立されてはならないという前提に立って、これがほんとうのお上のあるいは世間の意見だ、というコースを辿る。マス・ソサイエティから由来する契機は同一であって、しかもそのコースは質的に異なっているのである。（同論文、68頁、傍点原文）

　この論文は、京極が東大法学部特別研究生という20歳代後半のときに執筆したものだが、恐らくかれにとって記念すべき作品であるに違いない。この当時から今日に至るまで、かれの世論形成の模型は基本的には変わっていないと思われる。鋭利で緻密な政治的リアリズムに裏打ちされているからである。京極の輿論観の礎石となったのが本論文ではなかったかと、私は思っている。

ⅲ　辻村明の世論観

　ソ連ジャーナリズム研究の草分けで、その後、戦後日本の大衆心理分析や激越なジャーナリズム批判を試みた辻村明（1926年–）の「世論と政治力学」（日本人研究会編『世論とは何か』173–238頁）は、政府・新聞・世論の３極関係の実証分析に挑んだ、興味深く、啓発的な論文である。かれはこの論文の執筆意図について、「政治力学の舞台において、世論の果す役割を解明することであったが、それは「世論は無力である」とか、「世論は有力ある」とかと、一般論を展開してみても無意味なのであって、世論の果す役割は個々のissueや、政府および新聞との連繋関係パターンで決ってくるものだということを示すことにあった」（同書、238頁）と明快に述べている。

　以下、辻村論文の肝どころ・さわりともいうべき政府・新聞・世論の３極連環構造に焦点を絞って紹介・解説を行なうことにする。

　辻村によれば、19世紀から20世紀にかけての自由民主主義社会では、「新聞は世論を指導し、世論の代弁者としての役割を果していたから、政府と新聞と世論との三者の関係は、厳密にいえば、新聞と世論とが一体となって政府に対抗する形、つまり、政府・対・新聞＝世論という形をとっていた」（同書、174頁）。

ところが1920年代に入ってから、ラジオという新しい電波メディアが登場すると同時に、マスコミ産業の独占化も進展し、マスコミ自体が世論から乖離する可能性がでてきた。（中略）その結果、政治力学の舞台に登場する主要な勢力として、政府と新聞と世論という3つが浮かびあがってきたのであり、いわば政府・対・新聞・対・世論という3極構造になってきたわけである。そうすると、三者の間の力関係や連繋関係が複雑になり、ある場合には新聞と世論とが連繋して政府に対抗するとか、また他の場合には、政府と世論とが連繋して新聞に対抗するとか、さまざまの組合せができてくる。（同書、174-175頁）。

　辻村はこうした基本的問題意識に立脚して、政府・新聞・世論の連環図式を作成している（図13・図14参照）。図のなかのプラス符号は特定の争点を支持する立場を表わし、マイナス符号はその争点に反対する立場を意味している。三者の組合せを作っていくと、図13・図14のようになる（同書、176頁）。図13のケース(1)は三者ともプラスで一致している場合、ケース(2)(3)(4)は三者のうちどれか2つがプラスで、残りがマイナスの場合、ケース(5)(6)(7)は三者のうちどれか1つがプラスで、他の2つがマイナスの場合、ケース(8)は3者のすべてがマイナスで一致している場合である。「政治状況」が最も安定するのは、プラスにせよ、マイナスにせよ、三者とも一致している(1)と(8)のケースということになるだろう」（同書、176頁）と、辻村は述べている。

　辻村は結びで、図14（同書、237頁）のように、A、B、C、Dのパターンにまとめ、各パターンの特徴を下記のように説明している（同書、236-238頁）。

　　まずAであるが、(1)のケースにみられるように、対外的な領土問題では、国内的なコンセンサスがえられやすいということがいえるであろうし、逆に(8)のケースのように、国内問題としては、健康や生命を脅かすような生物学的な問題でコンセンサスがえられやすいということがいえるであろう。前者は民族としての生存にかかわる問題であり、後者は個人の生存にかかわる問題であって、いずれも生存にかかわるギリギリの問題だということで共通している。そのようなギリギリの最低線の

図13　政府・新聞・世論の組合せ（1）

ケース	政府	新聞	世論	具体例
(1)	+	+	+	北方領土の返還、尖閣列島の領有
(2)	+	+	−	日中国交回復、沖縄返還様式
(3)	−	−	+	平和条約締結、日韓国交回復、再軍備・自衛隊の増強
(4)	−	+	+	田中金脈問題やロッキード問題の解明
(5)	+	−	−	60年安保改定
(6)	−	+	−	国鉄ストライキ
(7)	−	−	+	（？）
(8)	−	−	−	公害問題、暴力の追放、交通事故

図14　政府・新聞・世論の組合せ（2）

パターン	ケース	政府	新聞	世論	具体例
A B C D	(1)	+	+	+	北方領土、尖閣列島
	(2)	+	+	−	日中国交、沖縄返還様式
	(3)	−	−	+	平和条約、日韓国交、再軍備
	(4)	−	+	+	田中金脈、ロッキード
	(5)	+	−	−	60年安保改定
	(6)	−	+	−	国鉄ストライキ
	(7)	−	−	+	（？）
	(8)	−	−	−	公害、交通事故

問題を前にしては、国内で意見が対立する余地はもはやないのだということができよう。

次にBであるが、日本の新聞は一般的にいって非常に進歩的であり、反政府的であるから、政府と新聞とが同調するというBのパターンは比較的稀なことである。（中略）ケース(2)の場合の特徴は、政府自身が進歩的な立場をとっているということで、そのようなissueの場合には、政府と新聞とが同調する。しかし戦後30年間の日本の歴史においては、基本的にいって日本政府は保守的であったから、(2)のケース、あるいはBのパターンは比較的少ないといえるのではなかろうか。

次にCのパターンであるが、ケース(3)にせよ、ケース(6)にせよ、政府と新聞とが対立するケースは、日本においては非常に多いといえる。ケース(3)にせよ、ケース(6)にせよ、政府が保守的・現実主義的な政策

をとるが故に、進歩的な新聞と対立するのである。こうした場合、意外と世論は政府と同調して新聞と対立しているのであって、日本の世論は日本の新聞からうける印象ほど進歩的なものではない。だから特に外国から日本の情勢を判断しようとする場合、日本の新聞だけを手掛かりにしていたのでは、誤った判断を下す可能性が大きくなる。またこうしたＣのパターンが多いということは、新聞と世論との間にも距離ができたことを意味し、3極構造的な理解が必要なことを示唆している。

　最後にＤのパターンであるが、政府だけが孤立するというのは、余程、政府自身に欠陥や無理のある場合である。(4)のケースのように政府自身にスキャンダルがあったような場合が典型的なものであるが、(5)のケースの1960年の安保改定は、ケース(3)にあるような、サンフランシスコ平和条約や日韓国交正常化などと類似したケースであって、世論も政府と同調する可能性が多いのである……。

辻村論文の優れている点は、単に理論図式の説明に終わることなく、戦後日本の個別具体的な争点に基づいて、その理論図式の妥当性を実証的に検証していることだ。辻村の実証主義的アプローチはやはりユニークで個性的であるといってよい。かれが戦後日本の世論研究に新境地を開拓したことは間違いないだろう。

総括的コメント

　この時期の輿論研究は、日本における輿論研究の黄金時代であった。戦後に輿論研究を始めた昭和ヒトケタ世代の社会学者や社会心理学者が一斉にそれぞれの研究成果を発表したことがなによりの特徴であった。この時期の輿論研究について、総括的なコメントをするなら、さしづめつぎのようになるだろう。

(1) いわゆる「戦後民主主義」の洗礼を受けて、輿論が民主主義の支柱であり原動力であって、両者は「唇歯輔車の関係」にあると認識し、理念的ならびに実証的な考察と分析を試みたことを第1に挙げなければなるまい。

(2) それぞれの輿論研究者は個性的な識見と問題意識に立脚した課題・主題を設定して、幅広く手堅い成果を上げ、次世代への多彩で卓抜な知的遺産

(3) 理論的問題関心と実証的知見を接合し、あるいはマクロ次元とミクロ次元をリンクすることで、均衡のとれた考究を行なった。

(4) 他の学問分野と同様に、輿論研究も専門分化と多様化がすすみ、精密な研究成果をもたらした。

(5) 輿論の本質をめぐって、意志的オプチミズムと実態的ペシミズムとが絶えず混交し、善玉か悪玉かとか、神の声か悪魔の声かなどといった輿論の二元論的截断は影を潜め、世論現象の多層性や重層性に目が向けられている。

(6) 今後取り組むべき輿論研究の重要課題のアウトラインを明記している。

(7) 輿論の定義上の多様性にもかかわらず、煎じ詰めると、輿論は時代の「空気」(ムード・風評・潮流)を反映すると認識されている。

まとめ

「人心は測り難し」とか「人心は面の如し」とかいわれるように、世論／輿論がまことに捉えがたい政治的・社会的・文化的事象であることは、本書の各執筆者が繰り返し異口同音に述べている。私はかつて『世論の政治社会学』(東京大学出版会、2001年)のあとがきで、「私は駑馬に鞭打ちつつ、世論研究に専念することを意図したけれども、前進したつもりが一周して振り出しにもどってしまったような歯痒さと自責の念にかられている」と書いたが、現在でもまったく同じ心境にとらわれている。

最後のまとめとして、現代世論の特質に一言することにしたい。格別に目新しい見解ではないが、世論はギリシャ・ローマの古代から今日に至るまで、それぞれの時代を反映し、社会の支配的潮流とともに呼吸する。このことは一面からすると、世論はつねに社会の支配的潮流や時代の気分に流されやすいということである。

世論が振り子のように左右に揺れ動くということは、なにも日本固有の世論現象とはいえないが、戦前日本の「一億一心」とか「一億一丸」といった精神的風土の残滓を一掃しきれているとは断言できないだけに、国論を二分するような重大争点の発生をめぐって、ある極論から別の極論へとなし崩しに方向転換することも少なくない。このさい、政党や政治指導者や民間団体のリーダーが世論の方向づけに大きな影響力を及ぼすので、これらの世論形

成機関の科学的な分析と考察がなによりも重要であり、昔も今も輿論研究の主要なテーマであることに変わりない。

　擬人化されたり、錦の御旗としての世論が跳梁する民主主義社会は決して健全なものではない。われわれはスローガン化された世論の「魔法の杖」から解き放たれて、「世論が歴史を創る」ということを的確に認識し、その政治的実践に惜しみない努力を傾注しなければならない。

第二部　日本型「世論」の成立
　　　——情報宣伝から世論調査へ

　　　　　　　　　　　　　　　　　　佐藤卓己

I　輿論と世論のあいだ

　毎年5月3日憲法記念日に前後して、改憲の是非を問う世論調査を新聞各社は実施している。各調査でいくぶん差はあるものの、近年の傾向としては改憲支持者が過半数を占めている。だが、この世論の結果を私たちはどのように考えればよいのだろうか。
　「世論に基づく政治こそ民主主義だ」と小学校でも教えているので、世論への批判は民主主義の否定のごとく感じられる。だが、そもそも世論調査というシステムは民主的なものだろうか。社会学者P.ブルデューは「世論はない」（1972年）において、世論とはそれがあることで得をする人々がつくりあげた意見であると定義している。ブルデューによれば、世論調査の正当性を支えるのは3つの公準である。「誰でもが何らかの意見をもちうる」、「すべての意見はどれも優劣がない等価なものだ」、「調査はそれが質問されて当然の重要性をもつ」（P. ブルデュー「世論はない」L' opinion publique n'existe pas, 1980.『社会学の社会学』田原音和監訳、藤原書店、1991年、287-288頁）。
　確かに、3つとも極めて操作的な前提である。そもそも、意見をつくりあげる能力は平等に配分されているだろうか。十分な情報を検討して熟考された「見識」と周囲の雰囲気に流される「性向」は数値で均質化されるべきだろうか。設問をつくる者が選択肢を規定し、政治が必要とする争点をつくりだしていないだろうか。
　そもそも、代議制民主主義は自分の私事に直接関係しない公的問題にかかわらずに生活する方便である。憲法改正について意見を持つことよりも、家庭の団欒や仕事の計画を優先する国民は多い。そうした現状を否定するなら、争点ごとに国民投票を繰り返す直接民主主義が理想となる。突発的な事件に対する緊急世論調査を可能にした今日の情報テクノロジーを使えば、「日々の国民投票」を実施することも不可能ではない。しかし、そうした電子民主主義が実行されない理由は、国民が公的な問題を熟慮するだけの時間と労力を惜しんでいるからであり、すなわち雰囲気に流される世論そのものへの信頼度が低いためだろう。
　私たちは本音のところでは政治判断を世論に委ねることを恐れているのではないだろうか。こうした世論に対するアンビヴァレントな状態を放置した

ままで、世論調査の数理統計を精緻化しても、世論を現実の政治に反映させることはできない、と私は考える。

　そうした世論に対する矛盾した評価が生まれた原因を歴史的に考察することが本稿の目的である。それは「セロンと書いてヨロンと読む」「あいまいな日本型世論」の成立を、その背景から考察することである（佐藤卓己「あいまいな日本の世論」『戦後世論のメディア社会学』柏書房、2003年、も参照）。

　そもそも、今日の学校では「世論」を「よろん」と読んでも「せろん」と読んでも正解と教えており、1989年ＮＨＫ「第三回現代人の言語環境調査」によれば、東京圏の16歳以上で世論を「よろん」と読む人は63％、「せろん」と読む人は34％とされている（NHK放送文化研究所世論調査部編『NHK世論調査事典』大空社、1996年）。また、文化庁編『言葉に関する問答集２』（大蔵省印刷局、1979年）は、「結局、どちらとも決めかねることであろう」としている。どちらも通常は同じものを指しているが、そもそも輿論（ヨロン）と世論（セロン）は歴史的には別物と考えられてきた。

　今日ではほとんど忘却されているが、輿論（ヨロン）と世論（セロン）は戦前までまったく別の言葉であった。輿論とは「五箇条の御誓文」（1868年）の「広く会議を興し、万機公論に決すべし」にも連なる尊重すべき公論であり、世論とは「軍人勅諭」（1882年）の「世論（セロン）に惑わず、政治に拘らず」にある通り、その暴走を阻止すべき私情であった（ただし、同勅諭には「せいろん」のルビが付ふされていた）。

　さかのぼれば、「輿論」は『梁書武帝記』（629年）にもある漢語で、日本でも『蛾眉鴉臭集（がびえしゅうしゅう）』（1415年）など古くから使用例がある。一方、「世論」は明治に登場した新語である。輿論と世論の使い分けに関する書誌的研究には、宮武実知子「世論（せろん／よろん）概念の生成」（津金沢聡広・佐藤卓己編『広報・広告・プロパガンダ』ミネルヴァ書房、2003年）があるので、ここでは要点だけを整理しておきたい。明治の新語である「世論」の初出例は、福澤諭吉『文明論之概略』（1875年）とされている。

　　唯世に多き者は、智愚の中間に居て世間と相移り罪もなく功もなく互に相雷同して一生を終る者なり。此輩を世間通常の人物と云ふ。所謂世論は此輩の間に生ずる議論にて、正に当世の有様を模出し、前代を顧みて退くことなく、後世に向て先見もなく、恰も一処に止て動かざるが如

きものなり。（『福澤諭吉全集』第4巻、14頁）

　世論とは世上の雰囲気であり、責任ある輿論とは異なるものとされている。当然ながら明治期の『和英大辞典』（F.ブリンクリー編、1986年）では、輿論＝public opinion（公論）と世論＝popular sentiments（民衆感情）には異なる訳語が付されていた。明治期の政治家は、なお輿論と世論の使い分けを意識的に行なっていた。たとえば、1912年以後の『原敬日記』から「輿論」と「世論」の用例を分析した住友陽文は、その用語法を次のようにまとめている。

　　「輿論」とは、政治にとって背いてはならないもの、喚起すべきもの、代表されるべきもの、賛成を促すべきものとして捉えられている。（中略）「世論」というものは「騒然」としていて「喧しき」ものであり、したがって時には「煽動」されたり、また逆に「鎮静」されるべきものとされていた。（住友陽文「近代日本の政治社会の転回」『日本史研究』第463号、2001年、73-74頁）

　もっとも、日露戦争以後に「輿論の世論化」が進んだことは、宮武実知子「「帝大七博士事件」をめぐる輿論と世論――メディアと学者の相利共生の事例として」（『マス・コミュニケーション研究』第70号、2007年）でも確認できる。ただし、1930年でも輿論と世論を明確に使い分けた論文は存在する。たとえば、早稲田大学教授・喜多壮一郎は、「公衆的意識として個人がある媒介的手段を透して自己の採る判断と他の個人が抱持する判断との類似を暗示的作用によって共通に意識する」輿論に対して、世論を「社会的認識の対象とならんとしつつあるもいまだ読者の共同関心の域にまで到達しない心理状態」と定義していた（喜多壮一郎「輿論とヂャーナリズム」『綜合ヂャーナリズム講座』第2巻、内外社、1930年、34-35頁）。

　しかし、1925年普通選挙法成立にいたる「政治の大衆化」のなかで両者の区別は曖昧になり、「輿論の世論化」も進んだ。1923年関東大震災を挟んで書かれた芥川龍之介の作品のなかで「輿論」がどう変化したかを見ておこう。寓話「猿蟹合戦」（『婦人公論』1923年3月号）では、「輿論」は私憤を抑えた公論の意味、つまり「理性的な多数意見」として使用されている。

その上新聞雑誌の輿論も、蟹に同情を寄せたものは殆ど一つもなかつたやうである。蟹の猿を殺したのは私憤の結果に外ならない。しかもその私憤たるや、己の無知と軽卒とから猿に利益を占められたのを忌々しがつただけではないか？（芥川龍之介「猿蟹合戦」『芥川龍之介全集』第6巻、岩波書店、1978年、56頁）

　しかし、流言蜚語によって朝鮮人虐殺などを引き起こした関東大震災の直後に書かれた「侏儒の言葉」（『文藝春秋』1923年11月号）で、輿論は私憤の集合形態とされている。今日のメディア報道被害を想起させる文章である。

　　輿論は常に私刑であり、私刑は又常に娯楽である。たとひピストルを用ふる代りに新聞の記事を用ひたとしても。又、輿論の存在に価する理由は唯輿論を蹂躙する興味を與へることばかりである。（芥川龍之介「侏儒の言葉」『芥川龍之介全集』第7巻、岩波書店、1978年、408頁）

　もちろん、このアフォリズムの毒は輿論と世論を無意識に混同している現代よりも、芥川が意識的に混同した当時において強烈に作用したはずである。しかし、満州事変以後の戦時体制のなかでは、理性的「輿論」は感情的「世論」のなかに飲み込まれていった。もちろん、こうした「輿論の世論化」は、日本、ドイツ、イタリアのファシズム体制に特有な現象ではない。むしろ、第一次大戦に始まる総力戦体制のグローバル化において、アメリカ、イギリス、あるいはソビエトでさえ同じ世論形成の傾向が見られた。この世論形成の社会関係を、19世紀「ブルジョア的（市民的とも訳される）公共性」モデルに対して20世紀「ファシスト的公共性」と呼びたい。公共性の形容として、「ブルジョア的」と「ファシスト的」の対比は、市民社会と大衆社会に対応している。メディア論的には「読書人的公共性」と「ラジオ人的公共性」と呼ぶべきだろう（拙稿「ファシスト的公共性——公共性の非自由主義モデル」大澤真幸ほか編『民族・国家・エスニシティ』「講座現代社会学」第24巻、岩波書店、1996年。また、拙著『『キング』の時代——国民大衆雑誌の公共性』岩波書店、2002年も参照）。
　こうした参加＝動員の民主主義は、ポピュリズムともメディア民主主義

とも呼べるだろう。大衆に直接参加を呼びかけてその体験を視聴覚体験レベルに矮小化する民主主義である。普通の生活者は、自分の利害に直接かかわらない公共的問題の討議より、友人家族との団欒や趣味の楽しみを優先する。その上でなお政治参加が国民的義務であるというのであれば、時間を節約する参加方法が考え出されねばならない。ファシスト的公共性とは、指導者への熱狂的な拍手と歓呼で国民が共感を相互確認する極めて効率的な参加民主主義であった。総力戦に由来するこの参加民主主義は、活字メディアの意見（ヨロン）ではなく音声メディアの気分（セロン）に親和的な政治空間を生み出してきた。比較メディア論として、輿論と世論は図1のようにモデル化できる。

輿論＝public opinion	⇒	世論＝popular sentiments
可算的な多数意見（デジタル）	定　義	類似的な全体の気分（アナログ）
19世紀的・ブルジョア的公共性	理 念 型	20世紀的・ファシスト的公共性
活字メディアのコミュニケーション	メディア	電子メディアによるコントロール
理性的討議による合意＝議会主義	公 共 性	情緒的参加による共感＝決断主義
真偽をめぐる公的関心（公論）	判断基準	美醜をめぐる私的心情（私情）
名望家政治の正統性	価　値	大衆民主主義の参加感覚
タテマエの言葉	内　容	ホンネの肉声

図1　輿論と世論のメディア論モデル

　デジタルな輿論とアナログな世論という定義は、情報化＝デジタル化と考えると矛盾しているように見える。しかし、活字は断片的で抽象度の高い記号（文字）であり、放送は連続的で具体的なイメージ（音声・映像）を提供する。活字メディアの内容を分類し計量化することは、放送メディアのそれに比べれば容易である。こうしたメディア特性が、それが伝える「内容」以上に輿論／世論の形成に大きな影響を与える。それゆえ、受け手として「読書人の輿論」と「テレビ人の世論」という対比も可能だろう。

　とはいえ、感情と論理が個人の内面で必ずしも明確に分けられないように、輿論と世論も現実には入り乱れて存在している。それにもかかわらず、敢えて自覚的に輿論と世論を峻別して使う必要性を訴えるのは、世間の雰囲気（世論）に流されず公的な意見（輿論）を自ら荷う主体の自覚が、民主主義に不可欠だと考えるからである。ちなみに、戦後刊行物でも、中野好之はエドマンド・バーク「ブリストル執行官への書簡」の翻訳に際して、「立法上

の全権能を動かして行く媒体であり機関である」general opinionを「輿論」と訳し、戦争に向けて挑発されるpublic vengeanceを「世論の憤激」と訳している(『アメリカ論・ブリストル演説』エドマンド・バーク著作集2、みすず書房、1973、207頁、203頁)。こうした「輿論／世論」用語法の「伝統」を私たちは再創出すべきだと考える。

　以下では、日本の総力戦体制化にともなう「輿論の世論化」の前提を戦時下のマス・コミュニケーション研究から概観し、続いて「世論」調査の成立を考察したい。

II　思想戦時代の「情報」環境

第一次大「戦後」から

　日本が直接体験した総力戦として、アジア・太平洋戦争、すなわち第二次世界大戦をイメージするのが教科書的な常識だろう。だが、総力戦において平時と戦時の区別が曖昧となることは、すでにその「戦前」から左右のイデオロギーを超えた常識であった。日中戦争勃発から約1ヶ月後に情報委員会が発行したパンフレットでは次のように宣言されている。

> 　思想戦、経済戦、外交戦は平時に於ても不断に行はれて居る。只平時に於ては戦時の如く露骨なる形を取らないで、常に裏面に於て巧妙且執拗に行はれてゐるのである。「ソ」連邦の世界赤化の思想戦、独伊の現状打破と英米仏の現状維持の主張等皆其の現はれといふことが出来る。(中略) 要するに思想戦は平戦両時を通じて間断なく行はれる一種の文化戦争と云ふべきである。(情報委員会『部外秘 国防と思想戦』1937年、3-4頁)

　また、戦前を代表するマルクス主義哲学者である戸坂潤も同年執筆の「戦争ジャーナリスト論」でこう分析している。

> 　戦争は社会秩序の或る特殊の象面や位相であって、社会秩序以外のものではない、と共に、いつからそして又どこからが戦争で、いつからが常軌の社会秩序であるかの区別も、近代戦に於いては次第にその絶対性を失って来る。(戸坂潤「戦争ジャーナリスト論」『戸坂潤全集』第5巻、勁

草書房、1967年、203頁）

　こうした総力戦体制化において断絶することなく「戦後」に連続したマス・コミュニケーションの領域では、「15年戦争」（1931-45年）という枠組みによって見えなくなってしまう事実が少なくない。それゆえ、メディア史研究で敢えて「戦後」をいうならば、それは第一次世界大戦後から考える方がまだしも合理的である。第一次と第二次の大戦は、20年間の休戦期間を挟んでいるとしても、ヨーロッパにおいては総力戦の第一幕と第二幕に過ぎない。極東においてもシベリア出兵、山東出兵、満州事変、日中戦争と戦火が途絶えることはなかったのである。

　実際、マス・メディアとプロパガンダの時代は第一次大戦とともに幕を開けた。後に電波戦とも呼ばれ、対外的な思想戦の主役となった「放送」も第一次大戦中の新造語である。「放送」という訳語の公文書初出は、1917年1月インド洋航行中の三島丸が「ドイツの仮装巡洋艦に警戒せよ」と発信所不明の「送りっ放し」の電波を傍受し「放送を受信」と記載した報告書とされている。

　さらに、日本で「全国紙」が台頭するのもこの時期で、『大阪朝日新聞』『大阪毎日新聞』はとも1924年元旦号で100万部達成を宣言している。出版産業も同様であり、満州事変、日中戦争の「戦争景気」を踏切板として日米開戦まで急成長を続けていた。

　もちろん、マス・メディアの検閲を担当した内務省警保局や情報局などの組織、治安維持法や軍機保護法などは1945年中に廃止されたが、占領下ではそれ以上に厳しいGHQの検閲と「プレス・コード」「ラジオ・コード」ほかの統制が導入された。つまり、メディア史において1945年に大きな断絶など存在しないのである。こうしたメディア環境の戦中-戦後を連続性でとらえる歴史研究は、近年数多く積み重ねられてきた。それでもなお、戦前と戦後の分断を強調する歴史記述は世論研究史においても依然有力である。ある意味、それは世論研究が「マス・コミュニケーション研究」の枠組みで行なわれる限り繰り返される宿命といえるかもしれない。なぜなら、マス・コミュニケーション研究はGHQの指導により「民主化の科学」としてアメリカから「戦後」輸入されたという起源神話を世論研究ともどもパラダイムとしているからである。

以下、本稿の目的は「戦前－戦中」の思想戦、情報戦、宣伝戦の言説を輿論／世論との関係で検討し、マス・コミュニケーション研究の戦後パラダイムを脱構築することである。結論からいえば、日本の世論調査も戦時体制の遺産であり、「アメリカ製」のラベルをつけて「戦中」から「戦後」に密輸されたものなのである。

第一次大戦と「輿論の世論化」の衝撃

日本に「思想戦」という概念が輸入されたのも、第一次世界大戦中のことである。この史上初の総力戦で、参戦国は国内の大衆動員のためはもちろん、敵対国の戦意低下や中立国の協力を取り付けるためにも、積極的な情報宣伝を展開した。前線では戦車、毒ガス、潜水艦、飛行機などの新兵器が出現したが、銃後でも空中散布ビラ、無線通信、戦意高揚映画など大衆向けのニュー・メディアが続々と動員された。こうして空中と海底が加わった三次元空間の現代戦は、心理や思想を標的として四次元空間にも戦線を拡大したのである。実際、銃後における宣伝の効果は、前線での目に見えない毒ガスの威力に擬せられた。「総力戦」（Der totale Krieg）の名づけ親であり、実際にドイツ帝国の国家総動員体制を構築した参謀本部次長エーリヒ・フォン・ルーデンドルフ将軍は次のように述べている。

> 新聞、ラジオ、映画、その他各種の発表物、及び凡ゆる手段を尽くして、国民の団結を維持することに努力すべきである。政治が之に関する処置の適切を期する為には、人間精神の法則を知り、それに周到なる考慮を払わねばならない。（エーリヒ・フォン・ルーデンドルフ『国家総力戦』間野俊夫訳、三笠書房、1938年、53-54頁）

この文脈でメディア報道は「異なる手段をもって継続される戦争」に他ならず、思想戦には平時と戦時の明確な区別は存在しなかった。国民一人一人の主体性を動員して自ら進んで戦争に参加させるために、検閲は隠蔽されつつ日常化し、やがて思想戦の前線は個人の記憶や歴史認識にまで拡大する。この戦争で情報将校として対独プロパガンダ戦を指揮したウォルター・リップマンは、『世論』（1922年）でステレオタイプによる「合意の製造」を詳細に論じている（拙稿「ステレオタイプ」井上俊・伊藤公雄編『社会学ベーシ

ック』第6巻、世界思想社、2007年)。こうした世論操作の技術を分析する心理学や新聞学の本格的な研究が欧米の大学で制度化されるのも、第一次大戦を起点としている(拙著『現代メディア史』岩波書店、1998年、第1章参照)。

　この戦争で痛みのない勝利を得た日本でも、思想戦研究は宣戦布告とともに開始されていた。陸軍省は1915年12月に臨時軍事調査委員会を設置し、各国の情報収集を開始している。1918年国家総動員に関する調査統一機関として軍需局が内閣に設置され、1920年には臨時軍事調査委員の永田鉄山中佐を中心に「国家総動員に関する意見」がまとめられた。また「戦場で勝ちながらも宣伝で破れた」と弁明したルーデンドルフの敗戦神話は、明治以来ドイツをモデルとしてきた日本陸軍には強い衝撃を与えた。ドイツ国防軍新聞班を指揮したヴァルター・ニコライ大佐の『世界戦争ニ於ケル情報勤務ト新聞ト輿論』(1920年)なども参謀本部でいち早く翻訳されている。

　もっとも、第一次大戦の一局面でもあるシベリア出兵では、日本人も身をもって思想戦を体験している。1917年ソヴィエト革命勃発によりロシアが連合国から脱落すると、1918年8月2日日本政府はシベリア出兵を宣言し、北満州、シベリアに7万を超える兵力を展開した。これに先立って、同年7月17日内務省は戦時中の情報統制を行なうべく「戦時検閲局官制案」を関係省庁に提示している。さらに3日後には「臨時新聞局」と名称を変えた再提案が行なわれている。しかし、米騒動の混乱のなかで寺内正毅内閣が総辞職し、この組織は実現しなかった(有山輝雄『近代日本ジャーナリズムの構造』東京堂出版、1995年、223-225頁)。こうした言論統制システムの未成熟は、この戦争動員がなお総力戦のレベルに達していなかったことも示している。

「情報」という軍事用語

　「戦後」という時間意識が国民の記憶から消し去ってしまったものは、第一次大戦の衝撃だけではない。「情報」という言葉が本来「敵情についての報告」を意味する軍事用語であった事実もほとんど忘却されている。

　明治の新造語「情報」の初出例は、陸軍参謀本部の酒井忠恕少佐が翻訳した『仏国歩兵陣中要務実地演習軌典』(1876年)におけるrenseignementsの訳語とされている。新聞では1894年12月5日付『東京日日新聞』の記事「東学党の撃退」に確認できる(三上俊治「「情報」という言葉の起源に関する研究」『東洋大学社会学部紀要』第34巻2号、1996年、25頁)。

仁川より派遣の中隊の情報と右の報告に依りて察すれば賊は漸次全羅道に退却するものの如し。

　だが、「情報」が広く一般に知られるようになるのは、森林太郎（鷗外）のクラウゼヴィッツ『大戦学理』（1903年）翻訳以降である。鷗外訳によれば「情報 Nachricht とは、敵と敵国とに関する智識の全体を謂ふ」。つまり本来、情報は諜報 intelligence の意味で使われていた。実際、情報という新語が辞書に登場するのは、『英和・和英軍事用語辞典』（丸善、1902年）が最初である（三上、前掲論文、34頁）。明治期の英和辞典において、informationの訳語には「消息、訴訟、知識」が当てられており、「情報」は見当たらない。
　「情報」を冠する組織としては、1904年ロシア人捕虜を管理する「俘虜情報局」が登場する。第一次大戦の際にもドイツ人捕虜に対して設けられ、さらに3度目の俘虜情報局は日米開戦後の1941年12月29日に設置された。もちろん、この「情報」はintelligence、つまり「敵と敵国に関する知識」である。英和辞典での「情報」は第一次大戦中、斎藤秀三郎『熟語本位英和辞典』（1915年）でintelligenceの訳語として登場する。さらに、information の訳語としては藤岡勝二『大英和辞典』（1921年）が初出とされる。この両辞典の間、1917年にアメリカ政府は戦時動員に向けて反独世論を組織する「公報委員会」（Committee on Public Information）、通称「クリール委員会」を組織し、1918年イギリス政府は対独戦時宣伝を統括する「情報省」（Ministry of Information）を設立している。いずれも明らかにintelligenceを扱う役所だが、その看板にinformationが掲げられたわけである。当然ながら、日本では「知識省」でなく「情報省」と正しく意訳された。日本の外務省に情報部が設置されたのは1921年8月であり、第一次大戦を契機として「軍事化した知識」が「情報」として日本語に定着したと言える。逆にいえば、総力戦による社会全体の軍隊化（規律＝訓練化）は知識の情報化に対応しており、その意味で現代に続く情報化も第一次大戦以来の流れに位置づけられる。

Ⅲ　内閣情報部——情報局の組織化

　明治憲法は第29条で「法律ノ範囲内ニ於テ言論著作印行集会及結社ノ自由」

を認めていたが、その「法律ノ範囲」は新聞紙法（1909年）、出版法（1893年）、軍機保護法（1899年）、治安警察法（1900年）などで厳しく制限されていた。第一次大戦後は、国際共産主義との思想戦を意識した治安維持法（1925年）が加わった。

だが、こうした防御的な言論統制に対し、攻勢的な宣伝体制の整備もその萌芽はやはり第一次大戦期にある。1917年に外務省は臨時調査部官制を公布し、1921年には情報部を設置している。1919年には陸軍省大臣官房にも情報係が置かれ、1920年に陸軍省新聞班へ昇格した。海軍省でも1923年には軍縮問題などで国民世論への働きかけを強化すべく海軍軍事普及委員会（1932年海軍軍事普及部に改組）が組織された。

情報宣伝部門はまず各省ごとに組織されたが、統合の契機となったのは国策通信社問題である。1931年満州事変に関する情報発信の混乱から一元的な国家情報機関を求める声は急速に高まっていった。当時、日本の二大通信社は外務省の資金援助を受けた日本新聞聯合社（聯合）と、広告事業と政友会系地方紙の組織化で成功した日本電報通信社（電通）であった。聯合はロイター・ＡＰ、電通はＵＰと提携しており、それぞれの背後に外務省、陸軍省がついたため、満州事変報道ではしばしば内容が食い違った。このため、まず国策通信社設立が外務省と陸軍省を中心に協議され、1932年関係各省と聯合、電通の協力で満州国通信社が設立された。

こうした情報国策は1932年5月外務省と陸軍省の間で連絡調整するべく組織された時局同志会、さらに同年9月外務省に設置された官制によらない情報委員会によって進められた。満州国通信社での実験を経て1936年、聯合、電通の合併により社団法人・同盟通信社が業務を開始する。この国策通信社を監督するため情報委員会は1936年官制による内閣情報委員会となり、日中戦争勃発の約2ヵ月後、また国民精神総動員実施要項が決定されたちょうど1ヵ月後の1937年9月24日内閣情報部へと改組された。

戦時情報体制の変遷過程は、「マス・コミュニケーション政策の決定機構の面に限っていえば、積極的な情報宣伝の拡大強化と消極的なマス・コミュニケーション統制におけるコントロール・ネットワークの稠密化」と位置づけられる（内川芳美「内閣情報局の設立過程」『マス・メディア法政策史研究』有斐閣、1989年、193頁）。内閣情報部の職掌には、関係各省との連絡調整、同盟通信社の監督とならんで新たに「各庁ニ属セザル情報蒐集、報道及啓発宣

伝ノ実施」が加わった。情報委員会の仕事を引き継ぎ『週報』『写真週報』『東京ガゼット』などを刊行するほか、思想戦講習会、思想戦展覧会、時局問題研究会、地方時局懇談会などを開催し、その要員は各省派遣者も含めて約150人に達した。これに対応して事務局の比重が高まり、事務官に代わって新たに12名の常勤情報官という職制が設けられ、民間メディアなどの協力を得るため参与制が導入された。

　参与には新聞界から緒方竹虎（東京朝日新聞社専務取締役兼主筆）、高石真五郎（大阪毎日新聞社取締役兼主筆）、芦田均（ジャパンタイムズ社社長）、通信社から古野伊之助（同盟常務理事）、放送界から片岡直道（日本放送協会常務理事兼業務局長）、出版界からは増田義一（実業之日本社社長、印刷文化協会会長）、野間清治（講談社社長）、野間没後は菊池寛（文藝春秋社社長）、映画・演劇界から小林一三（東宝映画社長）、大谷竹次郎（松竹株式会社社長）、学識経験者として前情報委員会委員長・藤沼庄平が任命された。周知のごとく、彼らの大半は、「戦後」も政界やメディアに君臨し続けた。

　1940年7月新体制運動を提唱した近衛文麿により第2次近衛内閣が成立すると各省庁情報機関を統合して情報局を設置する方針が決定された。「情報宣伝の新体制」は次のように告示された。

　　　去る八月十三日、政府は閣議で内閣情報部の機構を拡充することを決定、「内閣情報部の機構を改め、外務省情報部、陸軍省情報部、海軍省海軍軍事普及部、内務省図書課の事務等を統合し、情報並びに啓発宣伝の統一及び敏活を期する」ことになつた。（中略）これこそいはゆる官界新体制のトップを切つたものである。（「情報宣伝の新体制」『週報』第210号、1940年、34頁）

　ここに第1部（企画調査）、第2部（新聞、出版、放送の指導、取締）、第3部（対外宣伝）、第4部（検閲）、第5部（文化宣伝）の5部17課からなる要員550名の「一元化した中央情報宣伝機構」が成立した。こうした思想戦の組織化で高度国防体制構築を図る陸軍が指導的な役割を演じたことは確かである。そもそも「思想戦」という言葉を広く国民に知らしめたのは、陸軍省新聞班が1934年に頒布した陸軍パンフレットの一つ『国防の本義と其強化の提唱』である。「戦いは創造の父、文化の母である」から始まるこのパン

フレットは、当時「陸軍のニューディール」とも呼ばれていた。戦後の「陸軍悪玉論」から陸軍軍人の言説はファナティックな反動の象徴として論じられる傾向が強いが、広汎な国民が自主的に戦争協力することを最も必要としたのは志願制の海軍より徴兵制の陸軍である。1938年1月16日首相官邸で催された内閣情報部の第1回思想戦講習会における陸軍省新聞班長・清水盛明の発言などはその典型である。

　　　由来宣伝は強制的ではいけないのでありまして、楽しみながら不知不識の裡に自然に環境の中に浸つて啓発教化されて行くといふことにならなければいけないのであります。(清水盛明「戦争と宣伝」『極秘 思想戦講習会講義速記』第2輯、内閣情報部、1938年、64頁)

　同年9月27日新聞班は情報部に昇格し、清水は初代情報部長となる。情報戦において軍人が単なる精神主義者ではありえない。思想戦講習会で登壇した他の陸軍情報部員も、宣伝を兵器体系や部隊編成のアナロジーとして発想しており、たとえ『日本書紀』に由来する「八紘一宇」など古代の精神を叫んでいても、そこに技術合理的な宣伝論は貫徹されていた(拙稿「総力戦体制と思想戦の言説空間」山之内靖・成田龍一ほか編『総力戦と現代化』柏書房、1995年参照)。

　それにしても、これまで日本の情報宣伝組織は比較ファシズム論の視点からもっぱらナチ啓蒙宣伝省との比較が優先されていた。しかし、社会主義大衆運動経由の「宣伝」(propaganda)を省名に掲げたナチ・ドイツと異なって、「情報」(information)を掲げた日本の内閣情報部−情報局は、イギリス「情報省」やアメリカ「公報委員会(クリール委員会)」の行政管理的伝統に連なる。あるいはGHQ「民間情報教育局」との比較なども必要だろう。

　第一次大戦の戦勝により廃されたイギリス情報省は、1939年第二次大戦勃発とともに復活する。ヒトラーがポーランドに進攻する約2カ月半前、ロンドン発特電で「英情報省近く設置」(『朝日新聞』1939年6月14日付)が報じられている。その3日後の続報を読むと、情報省設置が即ち戦争状態を意味したことがわかる

　　　チエンバレン首相は十五日の下院で情報省の設立問題に関し次の如く

言明した。政府は平時に於ては情報省は新設しないことに決定した。然し外務省の内部に外国宣伝部を設置することに決し前駐伊大使バース卿がこれを管掌すること、なつた。

　この記事で「情報」と「外国宣伝」は同じ内容を意味している。確かに大衆向け読み物では同盟国であるドイツの宣伝省が華々しく取り上げられたが、戦争指導者向けの参考文献では英米の事例を扱ったものが少なくない。先行研究がある宣伝戦の成功例、つまり第一次大戦の勝利は英米のものだったからである。ケンブリッジ大学の心理学者F.C.パートレットの『戦争と宣伝』（*Political Propaganda*, 1940）は、「情報心理学」の副題をつけて1942年に翻訳刊行された。企画院外情協議会の指針によってまとめられた米山桂三『英国の精神動員』（東亜研究所、1942年）も、情報省に関する分析を行なっている。また、アメリカの公報委員会に関する研究書、J.R.モック／C.ラースン『米国の言論指導と対外宣伝』（*Words that won the war: the story of the Committee on Public Information 1917-1919*, 1939）も1943年公刊された。同書は情報局情報官・箕輪三郎の翻訳を基にしているが、公報委員会を合衆国の宣伝省とみなしており、「戦時情報局」と実体に即して意訳されている。

　1942年2月、それまで日比谷の帝国劇場に間借りしていた情報局は、三宅坂の旧参謀本部に引越し、「名実共に"思想戦参謀本部"としての活動を開始」（『朝日新聞』1942年2月20日付）した。だが、4ヵ月後のミッドウェー海戦で制海権を失うと、積極的な対外宣伝活動は困難になり、結局は国内に向けの言論統制や防諜対策のみが強化された。敗色濃い1944年7月、情報局は旧参謀本部からさらに霞ヶ関内務省の4、5階に転居する。そこは検閲と防諜が中心となった情報局の機能に応じた場所というべきだろう。この移転と同時に、朝日新聞社主筆・緒方竹虎が情報局総裁に就任する。緒方の唱えた「民意暢達」のスローガンにもかかわらず、この時期に国民が体験した「情報」の記憶は大本営発表の戦果報道への不信感、敵機来襲を伝える情報放送への恐怖感に集約された。

　1945年4月緒方の後任として終戦工作を担当した下村宏も、朝日新聞副社長から日本放送協会会長を経て情報局総裁に就任した。報道機関トップが情報局総裁を務めた戦時下の「言論統制」に、言論機関がもっぱら被害者であったことを含意する「言論弾圧」という言葉は不適切である。陸軍の「軍刀」

による強制だけで言論統制が成立したわけではない（中薗裕『新聞検閲制度運用論』清文堂、2006年参照）。

　特に、「言論の自由」の旗手であった新聞の変貌が象徴的である。1938年秋以降、内閣情報部が内務省警保局を通じて各地の零細新聞の「自主的な」整理統合を指導した。それは1940年情報局への改組とともに強化されていった。1941年には地域の販売網を統合する新聞共販制が導入され、1942年新聞事業令に基づく統制団体「日本新聞会」が設立された。こうして同年7月情報局は新聞社の「一県一紙主義」を発表し、全国紙、ブロック紙、県紙からなる今日の日本型新聞システムが確立した。日中戦争勃発時に1200紙あった新聞は、終戦時には57紙に統合されていた。この新聞システムの「戦後」への連続性は、同じ敗戦国であるドイツと比べれば一目瞭然だろう。降伏後のドイツでは非ナチ化政策により既存紙の継続・復刊は一切認められず、ドイツの新聞企業は「零年（シュトゥンデ・ヌル）」から出発した。これに対して、日本の新聞企業に1945年の「零年」はない。新聞は「8月15日」を含め、一日も途切れることなく国民に情報を伝え続けた。言論統制の効率化の目的で生まれた情報管理システムは、敗戦後日本を軍事占領したGHQにとってもまた不可欠なものであり、占領軍統治にほとんど無傷で組み込まれた。ほとんど唯一の例外は、国策通信社である同盟通信社が監督官庁である情報局廃止とともに、共同通信社と時事通信社に分割されただけである。もちろん、戦時体制＝占領体制に有効に機能したこの情報管理システムが、その後の高度成長時代にも適合的であったことは改めて指摘するまでもあるまい。

　情報局は1945年8月15日後も存続し、1945年12月31日の勅令第733によって廃止となった。1945年12月30日付『朝日新聞』は、情報局の廃止を次のように伝えている。

　　情報局が戦時態勢即応の宣伝強化の方途として発足を見たのは昭和十五年十二月一日で、それ以来戦争の勃発と共に国内宣伝に強力な指導を加へ、遂には完全なる報道取締機関と化してゐた。（中略）情報局の設置が時代の勢であつたとすれば解消もまた時代の勢によるものといへよう。情報局管掌事務は廃止と共に各省へ分割移譲されることになるが、その要領は国内新聞発表関係は内閣へ、国際関係（文化、報道）は外務省へ、国内文化関係は文部省へ、用紙配給関係は商工省へ、放送関係は

通信院へ、輿論調査関係は内務省へそれぞれ移ることになつてゐる。

　情報局は廃止となったが、各機能は各省に分散されたわけである。わずかに外務省のみ情報部の名称を残したが、国家主権のない占領下で国民の多くは「情報」という軍事用語を忘却しようとしたであろう。その一方で、GHQで検閲とメディア統制を担当した民間情報教育局CIE＝Civil Information and Education Sectionが果たした役割も無視できない。民間情報教育局が占領軍の軍事組織であったことよりも、それが日本で展開したPR＝Public Relationsという宣伝活動によって「情報」は「教育」を連想させる言葉に「民主化」されていった。しかし、CIEの世論・社会調査課次長として戦後世論調査を指導したハーバード・パッシン中尉（後コロンビア大学社会学部教授）は「民間情報教育局」の名称について次のような違和感を37年後の来日に際し表明している。

　　当時は誰がつけた名前だかわかりませんけど、私が考えるには情報という翻訳は間違いだと思うんです。情報はインテリジェンスという意味ですから。だけど違う意味でのインフォーメーションの意味だったんですからね。つまり広報の意味だったんです。情報じゃなくてね。とにかくそうなってしまったんです。本当はインフォーメーションの方で、マスコミとの関係だったんです。（H.パッシン「日本世論調査の発展」『日本世論調査協会報』第51号、1982年、4頁）

「世論調査の父」パッシンにとって、「情報」は1980年代でも軍事情報（インテリジェンス）だったことがわかる。

　講和条約発効後の1952年9月、吉田茂内閣は内閣総理大臣官房調査室（1957年内閣調査室と改称）を設立した。国家情報機構の必要性を訴え、その設立に尽力したのは戦時下の情報局総裁、吉田内閣の官房長官・副総理であった緒方竹虎である。内閣調査室は、1986年に現在の名称「内閣情報調査室」と改名された。「情報」が組織名称に復活するまで情報局廃止から40年が経過していた。さらに2001年中央省庁改編により、内閣情報調査室長（政令職）が廃され内閣情報官（法定職）が新設された。1937年勅令第519号「内閣情報部官制」で初登場した情報官は、1945年「情報局官制」廃止から56年ぶり

によみがえった。

　とはいえ、戦後の「情報」イメージは高度経済成長のなかで大きく変容した。梅棹忠夫「情報産業論――きたるべき外胚葉産業時代の夜明け」(『放送朝日』1963年1月号)を嚆矢とする情報産業論のインパクトは特に大きい。そこでは「情報」から軍事的記憶が脱色されたため、「情報社会」という用語は戦後日本で急速に普及した。実際、情報社会研究は、社会科学研究の分野で日本が世界に先がけて取り組んだ領域である。だが、その研究の前提となっていたのは、高度国防体制から高度経済成長を貫いて高度情報社会に至る「情報戦争」の連続性を象徴する「プロパガンダ＝マス・コミュニケーション」研究である。

Ⅳ　宣伝戦の科学と輿論指導

小山栄三の宣伝論

　戦時下に情報局のもとで思想戦に従軍したデザイナーたちが、「戦後」広告業界に「復員」し、消費社会のプランナーとして活躍した経緯については、難波功士が丹念に調査している（難波功士『「撃ちてし止まむ」――太平洋戦争と広告の技術者たち』講談社メチエ、1999年参照）。その中心となったのは、1940年11月に内閣情報部などの資金援助で設立された国策宣伝の企画製作者集団「報道技術研究会」である。そこにはグラフィック・デザイナーの山名文夫、原弘、コピーライターの新井静郎はじめ、「戦後」広告業界の指導者たちが結集していた。軍事用語としての「情報宣伝」を、産業用語の「広告宣伝」に変換したプロフェッショナルたちである。

　この報道技術研究会には宣伝実務家のみならず、理論的指導者として小山栄三や米山桂三といった研究者も参加していた。この二人は「戦後」日本のマス・コミュニケーション研究を方向づけた研究者と言っても過言ではない。小山栄三は国立世論調査所所長、立教大学社会学部教授、日本世論調査協会会長、日本広報協会理事長など歴任し、米山桂三は慶應義塾大学法学部教授、同新聞研究所所長、日本新聞学会会長をつとめている。

　ここでは日本の「戦後」世論研究をリードした両者の「戦中」著作を紹介しつつ、「プロパガンダ＝マス・コミュニケーション」研究の一貫性を確認しておきたい。もちろん、「戦中」には戦意高揚目的の出版物、いわゆる「宣

伝もの」が出版ブームとなっており、他にも膨大な量の宣伝論が存在している。しかし、ナチ宣伝の表面的な紹介や時局便乗の精神論が多かった「宣伝もの」において、学問的姿勢を保持した著作は極めて少ない。その意味では、小山は「戦前」にナチ新聞学の最良部分を輸入・消化した研究者であり、米山も総動員体制下に英米政治学を正しく受容していた。まず、小山の略歴と業績を簡単に紹介しておこう（佐藤正晴「戦時下日本の宣伝研究――小山栄三の宣伝論をめぐって」『メディア史研究』第5号、1996年；三浦恵次「小山栄三の広報＝PR政策について」『明治学院論叢　社会学・社会福祉学研究』第98号、1996年；三浦恵次・岩井義和「小山栄三の世論研究史について」同、第101号、1997年；吉見俊哉「メディアをめぐる言説――両大戦間期における新聞学の誕生」『内破する知』東京大学出版会、2000年などを参照）。

　小山栄三（1899-1983年）は東京帝国大学文学部社会学科および法学部政治学科を卒業後、1927年同文学部副手を経て、1929年小野秀雄が主宰する文学部新聞学研究室研究員に採用された。1924年の卒業旅行では海軍省主催の南方視察団に加わり、ミクロネシアなどを実地見学するなど民族学的調査に早くから関心を示していた。ドイツ新聞学の膨大な先行研究をまとめた『新聞学』（三省堂、1935年）刊行の後、立教大学経済学部教授に就任している。しかし調査研究のフィールドを求めて、小山は1939年厚生省人口問題研究所研究官（調査部長）に就任する。やがて、新聞学と民族学の両分野に通じた専門家として1942年には企画院調査官を兼任し、さらに1943年には文部省民族研究所所員（第1部長兼第4部長）となった。この時期、『南方建設と民族人口政策』（大日本出版、1944年）など人種学や人口学の著作や翻訳も数多く残している。一方で、『宣伝技術論』（高陽書院、1937年）、『戦時宣伝論』（三省堂、1942年）をまとめ、1940年内閣情報部主催の第2回思想戦講習会では「思想戦と宣伝」を講演している。戦時下日本における宣伝研究の第一人者であった。

　だが、「戦後」との連続性からは、ドイツ新聞学（Zeitungswissenschaft）の受容形態も重要である。小山が師事した小野秀雄の新聞研究は、文字通り「新聞」を中心としたワイマール期の新聞学であり、それは歴史学・文芸学的色彩を強く帯びていた。それに対し、一世代若い小山は第三帝国で台頭した同世代のハンス・A.ミュンスターなどの「公示学」（Publizistik）から多くを学んでいた。メディアを「政治的に影響を与へんとする意志」の伝達媒体

と考える公示学は、旧世代の新聞学と異なり研究対象を「新聞」に限定せず、ラジオ、映画、ポスター、デモ行進など無限に拡大した。またナチズムの政策科学を目指して、アンケート調査や参与観察など社会学や心理学の手法を貪欲に取り入れた（拙稿「第三帝国におけるメディア学の革新——ハンス・A. ミュンスターの場合」『思想』第833号、1994年参照）。こうした新しいメディア研究を、小山はリアルタイムで追いかけていた。内閣情報部が思想戦講習会で使用した「情報宣伝研究資料」にもミュンスター『新聞と政策』（1940年）が含まれるが、それは内閣情報部嘱託・小野秀雄の指示で小山が翻訳したものである。同書掲載の「公示の樹」は「マス・メディアの樹木図」として、「戦後」の主著『新聞学原理』（同文館、1969年）に再録されている。ナチズムとデモクラシーの違いは、「公示の樹」で「政治的に影響を与へんとする意志」と書かれたところが、「マス・メディアの樹木図」で「表現意志」に書き改められただけなのである。

　小山自身、こうした連続性に自覚的であった。国立世論調査所所長時代に『東京大学新聞研究所紀要』に寄稿した論文で、「戦前」プロパガンダと「戦後」マス・コミュニケーションの同質性をこう記述している。

　　　輿論指導の手段に関しては第一次世界大戦までは専ら宣伝Propagandaと云う言葉が使用されていた。然し両大戦を通じ事実的にも意識的にも宣伝とは、「嘘をつく技術」と云う風にとられてしまった。それで宣伝のこの悪い意味を避けるため、プロパガンダと云う代りにマス・コミュニケーションと云う言葉が使用されるようになったのである。
　　　（小山栄三「輿論形成の手段としてのマス・コミュニケーション」『東京大学新聞研究所紀要』第2号、1953年、44頁）

　現在ではマス・コミュニケーション研究者の多くが意図的に、あるいは無意識的にも忘却しているが、この指摘は歴史的に正しい。さらにさかのぼれば、ナチズムと宣伝戦を展開したドイツ共産党の「赤いゲッベルス」、ヴィリー・ミュンツェンベルクは、『武器としての宣伝』（1937年）の冒頭で、ナチ宣伝が手本としたのは第一次大戦中のアメリカの政治広告だった、と指摘している。ナチ宣伝は文化的反動の産物ではなく、アメリカ民主主義の政治技術を洗練したものなのである。

ヒトラーは「政治的広告」を、たくみに仕上げられた巨大なシステムにまで発展させた。そのシステムとはあらゆる芸術的手法、とりわけ戦争宣伝の経験を生かした巨大広告の洗練された方法、大規模な行進で発せられる言葉、洒落たポスター、輪転機とラジオを通した近代的広告といったもの全てだ。そして、これらを駆使して人を陥れたり、惑わしたり、だましたりしながら、はたまた残忍な暴力を伴いながら、このシステムは「大衆的」成果を目指して動いている。その際には最も重要なこと、すなわちヒトラー宣伝が目に見える形で収めている大きな成果はナチという主義主張の産物ではない、ということは忘れられがちだ。(W. ミュンツェンベルク『武器としての宣伝』星乃治彦訳、柏書房、1995年、16頁)

　それゆえに、「マス・コミュニケーション＝プロパガンダ」の研究はイデオロギーから距離を置いて分析されなければならない。総力戦の合意形成において、合理的で自由な民主主義国家（アメリカ・イギリス）と非合理的で専制的なファシズム国家（ドイツ・日本）という旧式なイデオロギー図式はほとんど無意味というべきだろう（拙稿「〈プロパガンダの世紀〉と広報学の射程」津金澤聰廣・佐藤卓己編『広報・広告・プロパガンダ』ミネルヴァ書房、2003年参照）。実際、「マス・コミュニケーション」という言葉は、第一次大戦の産物であるナチ宣伝のアメリカにおける鏡像として誕生した。この新造語は1939年9月ドイツのポーランド侵攻直後に開催された「ロックフェラー・コミュニケーション・セミナー」への招待状において、ロックフェラー財団事務総長ジョン・マーシャルが初めて使用したといわれている。同財団は平和主義の世論を前に対独参戦に踏み切れないアメリカ政府に代わって戦時動員研究を代行していた。「民主主義のために戦争を戦うことはできても、民主的に戦うことはできまい」と、ウォルター・リップマンは『ファントム・パブリック』（1925年）で予見していた（河崎吉紀『幻の公衆』柏書房、2007年、136頁）。いずれにせよ、「ナチズムのメディア学」もアメリカのマス・コミュニケーション研究も同じ戦時動員の操作主義パラダイムの上に展開されたのである（拙稿「ナチズムのメディア学」『岩波講座 文学2』岩波書店、2002年参照）。まず小山の「戦中」宣伝論に、その操作主義パラダイムを確認しておきたい。

国際宣伝というグローバル化

日中戦争勃発から3ヵ月後に刊行した『宣伝技術論』序文を小山はこう書き起こしている。

> 課題とする所は、一定の目的に向かつて大衆の思惟を集中せしめる精神動員の方法であり、輿論を人為的に形成しようとする手段の方法の工作であり、民衆に行動の指針を与へる社会統制的操縦根拠の理解である。（小山栄三『宣伝技術論』高陽書院、1937年、1頁）

さらに、国民の精神動員は戦略の一部であるとした上で、宣伝理論の意義をこう述べている。

> 戦争は戦略によつて導かれる。同様に宣伝も宣伝の技術的理論によつて導かれねばならない。宣伝の理論なくして宣伝活動はあり得ないからである。宣伝の科学的体系を確立して、宣伝の実践に理論的規準を与へようとするのが本書の主なる目的である。（同書、4頁）

小山は章立てで、R. ザイフェルト『一般宣伝学』（*Allgemeine Werbelehre*, 1936）の宣伝過程論を利用している。それは宣伝過程をその時間的契機の段階に従って宣伝作用 - 宣伝活動 - 宣伝効果の三部門に分節する枠組みである。これは同じく戦時体制下のアメリカでハロルド・ラスウェルが考えたマス・コミュニケーション研究の枠組み、統制研究 - 内容分析 - 媒体分析 - 受け手分析 - 効果研究と相似的である。小山にとって、ともに宣伝効果を最重視した「戦中」の宣伝学から「戦後」のマス・コミュニケーション研究への展開は何ら違和感のあるものではなかった。

さらに日米開戦後の『戦時宣伝論』序文では、小山は戦争と宣伝の関係を次のように論じている。

> 戦時に於ける宣伝は、その活動の方向に関し三重の任務を負ふ。第一にそれは国民に必勝の信念を涵養し国論の統一を実現するための民衆に対する政治指導の手段でなければならず、第二に敵性国家及び民族層の

結束を攪乱する神経戦の武器でなければならず、第三に占領地域及び中立民族層に同志的一体感を形成するための紐帯としての作戦の一部となるものでなければならないのである。（小山栄三『戦時宣伝論』三省堂、1942年、5頁）

こうした政策志向的な発想もアメリカの総動員体制下に確立したマス・コミュニケーション研究のパラダイムと同一である。さらに興味深いのは、この『戦時宣伝論』最終章が「文化宣伝としての観光政策」となっていることである。小山において「大東亜戦争」勝利のイメージとは、国際観光立国の実現だった。

> 日本の国際観光事業には軍事行動が一段落ついた暁に於ける多幸な将来が待つてゐるのである。それは欧米人誘致のための共栄圏の綜合的極東観光プランの構成の可能、日・共栄圏内諸民族の彼此の実情認識のための視察及び観光への誘致の必要が国策的問題として要求されてゐるからである。（同書、297頁）

「日本人の共栄圏観光、諸民族の日本観光、欧米人の極東観光」を活性化させることが、国際親善（宣伝）と国際貸借改善、つまり文化政策であり経済政策であるとも主張している。

> 実際国際観光政策は観光事業を通じて「今日本は何を考へ」、「何をしてゐる」かを現実に世界に示す外交的使命を持つものであり、それは又対民族工作の文化的一翼を担当するものである。（同書、314頁）

これが、「戦中」宣伝論の到達点であった。小山は「戦後」、立教大学社会学部観光学科（現・観光学部）の設置に尽力することになる。

米山桂三の輿論研究

「戦中」と「戦後」の研究が、あるいは小山以上に一貫している宣伝研究者として慶応義塾大学教授・米山桂三をあげることができる。敗戦後は人類学・人口学研究から撤退した小山に対して、米山は一貫して輿論の政治学に

踏みとどまった。もっとも、T. モーリス＝スズキが指摘するように、小山の「転進」も、外部の「民族」にも向けていた「計測する科学」の視線を内部の「民衆／国民」に集中しただけともいえよう（Tessa Morris-Suzuki, "Ethnic Engineering: Scientific Racism and Public Opinion Surveys in Midcentury Japan", in: *Positions* 8-2, 2000）。

米山桂三（1906-1979）は1929年慶應義塾大学法学部を卒業した後、同学部助手に採用され、アメリカ経由でロンドン大学、ベルリン大学に約３年間留学した。1933年帰朝後、母校で「政治心理学」などを担当した。戦時下には政治宣伝の専門家として多くの論説を新聞や雑誌に執筆している。戦後は1946年10月より法学部教授のまま慶應義塾大学新聞研究室主事、翌年５月から同研究室主任教授を兼ね、1960年に主論文「世論の本質」で法学博士となっている。

米山の「戦中」主要著作は『思想闘争と宣伝』（1943年）にまとめられている。第一部「宣伝とイデオロギー」で第二次大戦初期の英独ソ宣伝戦を論じ、ボルシェヴィスト宣伝やファシスト宣伝に対するデモクラット宣伝の強度を指摘している。英米の民主主義＝輿論政治は反対者の「宣伝の自由」を原則的には否定しないが、総力戦体制ではファシズム宣伝とその差異が縮小することを米山は正確に指摘している。

　　事実、英米デモクラシーの下に於ける、行政部の独裁化・言論統制の一元化的傾向は、蔽ふべくもないところであると同時に、特に、政府のなす宣伝のイデオロギー的基礎付けといふ傾向と相俟つて、宣伝の自由の原則に、少からざる制約が加へられるに至つたことは事実である。しかしながら、それにも拘らず、デモクラット的宣伝の形態的特徴は、依然として、存続させているかの如くである。（米山桂三『思想闘争と宣伝』目黒書店、1943年、68頁）

第２部「戦争と輿論と宣伝──イギリスの戦時精神動員批判」は副題に「批判」とあるにもかかわらず、イギリスにおける輿論政治の強度が高く評価されている。

　　恐らく、国内輿論の統一、或いは、国民の輿論の全面的支持なくして

は、近代的総力戦の遂行は不可能であらう。言葉を換へていへば、近代的総力戦を遂行するためには、一部少数有識者の意見を、国民全体の支持する輿論なるかの如く装つて、総力戦態勢整へりと自負するが如きことは、全く、不可能なことである。(同書、75-76頁)

米山は輿論を「集団全体の利害に関する公的問題について、多数構成員の懐く意見の綜合である」と定義し、戦時下の俗耳に入りやすい定義——たとえば「輿論とは、全く、宣伝の与ふる刺激に対する応答」(96-97頁)——を退ける。しかし、輿論の動きは現実の社会変化より「遅延」する傾向があり、戦争においては対応の遅れは致命的なので、民主主義国家も宣伝による国論統一は不可避となる。

　　近代戦の勃発に際し、特に、輿論の国が宣伝の国となる所以である。これに反し、近代的独裁国家の多くが、平生から、宣伝によつて、国民の精神生活の戦時態勢化が行はれてゐるから、(中略)この場合、人格に基礎を置く「輿論」の統一をも企てない限り、長期戦に於て、その脆弱性を暴露する危険があるのである。しかるに、わが国民の間では、その国体上、天皇帰一といふ意識に強く支配されてゐるから、近代的独裁国家に於けるとは別な意味で、国民の精神生活の戦時態勢化は、比較的容易である。(同書、105-6頁)

ここで米山が当時世評の高かったドイツ宣伝省の輿論形成における脆弱性に着目し、むしろイギリス情報省の輿論形成の強度を高く評価していることは重要だろう。

　　イギリスは、右の如き民主的方法の維持を通して長期戦態勢を整へつつあつたのであつて、燈火管制や児童非難の如き、直接国民の日常生活に関係ある問題については、特にその効果は大きかつたのである。(中略)近代的戦力戦に於ては、大衆層の者も、総力戦態勢を整へる上には重要なる要素なのであるから、何とかして大衆層の者をも、輿論の構成に参画させなければならないのである。(同書、121-122頁)

大衆を輿論形成に参加させるため、またそうした大衆輿論が出来上がるまで「一時的な対策として、精神動員上、宣伝が重視される」（122頁）べきだと断じている。つまり、欧米の輿論研究を十分に学んだ米山は、当時量産された俗流「宣伝もの」とは異なり、ゲッベルス流の自己宣伝、「絶対の宣伝」などは信じていなかった。むしろ、米山が英独宣伝戦の教訓として主張したのは市民的輿論に対する「大衆に於ける輿論」の重要性である。卒業論文がイギリス労働党と輿論の関係を論じた「社会党の若干考察」であったことも、米山が市民的公共圏の限界を正しく理解できた理由だろう。

　第4部「宣伝の概念・語源・語義」では、日本の宣伝論として戸澤鉄彦『宣伝概論』（中央公論社、1942年）と小山栄三『戦時宣伝論』のみを「闇夜に灯」と評価している。しかし、宣伝を輿論指導の手段として位置づけようとするドイツ公示学、つまり小山の宣伝論をここでは次のように批判している。

　　　輿論は、むしろ、宣伝からは区別せらるべき、教育・啓蒙・討論の結果構成されるものであると解さるのであるから、宣伝が輿論の構成に、影響を与へ得るとしても「輿論指導」の手段、すなわち宣伝であると解することは出来ないのである。（同書、220頁）

　こうした民主主義的動員の発想は、思想戦の実践に関わる提言、つまり第5部「東亜共栄圏と宣伝」においても確認できる。やみ雲に「亜細亜よ、目覚めよ」と叫んだり、「日本文化」を押し付ける対外宣伝には、痛烈な批判を浴びせている。

　　　一部の認識不足な論者は、依然として、日本の道義的声明を以て、最上の宣伝であると誤認し、極端なる楽観主義に陥つてゐるかと思ふと、他の一部の認識不足な宣伝実践家達は、ただ意味もなく、宣伝といふ言葉に陶酔してしまつて、やれポスター、やれ新聞、やれラジオ、やれ映画と、華々しくは見えるが、東亜共栄理想の実現には、何等貢献するところのない宣伝を、乱発してゐるのを見掛けるのである。（同書、253頁）

　その上で、具体的な宣伝実践として、米山はアジアでの日本語普及につい

てこう述べている。

> まず、手始めとして、機械・技術の名称や商業用語を日本語で教へ込み、物の面から、次第に、東亜文化圏の一員たらしめるやうに、努めるべきであると思ふ。（同書、240頁）

これこそ、「戦後」高度経済成長下の日本がアジアに経済進出する際の文化戦略であったと言えるかもしれない。あるいは、宣伝映画についても「独善的に、日本の景色や生活を描いた記録映画」を批判して次のように提言している。「戦後」GHQの民間情報教育局が日本で上映した教育映画を髣髴とさせる発想である。

> 土着住民の青年が、日本へ留学し、その間に、日本の大産業や近代的諸施設を見聞し、また、在時には、日本の美しい人情風物に接し、彼は非常に偉くなつて、故国へ帰つて大成功するといふやうな筋書の中で、日本を紹介すれば、一層有効であらうと思ふ。殊に、この場合、その青年が、日本へ留学して偉くなつたために、故国に帰つて恋の勝利者となつたといふやうにでも仕組めば、一層訴求力も強いのである。（同書、268頁）

かくして、小山や米山の「戦中」宣伝研究は、摩擦なく「戦後」マス・コミュニケーション研究に直結した。ファシズム体制とニューディール体制は、行政管理的研究パラダイムにおいて総力戦体制の下位区分に過ぎない。小山は、敗戦直後にGHQから出頭命令を受けたことを「世論調査の陣痛期」（1982年）でこう回想している。

> 終戦直後マッカーサー司令部から突然「出頭せよ」の命令が伝達されてきた。当時は日比谷のGHQ司令部前には、まだ戦車が四、五台たむろしていて、ものものしい風情であった。追放（パージ）が始まったばかりの時なので不安な気持ちで出頭すると直ちに三階の一室に通された。そこにはすでに五、六人の士官が列席していて、かわるがわる私に質問の矢を浴びせかけてきた。「日本の世論は戦前、戦中、戦後とどう変わったか」、

「全国民の世論を調べるにはどんな方法があるか」等がその項目であった。一応質問が終わったら彼等は退室し、しばらく待たせられたが再び入室した時には、彼等は威儀を正し、「今度日本政府が世論調査機関を設けることとなった。ついてはその長にGHQは君を推薦することにきめたからしっかりやって欲しい。GHQは出来る限りの援助をする積りだ」とのことであった。（小山栄三「世論調査の陣痛期」『日本世論調査協会会報』第49号、1982年、1頁）

この面談は1945年10月のことである。翌11月1日 GHQ民間情報教育局長ケン・R. ダイク准将の口頭要請により、情報局に企画資料部輿論調査課が置かれ、小山は情報局参与に就任した。この組織の発展については第Ⅵ章で検討する。1956年小山は同志社大学より『広報学——マス・コミュニケーションの構造と機能』（有斐閣、1954年）で博士学位を授与された。その「学位論文審査要旨」で主査を務めた和田洋一は次のように書いている。

　　戦後のマス・コミュニケーション研究の興隆に先だつて、日本の新聞学樹立のための素地を作つた功績は、何人も認めねばならないところであろう。（中略）広報なる言葉は、昭和二二年四月公布の地方自治細則の中に、はじめて法律用語として用いられたが、広報の意味するものは宣伝とほぼ同一であつて、しかも必ずしも同一ではない。「広報」とは「**マス・コミュニケーションをコントロールして与論形成を行おうとする努力である**」と著者は述べているが、パーソナルな、口から耳への宣伝ではなしに新聞、雑誌、パンフレット、ビラ、映画、ラジオ、テレビ等、マス・メディアを通しての宣伝が広報である。（和田洋一・園頼三・臼井二尚「小山栄三氏提出学位論文審査要旨」同大第27号、昭和31年、同志社大学学事課所蔵、1956年。以下特記しない限り強調は引用者）

ここでも「マス・コミュニケーション＝宣伝＝広報」とされ、その目的が「与論形成」であると明記されている。

米山桂三の場合も、同じようにアメリカ占領体制と適合的だった。敗戦の半年後、米山は『思想闘争と宣伝』と同じ版元から『輿論と民主政治』を刊行している。その結論部「戦争と輿論」で、今次大戦の敗因が次のように分

析されている。

> 戦争が総力戦的となればなるほど、異質化せる国民各層の戦争遂行への協力を必要とするので、輿論政治の確立こそは近代的総力戦遂行の鍵であると信じられる。(中略)煽動——彼等はこれを戦時宣伝とか戦時輿論指導と呼んだ——によって群衆化せる烏合の衆が、どうして近代「総力戦」の担当者たり得よう。これ等の国々が近代総力戦の敗者として一つ一つ戦線から脱落して行つたのも蓋し当然である。(米山桂三『輿論と民主政治』民主主義講座Ⅰ、目黒書店、1946年、59頁)

「宣伝＝輿論指導」と考える米山も、その立場に何らの転向もない。「戦中」精神動員の研究が「戦後」輿論参加の研究であることが確認できる。米山桂三は「新聞研究所の設立にあたって」(『三田評論』第596号、1961年)で、終戦直後GHQ民間情報教育局に呼び出され、慶應大学に新聞学部を設置するよう指令を受けたことを回想している。米山は自ら新聞研究室主任となり、さらに1949年1月GHQ民間情報教育局の世論社会調査課の顧問に就任した。1951年には、同世論社会調査課所属の日系2世・石野巌と共著で『広告の社会学』(電通広告選書)を刊行している。戦後の研究を小山は政府広報、米山は商業広告に求めたが、その出発点はいずれも戦時宣伝に他ならない。

もちろん、それは日本やドイツの特殊事情ではない。ナンシー・スノーは、アメリカにおける情報政策とプロパガンダと世論操作は三位一体であり、第一次大戦のクリール委員会から現在まで一貫していることを見事に描きだしている (N.スノー『情報戦争』福間良明訳、岩波書店、2004年)。輿論／世論という戦場において、私たちはいまだ明確な「終戦」を目にしてはいないのではあるまいか。

Ⅴ　世論調査の1940年体制

GHQ占領末期、「世論調査の誕生」を朝日新聞東京本社世論調査室の今村誠次はこう書いている。

> わが国の民主主義が敗戦の落し子なら、世論調査もまた敗戦の落し子

で、いわば平和日本の双生児だ。民主主義が人民の基本的人権を尊重し、自由に表明された国民の意思によって政治を行ってゆくことならば、世論調査は自由に表明する国民の意思が何であるかを測定して、政治に方向を与える道具なのである。（今村誠次『世論調査の基礎知識』国民図書刊行会、1951年、119頁）

この短い文章のなかで二度繰り返されている「自由に表明された国民の意思」は、いうまでもなくポツダム宣言第12条に由来する言葉である。

前記諸目的ガ達成セラレ且日本国国民ノ自由ニ表明セル意思ニ従ヒ平和的傾向ヲ有シ且責任アル政府ガ樹立セラルルニ於テハ聯合国ノ占領軍ハ直ニ日本国ヨリ撤収セラルベシ

確かにこの意味では世論調査はポツダム宣言の落し子といえるだろう。GHQ情報政策から世論調査の成立を詳細に分析した川島高峰もこう書いている。

今日、我々が新聞・報道等で見聞きするような世論調査のスタイルは戦後GHQが日本に導入したものであり、我が国において「科学的な」——あるいは、アメリカ的な——世論調査の歴史は僅か半世紀を有するに過ぎない。（中略）戦時下の日本では国論はあっても世論はなく、国策に沿わない言論は官憲取締りの対象とされてきた。（川島高峰「戦後世論調査事始——占領軍の情報政策と日本政府の調査機関」『メディア史研究』第2号、1995年、49頁）

ここで言論統制と世論調査は、戦前と戦後を分断する闇と光の象徴と理解されている。それゆえ、敗戦時のメディア史において「世論の発見」が論じられることも一般的である（井川充雄「敗戦とメディア」有山輝雄・竹山昭子編『メディア史を学ぶ人のために』世界思想社、2004年、279-283頁）。だが、本当に世論調査は「戦後GHQが日本に導入したもの」なのだろうか。また、言論統制が1945年8月15日で終わらず、GHQによる検閲体制が存続したことは周知の事実である。仮に「公開的な世論調査」がGHQに由来すると認

めたとしても、それは「隠蔽された検閲制度」とセットであったことは忘れてはならない。以下では戦前の情報宣伝から戦後の世論調査への連続性を明らかにし、今日の世論民主主義の正統性をその系譜から再吟味したい。

戦時下の輿論調査

　日本世論調査協会が編纂した『日本世論調査史資料』巻頭で同会長・林知己夫は、戦前の日本にも世論研究の系譜が存在することだけは指摘している。

> 　第二次大戦前日本においても、世論、世論調査、世論とマスコミ等々の研究をされていた先覚の先生方がおられた。(中略) しかし、世論、世論調査の問題が世の中に浸透してきたのは戦後といってもよい。アメリカの占領政策の一環と思われるが、CIE（民間情報教育局）が世論調査のあり方、方法を指導したのである。しかも、彼等の本国でもやっていない調査の理想をかかげて指導したのである。（林知己夫「巻頭言」『日本世論調査史資料』日本世論調査史編集委員会、1986年）

　ニューディーラーたちが「本国でもやっていない理想をかかげて指導した」姿は、農地解放、財閥解体など他の民主化政策の一般的評価とも重なる。だが、世論調査の研究水準に限ってみると、この時点で日米の格差は桁外れのものだったろうか。そもそも、アメリカにおける「近代的」世論調査の開始はG.ギャラップによるアメリカ世論研究所設立の1935年とされている。翌年の大統領選挙でローズヴェルト再選を的中させて、その「科学性」が注目された。I.クレスピによれば、ヨーロッパの世論調査は、イギリスで1937年、フランスで1938年に始まる。

> 　第二次大戦勃発により一時的に世論調査の発展は中断したが、戦後数年は西ヨーロッパ全体で急速な拡大が見られた。（Irving Crespi, "Poll", in: Erik Barnouw ed., *International encyclopedia of communications*, Oxford University Press, 1989, p.328）

　この評価は、ほぼ日本にも当てはまるだろう（日本の世論調査成立史としては、松本正生「輿論調査の登場」『政治をめぐって』第5号、1986年も参照）。ギ

ャラップ『民主主義の心拍』(George Gallup, Saul Forbes Rae, *The Pulse of Democracy : the public-opinion poll and how it works*. Greenwood Press, 1940) は刊行から1年足らずのうちに日本でも翻訳された(『米国輿論診断』大江専一訳、高山書院、1941年)。しかも、アメリカにおける世論調査の技術的発展も第二次大戦を契機としている。H. シラーは、戦争と世論調査の関係をこう述べている。

> もともと世論調査は、商業的ニーズに応えるために生まれたものだが、第二次大戦の急務によってさらに洗練された。(中略) マーケッティングの必要が世論調査の生みの親だとすれば、戦争は調査技法の開発をうながす育ての親だった。第二次大戦の勃発によって、世論調査の技法にお誂え向きのさまざまな情報ニーズが生まれた。(H. I. シラー『世論操作』斎藤文男訳、青木書店、1973年、136-137頁)

確かに、ギャラップも E. ローパー、A. クロスレーも市場調査から世論調査に転進している。マス・コミュニケーション調査の確立者である P. ラザースフェルドは1933年ウィーン大学からアメリカに移住した統計学者だが、社会調査技法の発展をこう回想している。

> 戦争のおかげで、政府機関のサービスにかんする実証的な社会調査が激増した。兵士の態度、国民の士気、政府が行なう宣伝の効果などが、差し迫った関心の的となった。学問研究と営利事業とのまったく新しい協力組織が、この任務を遂行した。(Paul F. Lazarsfeld, "Some Problems of Organized Social Research", in: *The Behavioral Science: Problems and Prospects*, Boulder 1964, p.11)

アメリカで世論調査を含むマス・コミュニケーション研究が1940年代に急成長した原因は、対ナチ参戦に向けた総動員体制に由来している。ギャラップと並び称せられるローパーは1942年から戦略サービス局OSS (CIAの前身)の局長代理であり、ラジオ調査など関連研究に大規模な国防予算を注ぎ込んだ。原爆開発のマンハッタン計画と並んでメディア研究は、アメリカで軍産学の緊密な提携が成功した分野であり、戦後にその提携が解消されたわけで

はない。1957年ソ連が大陸間弾道ミサイル技術を獲得したスプートニク・ショック以後も、ギャラップは胸を張ってこう唱えた。

> われわれがロシア人にまさっている唯一の分野は、プロパガンダ案を予備テストし、実際の有効性を測る調査手法だと確信している。(George Gallup, "The Challenge of Ideological Warfare", in: John Boardman Whitton ed., *Propaganda and the Cold War : a Princeton University Symposium*, Washington 1963, p.56.)

ギャラップにとって、戦後も世論調査は戦時プロパガンダと連続していたことがわかる。日本と同じ敗戦国ドイツの世論研究では、H.ペットカーの「協力、継続、沈黙――ドイツにおけるコミュニケーション学のナチ遺産について」(2001年)の発表以来、いわゆる「ノエル＝ノイマン論争」が展開されてきた。戦後ドイツの世論研究をリードしたE.ノエル＝ノイマン教授の名著『沈黙の螺旋』(1980年)は、彼女がナチ時代に行なった研究に基礎づけられていたというのである。その結果、ドイツでも「戦後アメリカから輸入した」とされてきた世論調査や広報研究が、実際は第三帝国の研究から「密輸」されていたことが明らかになっている（拙稿「ナチズムのメディア学」『岩波講座 文学2 メディアの力学』岩波書店、2002年を参照）。同じことは、日本の世論調査でも言えるのではあるまいか。「戦後アメリカからの輸入」を強調するため、戦前の日本の世論調査は故意に過小評価されてこなかっただろうか。

　もちろん、戦前日本の世論調査について先行研究がないわけではない。実際、東京放送局の1925年「慰安放送番組嗜好調査」や文藝春秋社の1932年「現代思想調査」などを嚆矢とする記述もある。（「世論調査史編集のための活動中間報告」『日本世論調査協会報』第46号、4-18頁。また太田昌宏「太平洋戦争期の〈輿論調査〉――情報局資料などから見えるもの」『放送研究と調査』2004年8月号、126-137頁）。

　「輿論調査」と銘打ったものとしては、『文藝春秋』1940年新年号に掲載された「国民はかう思ふ――輿論調査」が有名である。首都圏696人の購読者に調査票を郵送し全10問の回答をまとめたものだが、編集部は調査目的を次のように述べている。以下の文章の「事変処理」を「民主化」に置き換えれ

ば、そのまま敗戦後の世論調査の前口上に使うことが可能である。

　　この際緊急に、国民の意思を反映する良き政治が行われることを期待し、国家の健全なる発展向上延いては目下極度に要求せられている事変処理への国論の統一に資せんが為に、この輿論調査を企画した。（『文藝春秋』1940年新年号、150頁）

　「日米戦は避けられると思うか」などを問う第２回目調査は翌1941年新年号に掲載されている。また、1940年５月大阪毎日新聞社・東京日日新聞社が実施した「中等学校の新入学考査制度――輿論調査」は、明確に科学的調査を自称していた。中小学校教員や受験生父兄など3000人を府県別人口配分方式で選び出す割当法が採用され、質問票は社員による個別訪問面接法で回収された。当時はギャラップの調査も同様な割当法であり、その意味ではサンプリング導入もアメリカに比べてわずかに５年の遅れと言えなくもない。同年11月、大阪毎日新聞社は第２回「選挙法の改正」、12月に第３回「戸主選挙制の可否」に関する調査結果も公表している。そこにはサンプリングの詳しい解説もつけられている。

　　本社は選挙制度問題については昭和十四年十二月廿日確定の衆議院議員選挙府県別有権者数にもとづいて各府県別の比率を出し、被調査人員千名をその比率によつて各府県に割り当て、さらに昭和五年度国勢調査各府県職業別人口の比率によつてこれを、一・公務員、二・商業交通業、三・工業および鉱業、四・農業および水産業、五・無業者　の五種に大別し、さらにこれを右の国勢調査職業小分類に基づいて各二種乃至七種の職業別に分ち、その結果得た数字によつて現行選挙制度による有権者を対象として右の質問要項を示して各地方とも本社員が調査員として回答を徴しておく方法をとつたのである。（中略）まづ当面の方法として比較的科学的な輿論測定方法と自負し得ると思ふのである。（『大阪毎日新聞』1940年12月28日）

　いずれも入試や選挙の制度改革をめぐる調査であり、「科学的な輿論測定方法」を盾に「政府案に反対　圧倒的多数」と打たれた見出しからも、戦後

世論への地下水脈を読み取ることができるだろう。実際、こうした戦前の伝統により毎日新聞社は敗戦の3ヵ月後、GHQの指導が入る以前に「合理的」割当法による「知事公選の方法」輿論調査を発表している。ちなみに、この調査を指揮した毎日新聞社（東京本社）初代調査室長は、戦前にドイツ新聞学を体系的に紹介した藤原勘治である。戦前に刊行された『新聞紙と社会文化の建設』の第5章「新聞紙の統制的機能」で、「輿論」はドイツ新聞学の観念的な公共性論から論じられているが、輿論の量的な把握とその問題点も鋭く指摘されていた。

　　輿論が多数の意見として実質的なるは、少なくとも少数の承認を要する。少数の承認なき多数の意見は一時的の効力を有するに過ぎぬ。更に考ふべきことは信念の強度である。社会に於いて其の四十九パーセントの成員の抱く信念が、他の五十一パーセントの成員の信念に比して強烈なる場合、前者は其の数の割合に於いては後者に劣るとも、即時的ではないが結局は其の社会を支配すべき社会的勢力を有つてゐるものである。
（藤原勘治『新聞紙と社会文化の建設』下出書店、1923年、158頁）

　つまり、必ずしもアメリカのマス・コミュニケーション研究を経由しなくてもドイツ新聞学を通じて同じような輿論調査は実施できたといえる。いずれにせよ、1940年に公表された文藝春秋社と毎日新聞社の輿論調査に「世論調査の1940年体制」を見ることは可能である。だが、『日本世論調査史資料』やその他の文献が黙殺する戦時下の輿論調査も存在する。

　下野情報官「輿論調査」（『都新聞』1941年8月25日付）によれば、1941年に情報局は週報、写真週報を通じて「輿論調査」を行ない、国民の政府に対する希望を集めたが、その結果、回答者の27.7%が食糧配給に関する不満を述べたと報告されている（田沼肇「世論調査と科学」『思想』1952年4月号、81頁）。

　また、1943年5月に情報局が実施した「輿論動向並びに宣伝媒体利用状況」調査は報告書が残っている。政府の輿論指導の基礎資料とすべく全国地方小都市19ヵ所で農村青壮年を対象に対面方式で行なわれ、情報局『㊙大東亜戦争放送指針彙報』第27輯（1943年8月）に以下のような結果概要が掲載されている。

「長期戦はいつまで続くか」　3年＝3.5%　　5年＝13.0%　　10年＝39.7%　　50年＝28.9%　　50年以上＝3.5%　不明＝11.0%
「国民の生活について」　安定している＝76.1%　　不安を感ずる＝16.1%
「米価」　高い＝0.5%　　適当＝47.9%　　まだ安い＝47.6%
（日本放送協会放送史編修室編『日本放送史』上、日本放送出版協会、1965年、639頁）

　農村部に特化した調査対象、農林省が民心動向を探るため全国配置した農村情報調査員による調査であることを考慮しても、銃後にはまだ「普通の生活」が存在したことがわかる。言論統制の総本山である情報局が戦時下に行なった輿論調査の存在は、「言論統制から世論調査への連続性」を示す貴重な証拠である。当然ながら、1945年10月GHQ民間情報教育局（以下CIEと略記）が日本政府に対し輿論調査班の設置を指示した際、それに対応したのは情報局であった。

Ⅵ　「ポツダム民主科学」の神話

　CIEは1945年9月22日付一般司令183号により「日本並びに韓国における公共情報、教育、宗教、その他の社会問題」に関する部局として設立された。同年10月、CIE局長K. R. ダイク准将は内部に調査情報課PI（後に世論・社会調査課POSRと改称）を設けると同時に、情報局第三部長・加瀬俊一に輿論調査課の設置を示唆した（吉原一眞「黎明期のひとびと――世論調査協議会の開催」『日本世論調査協会報』第5号、7頁）。
　進駐当初、GHQはドイツ同様に自らの調査機関で輿論調査を直接実施する方針だった。実際、1945年10月から12月にかけてアメリカ戦略爆撃調査団は「日本人の意識に及ぼした戦略爆撃の影響」に関する大規模な聞取り調査を行なっている。だが、ドイツでは住民の協力が得られず調査が難航したため、日本政府を指導して調査結果を利用する方向に切りかえた。輿論調査課を情報局参与として指導した小山栄三はこう回想している。

　　米国には世論調査の専門機関――戦時中は米国には七つの政府世論調

査機関が活動していた——があって常時世論の動向を調べて政府の参考としているのだから民主化しようとする日本でもかかる機関を作ったらどうか」との〔GHQからの〕勧告に基づいたものであるとのことであった。（小山栄三「世論調査・日本でのことはじめ」『日本世論調査協会報』第20号、1974年、3頁）

　事実関係よりも、ここでは小山の状況理解を問題としたい。「戦時中の米国」と「民主化しようとする日本」が「政府世論調査機関」を挟んで並列されている。アメリカ本国では戦争が終わると、政府が直接行なう世論調査は立法府である議会の審議権を侵害するとの理由で禁止されていた（今村誠次『世論調査の基礎知識』178頁）。前節で述べたようにアメリカの政府世論調査機関も戦時動員体制の産物である。とすれば、アメリカ軍による日本の民主化が同じ総力戦パラダイム上で展開されていたことも自明である。また、小山がこの状況に違和感を覚えなかったことは、その経歴（Ⅳ章参照）を見れば当然だろう。

　小山は1945年9月CIEから出頭命令を受け、情報局で輿論調査を指導した経緯を何度か証言している（小山による同様の回想は「日本世論調査機関の沿革」『日本世論調査協会報』第16号、1970年；「世論調査の陣痛期」同・第49号、1982年などがあるが、記述は微妙に異なる）。

　　突然日比谷にあるGHQの司令部から至急出頭すべしとの命令を受けたのです。終戦当時私は文部省の民族研究所の第一部長をしていたので、てっきり追放のための取り調べと考え憂鬱な気分で出頭しました。司令部の一室には米軍将校三名と速記者二名と二世の日本人一人とが威儀を正して座っていました。「あたなは調査した経験がありますか」、「世論を調べるにはどんな方法がよいでしょうか」、「全国民から標本をどうして選びますか」、「戦前から終戦にかけて日本の国民の世論はどう変化したでしょうか」がその質問の主な項目でした。当時日本には世論調査の専門家などは一人もいないのですからはっきりした世論調査の方法などを知っているひとはいかなったのですが、幸いにも私は戦争で米国から引き上げてきた知人がギャラップの『パルス・オブ・デモクラシー』を

持ってきてくれたので、それを読んで私は予め米国の世論調査の技術を大体知っていました。
　同じ月に突然、現在労働大臣を勤められている塚原俊郎氏が拙宅を来訪され、「今度政府が世論調査を行うことになったので是非その仕事を引受けてくれ」との話がありました。いろいろ話を伺うと国内広報に関しては当時文壇の大御所といわれた菊池寛氏、国外宣伝に関しては前時事通信社長の長谷川才次氏、世論調査に関しては私が参与として推薦されたのだということでした。（小山栄三「世論調査・日本でのことはじめ」『日本世論調査協会報』第20号、2頁）

　情報局の塚原俊郎によれば、輿論調査課の設置後、「恩師戸田貞三先生に相談して小山栄三氏を顧問として迎えること」になった（塚原俊郎「世論調査よ永遠なれ！」『日本世論調査協会報』第5号、1966年、1頁）。GHQと情報局は、ほぼ同時に宣伝研究の第一人者として小山にアプローチしたのだろう。
　いずれにせよ、GHQの質問「戦前から終戦にかけて日本の国民の世論はどう変化したでしょうか」は、「戦中の世論」が日本に存在したことを自明の前提としている。だが一方で、小山が自らの世論研究を「アメリカ経由」と印象づけたかったことも読み取れる。ギャラップ『パルス・オブ・デモクラシー』を挙げているが、すでに触れたように、同書は日米開戦前に『米国輿論診断』として公刊されていた。1940年内閣情報部主催の第2回思想戦講習会で「思想戦と宣伝」を講演している小山が、この訳本の存在を知らなかったとは考えられない。世論研究の出自をアメリカナイズするための操作であろう。
　実際、小山の世論研究はドイツ経由で始められた。同じ証言の前段で小山は日本放送協会が1941年実施した「国民生活時間調査」への自らの協力を語っている。その当時厚生省人口問題研究所調査部長だった小山は、ドイツの社会統計学者G.フォン・マイヤーを引いて生活時間のタイプ分類を提言したという。マイヤーの主要著作の翻訳が刊行されたのは、大橋隆憲訳で『統計学の本質と方法』が1943年、高野岩三郎訳で『社会生活に於ける合法則性』が1944年である。証言が正しいとすれば、小山はすでにドイツ語原典で読んでいたはずである。

情報局－内務省－内閣審議室の世論調査

　1945年11月1日、小山を顧問に迎えて輿論調査課は情報局企画資料部内に新設された。課長の塚原は小山と同じく東京帝大文学部社会学科卒業後、同盟通信社政治部記者を経て情報局に招かれた。課員は情報局出身者が3分の2を占め、塚原、小山の人脈で東大文学部社会学科、同盟通信社、民族研究所から調査経験のあるスタッフが集められた。

　しかし、1945年12月31日の情報局廃止にともない輿論調査課は内務省地方局に移管された。情報局情報官の肩書きは内務省調査官に改まったが、当時の情報局は内務省5階に間借りしており実質的な移動はない。1946年1月26日さらに総理官邸内の内閣審議室に移され輿論調査班となった。この段階で職員総数32名、世論調査のほかに一般政治情報の収集、新聞・出版・投書の分析なども行なわれた（高月東一「戦後世論調査秘史」『望星』1979年11月号、132頁）。

　この1946年には、米山桂三『輿論と民主主義』、小山栄三『輿論調査概要』、時事通信社調査局編『輿論調査』の順に輿論関係の図書が3冊刊行されている。いずれも情報局の遺産といえる出版物であり、11月刊行の『輿論調査』には米山と小山の論文が含まれている。同書は実質的に内閣審議室輿論調査班の公式入門書であり、戦後の輿論調査を方向づけたといえるだろう。

　米山も自らの輿論研究の一貫性に自信があったようで、敗戦後も『思想闘争と宣伝』（1943年）を引用してこう述べている。

　　　私は太平洋戦争中も、民主政治、即ち輿論政治の国たる英米の強さにつき警告し続けてゐたが、それは英米の戦争遂行施策には、恒に「真実」の報道を通して構成された「人民の輿論」の裏付けがあることを指摘せんがために外ならなかつた。反之、わが政府当局のとつた欺瞞政策は個人の生活に於てさへ自づから傷付ける行為であるが、まして国家生活に於ては、これよりも甚だしき自殺行為はない。（米山桂三「民主政治と輿論指導」時事通信社調査局編『輿論調査』時事通信社、1946年、132頁）

　『思想闘争と宣伝』はもちろん反戦平和の著作ではない。聖戦完遂のために合理的な輿論動員を提唱した内容だが、彼も小山同様、終戦直後CIEに呼び出され慶應義塾大学に新聞学部を設置するよう指令を受けた。

米山の『輿論と民主主義』が主に輿論の政治理論を扱ったのに対して、小山の『輿論調査概要』は「輿論測定法」の解説書である。しかし、その第3章「輿論指導と宣伝」は序文で書いているように『宣伝技術論』（1937年）からの再録である。小山もまた戦中に自分が行なった宣伝研究を否定する必要を感じていなかった。

> 宣伝とは簡単に申しますと、如何にして輿論を一定の目的に集中させるかといふ「輿論指導」の手段を指すものであります。もつと詳しく申しますと、暗示作用を通じて他人の社会的行動・思想を支配しようとする行為の総体を宣伝といふのです。それで宣伝の理論は、民衆の行動に一定の方向を与へる――宣伝する人の目的・企画に適合した――社会統制の根拠を如何にして把握するかといふことが根本問題になると思ふのであります。（小山栄三『輿論調査概要――輿論をどうしてつかむか』時事通信社、1946年、110頁）

『輿論調査』は、1946年夏に東大・慶應・明大の学生を集めて開講された「輿論調査の特別講座」を再録したもので、東京帝国大学教授・戸田貞三「社会調査の方法と技術」、小山栄三「米国の輿論調査」、明治大学教授・佐々木吉郎「市場調査と輿論調査」、内閣参事官・吉原一眞「輿論調査の任務と課題」、米山桂三「民主政治と輿論指導」と並び、内閣審議室輿論調査課長・塚原俊郎の「結言」で締められている。輿論調査の官学合同綱領と呼ぶべきだろう。塚原は、輿論調査はサンプリングによる「動態的な国民投票」であると定義している。

> そこで民衆に沈潜してゐる公正な意見を率直に表明するやうな方法を講じ輿論として暢達することが必要になつてくる、国民全般の幸福を目指して意見を主張する民主的態度、各人の自由な意見が一体化されて輿論を形成することがわが国当面の一番大切なことであつて一般輿論を政治に反映できなければデモクラシーより衆愚政治に堕する怖れがある。
> （塚原俊郎「結言」『輿論調査』147-148頁）

「輿論として暢達する」から連想される「言論暢達」は、朝日新聞社主

筆・緒方竹虎が1944年7月20日小磯内閣の情報局総裁に就任した際、情報局の任務として唱えた聖戦完遂のスローガンである。目標は聖戦完遂から民主化に替わったとしても、総動員体制の語感は持続している。この文章は新憲法公布前に書かれており、「各人の自由な意見が一体化されて輿論を形成すること」で天皇制護持を意図していたことは明らかである。「各人の自由な意見」とは、本稿冒頭で引用したポツダム宣言の言葉である。同書所収の小山論文は、より直截にこう述べている。

　　然らばポツダム宣言が厳として要求している「自由に表明せる人民の意思」、即ち輿論とは如何にして認定されるでせうか？（小山栄三「米国の輿論調査」『輿論調査』32頁）

吉原論文も同じことを次のように繰り返している。

　　即ち世界の輿論としてポツダム宣言は、日本国民が自由に表明せる意志に従つて平和的傾向を持つた政府を樹立することを要求しました。デモクラシーを実現させるためには自由な人民の意志に基礎を置いて輿論の動向に準拠した政治を行ふことにより新日本の再建が行われねばならないのでありまして、国民投票（レフエレンダム）が必要とされる所以であります。（吉原一眞「輿論調査の任務と課題」『輿論調査』103頁）

つまり、彼らがポツダム宣言を念頭に国体護持を強く意識して輿論調査に向かったことは疑う余地もない。塚原は20年後、敗戦直後の輿論調査の意義をこう述べている。

　　世論調査の意義はこうした〔敗戦の打撃と占領下の特殊事情から何も云えない—引用者註〕日本人の気持ちをありのまま訴えることである。「日本政府に」というよりも、あるいはむしろ「連合国軍に」対してであったかもしれない。街には食糧デモが起り、軍事裁判がとり沙汰され、そして山下大将や本間中将処刑のニュースは、日本人の心に大きな影響を与えた。にもかかわらず、こうした問題の世論調査を行うことははばかられた時代であった。（塚原俊郎「世論調査よ永遠なれ！」2頁）

1946年3月塚原が「輿論調査のありかた」有識者懇談会への出席を依頼した際、元同盟通信社上海支社長・松本重治は輿論調査の本当の目的をこう語ったと、吉原参事官は記録している。

> いま話題になっている世論調査は、国民の意識の底に、ひっきょう憲法改正の期近きと見て、新憲法の天皇制の合理的基礎を国民投票に求めているあらわれではなかろうか。憲法改正が終わり、天皇のあるべき姿がどのように定着するか、それがおちつけば世論調査の一応の目的は終り、その任務というものは達せられたものとみることもできる。政府といい、民間といっても世論調査の今の日本における位置や期待の底にはそういうことがあるのではないかと思う。（吉原一眞「黎明期のひとびと」17頁）

つまり、彼らにとって世論調査の実践的な目標とは、天皇の地位を新憲法で明確に保証させることであった。そのため、GHQに対する切り札として、「世論調査こそアメリカン・デモクラシー」という神話は必要以上に高く振りかざされた。かくして、1946年4月11日内閣審議室は全都道府県に466名の調査員を配置するという「輿論調査地方機構設置要綱案」を作成したが、この案は6月1日、CIEによって却下された。

> 充分訓練せられたる人員を具有し、且つ剴切なる運用機構その他の設備が整備せられる時期に至るまで、本案並に日本政府による如何なる調査事務も総司令部が承認しないことを日本側に明示した。（小山栄三所有のCIE局長ニューデント中佐署名の覚書、牧田弘「世論調査の発展過程——戦前・戦後の変遷をたどって」『政経研究』第19巻3号、1982年、146頁）

直接の原因は、同年五月の食糧メーデーに対しデモを禁止したマッカーサー声明に関する世論調査を、内閣審議室が各新聞社に要請したことに由来する。CIEは占領政策の是非を国民に問う試みを見逃さなかったわけである。しかし、わずか5ヵ月後、新憲法公布の1946年11月には「非政治的事項」の調査を行なうことが認められている。

こうした事情から、内閣審議室による天皇制に関する輿論調査は存在しない。だが、情報局はすでに1945年11月1日外郭団体として日本輿論研究所を設立しており、11月21日ラジオ放送された天皇制に関する座談会（清瀬一郎・牧野良三・徳田球一）の視聴者調査を行なっている。回答総数3348人中、天皇制への支持者95％、否定者5％と報告された（『旧報知新聞』1945年12月9日）。また、社団法人・日本輿論調査研究所は、同12月に各界指導者5000人を対象とする郵便法による調査を実施している。天皇制支持91.3％、反対8.7％の結果は1946年1月新聞、ラジオで大きく報道された。日本輿論調査研究所長・清水伸は「天皇への輿論」で次のように回想している。

> わが全国各新聞紙はもとより外国にもただちに紹介されて、当時一大反響をよんだのは、天皇制に対する日本の輿論状態がおぼろげながら計数化しえたことと、強烈に見えた打倒論も案外ごく一部の声でしかなかつたことが示唆され、加うるにこの支持論の内容が明確にされたことによつた。（日本輿論調査研究所編『天皇』同研究所、1952年、298頁）

また1945年末から1946年にかけて多くの新聞社や民間調査機関によって「天皇制」輿論調査が繰り返された。内閣の輿論調査班はそうした民間調査を積極的に支援し続けた。「天皇制廃止」は最も高い讀賣新聞社の1946年3月調査でも13.0％であり、「修正」を含む天皇制支持が圧倒的であった。こうした結果は調査前から十分に予測できたはずだが、むしろ新聞投書などに登場する声高な廃止論を統計的に処理することで少数意見へ圧縮することが目的だったにちがいない。後に米山は終戦直後の天皇制に関する各種輿論調査の結果を分析し、輿論調査の繰り返しによって輿論は「象徴天皇」支持に導かれたと分析している（米山桂三「輿論の統計的・状態的分析」『法学研究』第21巻8号、1984年、12頁）。

とはいえ、国民投票による国体護持をめざした『輿論調査』の執筆者たちが政治的に反動だったというわけではない。たとえば、吉原参事官の論文はマルクス主義的用語も多用されており、革新官僚的側面が強く現われている。その意味ではCIEのニューディーラーと彼らが意気投合したことも偽りない事実だろう。吉原が1946年に夢見た「輿論の世紀」は、高度経済成長により達成された「一億総中流社会」と通じている。

封建的経済機構のヘゲモニーを掌握する財閥の解体により中小資本の経済活動の自由が保障せられ、階級分裂止揚への第一歩をふみだしたのであります。かうして輿論形成の前提として言論自由の確立、人種的に朝鮮、台湾の分離、階級宗教の分裂も次第に調整せられここに翹望(ぎょうぼう)された輿論の世紀が干天の慈雨の如く到来しようとしてゐるのでありまして、輿論調査の任務と課題もまたそこから出発するものであると私は考へます。（吉原一眞「輿論調査の任務と課題」『輿論調査』110頁）

　つまり、植民地を切り離し、格差の少ない均質な社会国家を打ち立てようとした革新官僚のヴィジョンとして「輿論立国」が語られている。この理想を共有する人々にとって、輿論概念の批判的検討は無意味であった。ただ日々の国民投票を「科学的に」行なうことが神聖な勤めと考えられた。それは、いうまでもなく普仏戦争に敗れたフランスでE. ルナンが唱えた主張である。曰く「国民とは日々の国民投票」に他ならない。日々の国民投票である輿論調査は敗戦国日本がアメリカの前で公然と主張できたナショナリズムの錦旗であった。

VII 「世論(よろん)」調査の動員体制

　以上、1946年11月3日新憲法公布までの展開を当時の表記に従って「輿論」と記述してきた。その2週間後、11月16日内閣は当用漢字表を告示し、「輿」の使用が制限されることになった。本稿冒頭で述べたように、明治以来「輿論(ヨロン)」（public opinion）と「世論(セロン)」（popular sentiments）は別の言葉であった。この漢字制限によって、今日まで各種の辞典で記述が異なり、誤った説明さえ行なわれている（松田郁三「「世論」の読みの混乱について」『言語生活』271号、1974年、76-80頁）。

　内閣参事官・吉原一眞の証言によれば、文部省国語審議会で「輿」の制限が決まると、毎日新聞社輿論調査課の三宅英一から照会があり、次のように回答したという。

　　私見だが、世論はどうだろう。せろんは戦時中"世論にまどわず"な

どと流言蜚語か俗論のようにいわれ、よろんは"輿論に基づく民主政治"と、全く逆のニュアンスだから問題だとは思うが、いま輿の字がなくなると、よろんという言葉は後世に残らなくなるだろう。新聞が世論の文字を使えばその宣伝力で世論が普遍化するのではないか。一〇年の歳月をへれば、世間では世論をせろんとよむだけでなく、よろんとよむ人ものこるだろう。(吉原「黎明期のひとびと」22頁)

その結果、翌日の紙面に「世論調査」の文字が登場したという。毎日新聞社によれば、最初に「世論」を使用したのは1946年12月8日の記事である。教員ストに対する文部大臣記者会見記事に「世論がさばく」の見出しが打たれた。同社世論調査部員・宮森喜久二が「世論」への切替えを朝日新聞社に提唱し、共同歩調がとられた（毎日新聞130年史刊行委員会編『「毎日」の三世紀 別巻』毎日新聞社、2002年、38頁）。

朝日新聞社は1946年12月9日の「新円対策調査」報道ではじめて「世論調査」を使用しているが（今井正俊「朝日新聞世論調査の半世紀（上）」『朝日総研リポート』第123号、1996年、103頁）、次のような別証言もある。朝日新聞大阪本社で当用漢字処理を担当した百瀬千伋（後に国語審議会委員）が、東京本社に輿論の代用語として「世論」と書いた用語集を送った。それが「輿＝世」と錯覚されヨロンと読まれているのを後日知った百瀬は、「まさか」と驚いたという（松田郁三「「世論」の読みの混乱について」78頁）。

こうした輿論の世論化に関しては、さらに注目すべきエピソードがある。当初文部省が輿論に「与論」の字を当てようとしたが、「なんだか上から「与えられる意見」のようで、具合が悪いと反対」された、と小山栄三は証言している（『日本における統計学の発展 46巻 小山栄三』統計数理研究所図書室蔵、4頁）。だが、「輿論指導」という言葉は敗戦とともに消えたわけではなかった。社告「国民とともに立たん」で有名な1945年11月7日付『朝日新聞』の社説「新聞の新たなる使命」でもこう宣言されている。

　　天下の公器を目指す新聞が、今後激流に棹さおさし、あくまで国民輿論の指導機関たるの役割を果たすためには、先づ自らの戦争責任を明らかにしなければならぬこと論ずるまでもない。

しかし、「国民輿論の指導機関」あるいは「輿論指導」という表現は、「輿」の字の退場とともに新聞紙面から消えてしまった。それによって、「自らの戦争責任を明らかにしなければならぬ」理由も消えた、というわけではないだろうが。

　既に述べたとおり、毎日新聞社は情報局輿論調査課より早く世論調査室を1945年9月10日に立ち上げていた。1ヵ月遅れて中日新聞社輿論調査室、11月には朝日新聞社世論調査室、共同通信社民論調査班、さらに1946年1月に讀賣新聞社輿論調査部、時事通信社調査室が次々と設立された。新聞社以外でも世論調査組織が次々と設立され、1946年8月のGHQ調査では、新聞社33社のほか8社の専門調査会社を含む56調査組織がリストアップされていた（井川充雄「メディアとしての世論調査」岡田安功ほか編『情報社会の見える人、見えない人』公人社、2000年、207頁）。

　CIEが1946年6月に政府の世論調査を禁止した背景に、新聞各社の調査体制の整備が進んだこともあっただろう。新聞社による世論調査の実施をGHQが奨励した最大の目的は、広汎な読者網をもつ新聞を占領統治システムに組み込むためであった。また、戦時中の情報宣伝に深く関与した新聞社にとっても、世論調査は「世論を反映する新聞」を正当化する安全装置であった。1945年10月20日付『毎日新聞』に掲載された「本社輿論調査」の文章は、一般読者への啓蒙というよりも、CIEへの自己アピールの性格が強い。GHQのプレス・コード（新聞準則）は1945年9月19日に通達され、10月9日から『毎日新聞』を含む在京5紙は事前検閲を受けていた。「本社輿論調査」もその検閲の例外ではない。

　　過去十数年来軍官の弾圧によって不当にねむらされていた国内輿論は今こそ活発にゆり起され新日本の正しい意味における推進力とならねばならない。この時機に際して、本社では今後生起すべき国民生活上の重大問題に関する輿論の動向を調査し、以てわが為政者をしてその方途を誤らしめず併せて国民政治教育の一助とすることにした。

　いうまでもなく日本人の「政治教育」はCIEの所管であり、その手足となることを誓ったようにも読める。

第二部　日本型「世論」の成立

日米合同「世論調査協議会」から「国立世論調査所」へ

　日本の世論調査関係者を「教育」した人物は、1946年4月にCIE世論社会調査部に着任したH. パッシン中尉である。パッシンは日米開戦時にはノースウェスタン大学で人類学の講師だったが、農業経済局で社会心理学者R. リカートの世論調査に加わった後、日系人収容所の所長をつとめた。進駐後は福岡で電信検閲を行なっていたが、世論調査の経験を買われてCIEに招かれた。彼がCIE顧問に鈴木栄太郎や小山隆など民俗学者・人類学者を多く招いたのも、彼の経歴と関連している（『日本における統計学の発展　23巻　H. パッシン』統計数理研究所図書室蔵を参照）。本来、人類学者であるパッシンが民族学でフィールド調査経験をもつ小山栄三と意気投合したとしても不思議ではない。両者の交流によって、アメリカのCIE人脈と日本の情報局人脈は結合し、後に「パッシン・スクール」と呼ばれた世論調査ネットワークが形成された。

　パッシンは、アメリカから世論調査の専門家を招いて「輿論調査協議会」と呼ばれた講習会を行なった。内閣審議室輿論調査班スタッフ、朝日、毎日、讀賣、日経、共同、時事、NHKなどメディア関係者、輿論科学協会など民間調査機関、米山桂三、戸田貞三など研究者が集められ、1947年3月25・26日首相官邸で開催された（『輿論調査協会議事速記録』東京大学情報学環図書室蔵は、『日本輿論調査協会報』第5号、1966年、29-112頁に再録されている）。

　この日米合同「輿論調査協議会」は1948年1月に日本世論調査協会が発足する契機となった。もちろん参加者の多くは戦中の総動員体制のなかで輿論指導・世論操作に関わっており、ここで初めて世論調査を学んだわけではない。

　民間研究機関の中心である輿論科学協会からは、兼子宙、久保良敏、池内一、牧田稔の4名が参加している。輿論科学協会は1946年11月、旧海軍技術研究所の戦争心理対策本部スタッフで東京帝大文学部心理学科出身の兼子、久保、池内らが中心となり、戸田貞三を会長にして組織された（輿論科学協会編『輿論科学協会二十五周年誌』1970年、9-11頁）。兼子宙や池内一の世論研究が海軍の戦時心理研究に由来することはよく知られている（波多野誼余夫・山下恒男編『教育心理学の社会史――あの戦争をはさんで』有斐閣、1987年、75-86頁；佐藤健二『流言蜚語――うわさ話を読みとく作法』有信堂、1995年、40-112頁）。その設立資金は「農村世論の動向」把握の名目で農林省から支出

されていた。戦時下に農林省が全国配置していた農村情報調査員制度がGHQから廃止を命ぜられため、その予算150万円が当てられた（牧田稔「世論調査事始め——満20周年の輿論科学協会」『日本世論調査協会報』第4号、1966年、68頁）。とすれば、1943年に情報局が行なった農村輿論調査の系譜にも連なっている。

彼らは戦時下からベルリン大学教授K.レヴィンの読書会を通じてゲシュタルト心理学を研究していた。ユダヤ系のレヴィンはナチズム台頭を前に1932年アメリカに渡り、大戦中はマス・コミュニケーション研究の指導的研究者となった。海軍で戦意高揚や流言蜚語の調査研究を行なっていた彼らは、レヴィンを経由して世論調査技法を体得していた。そのため、輿論科学協会はギャラップのアメリカ世論研究所よりも一年早く無作為抽出法で選挙予測調査を行ない、1947年3月東京都知事選で投票結果を見事に的中させている（牧田弘「世論調査の発展過程」143-145頁）。

こうした「戦中」輿論研究者が一堂に会した輿論調査協議会の会議内容を詳述する紙幅はないが、H. ハイマン・ブルックリン大学助教授が主に調査技術全般を、W. E. デミング・ニューヨーク大学教授とコンフィールド・ワシントン大学教授がサンプリングを論じて活発な質疑が行なわれた。CIEを代表してパッシンは冒頭でこう述べている。

> 日本の世論研究は、思想統制に類した型のものは別にしてまだほんの若いものに過ぎないのであります。アメリカの世論調査は今や凡そ一五年に及ぶ継続的な歴史を持っています。（『輿論調査協会議事速記録』8頁、再録版、33頁）

1950年、パッシンは小山栄三とともにアメリカ世論調査協会年次総会に出席し、「日本における世論調査の発展」を報告している（Herbert Passin,"Opinion Research and the Democratization of Japan", in: *The Public opinion quarterly*,1950, No.4, p.842f. なお、H. パッシン「日本世論調査の発展」『日本世論調査協会報』第51号、1983年、1-22頁も参照）。それを要約すれば、日本の世論調査は占領軍の民主化方針のもとで育成されたが、初期の世論調査関係者はサンプリングの知識が全くなかったため、占領軍が技術面で積極的に援助した、となる。しかし、これは日米合作の「CIE科学の神話」ではないだろうか。

パッシンはサンプリング技法が日本には存在しなかったと強調している。だが、サンプリングとは恣意性を排して全体（母集団）を忠実に再現する統計技術であり、世論調査に適用される以前から各分野で実用されていた。それゆえ、サンプリングはアメリカの発明ではなく日本へ「戦後に輸入」されたとも言いがたい。すでに1920年に日本で実施された第1回国勢調査で、内閣社会統計局は1000分の1の無作為抽出標本を作製して概観報告を行なっていた。この調査報告はイギリスの統計学者A. L. ボローレーによって戦前に国際的学術誌で広く紹介されており、「わが国が社会調査へのサンプリングの適用において世界的にみても先進的位置を占めていた」（児島和人「世論調査の半世紀と今日的課題」『東京大学新聞研究所紀要』第44号、1991年、47頁）との指摘もある。ちなみに、文部省統計数理研究所が設置されたのは「戦中」の1944年6月である。とはいえ、この日米合同の協議会が世論調査の技術的「普及」に果たした役割は決定的に大きかったといえるだろう。

　すでに「国立世論調査所設置に関する建議」は1946年10月に第90回帝国議会を通過していたが、それが設立され世論調査班が内閣審議室から独立するのは1949年6月1日である。この国立世論調査所の所長に就任したのは小山栄三である。同調査所の活動について、ここでは立ち入らない。しかし、講和が具体的日程にのぼり始めると世論民主主義を掲げてGHQを牽制する必要性もなくなっていた。講和条約成立後、国立世論調査所は行政整理の対象となり1954年廃止された。その管理部門は内閣官房審議室世論調査班となり、調査部門は時事通信社調査部門と合体して市場調査も手がける社団法人・中央調査社となった。

　国立世論調査所が存在した1950年代前半には、世論調査の階級性を問う論争が論壇でもおこなわれたが、その廃止以降、専門家の関心はもっぱら世論調査の科学的精度に向けられた。もっとも、科学性は世論調査を正当化する手段であっても、民主主義との関係でとくに重視する論点ではない。世論の本質論は数字の処理法に矮小化されたともいえるだろう。もちろん、コンピュータ導入とともにサンプリングや統計処理は洗練されたが、それは「言論統制から世論調査へ」の軌跡を忘却するプロセスでもあった。

VIII 「世論の総力戦体制」を超えて

　以上、世論調査という公共的意識管理の制度化を跡付けてきた。このシステムが占領下の日本でスムーズに作動した背景については、二つの側面から考察する必要がある。一つは、戦争協力に向けて国民の主体性を限界まで引き出そうとした日本における戦時動員体制の心的連続性である。

　もう一つは、本稿では検討ができなかったが、アメリカ占領軍側の事情である。直接的な占領統治を展開したドイツと異なり、GHQは日本政府を通じた間接統治を行なった。それは統治に対する日本人の不満を占領軍ではなく日本政府に向けさせる、ある意味で巧妙な戦略でもあった。しかし、それが予測通りに作動するためには、日本国民の意識を正確にモニターし続ける必要がある。CIEが驚くべき熱意で、日本の世論調査を近代化しようとした理由もここにある。パッシンは朝日新聞社に対し、「親分子分調査」(1947年10月)、「電産罷業調査」(1948年10月)、「東京裁判調査」(同年12月)、「国際問題調査」(1950年9月)など日本人の政治意識をCIE指導の下で「自主調査」するよう「命令」している（CIEの命令による調査の詳細は、朝日新聞世論調査室編『朝日新聞世論調査20年史 第7冊 世論調査事始め』1974年、92-122頁）。朝日新聞社世論調査室の木村定は次のように記録している。

　　　占領軍としても、われわれの調査から多くのでデータを吸いとったのであろうが、われわれもまた逆に吸収した。結局はギブ・アンド・テイクであったとしても、この占領期、一対一でもののいえる世論調査を行うことで、結果的にはわれわれは日本国民の意見も実態も代弁しえたという大きな誇りをもっていることを自ら信じている。（朝日新聞世論調査室編『朝日新聞世論調査20年史 第1冊 調査20年の歩み』1966年、2頁）

　しかし、こうした日本的な特殊状況とは別に、情報宣伝から世論調査への近代化は、大衆社会の必然でもあった。『国立世論調査所月報』第2号(1949年)にCIE世論調査課 J. セイヤーの以下の言葉が掲載されている。

　　　大衆の意見をきくことは、民衆の心をかきたて、紛糾のもとになるにすぎないという人があるが、大衆の意見を表明させるということは緊張

を増すよりも、これを解放することである。(今村誠次『世論調査の基礎知識』8頁より重引)

　セイヤーは世論調査が社会統制技法であることを隠すことなく述べている。情報局とCIEの日米合作である世論調査が「世論調整」に過ぎないと批判の声をあげたのは、まずマルクス主義者であった。統計学者・上杉正一郎は1953年、「戦後、国立世論調査所長として活躍された小山栄三氏が、戦時中は「戦時宣伝論」の権威者であつたという事情」もあげて、世論調査の正統性を問いただしている。

　　アメリカの世論調査はリンカーンの民主主義ではなくルーズベルトの民主主義以降の産物であった。(中略)ともかく民主主義だから、世論を尊重する立前にしておかなければならないのだが、議会は世論を代表しないということになると、政府は一体なにをたよりにしたらいいのだろう。それは世論調査だ。「世論調査によると」という口実が、議会の存在に代つて重要となる。(上杉正一郎「世論調査のはなし」『産業月報』第2巻第7・8号、1953年、47-48頁)

　ここでニューディール・デモクラシーは、世論を掲げたアメリカン・ファシズムと見なされている。だが、これに対抗する社会主義陣営の世論調査が「科学的」あるいは「進歩的」であったわけではない。1950年代の労働運動は世論調査を「教宣活動」の一環と考えていた。いわゆる55年体制、民主党と自由党の保守合同の契機となった第27回衆議院選挙を前に総評系の労働調査協議会は「政治意識輿論調査」をこう呼びかけている。

　　この調査は、従来から行われてきたような、単に「政党支持の与論」を調べるためのものではありません。そのような平面的、抽象的な立場での調査が、ほとんど実践的には役立たないことを反省して、生き生きとした、すなわち労働者階級の政治的成長に役立つ調査という立場から、労働者の政治的自覚を高め、階級としての力量を高めさせる教育と啓蒙を兼ねた調査として企画しました。(労働調査協議会「総選挙にあたって政治意識輿論調査の提唱」『労働調査時報』1955年1月15日号、2頁)

内閣審議室では「上から指導する」ニュアンスがあるとして否定された「輿論＝与論」の文字が、労働運動においては生き残っていた。坂東慧によれば、世論調査とは「教育宣伝をかねた調査というよりは、むしろ、調査の方法、形態を借りた教宣」であった（坂東慧「調査・世論調査・意識調査――調査と組織・教宣活動に関連して」『労働調査時報』1958年9月21日号、3頁）。こうした戦術的理解のもので、マルクス主義的な世論調査批判は論壇から姿を消していった。実際、世論調査は米ソ冷戦の国内版である55年体制の思考パターンに適していたともいえるだろう。世論調査の質問は二者択一型、多項選択型、自由回答型に分けられるが、基本形として推奨されたのは二者択一型である。輿論科学協会は1950年2月下旬に東京都の有権者を対象に「あなたは共産党に対して好感を持ちますか、持ちませんか。」（二者択一型）、「あなたは共産党に対してどんな感じをもちますか。」（多項選択型と自由回答型）で三者の比較実験を行なっている。この実験結果から「回答に偏差が少なく」「答え易い」二者択一型が一般に推奨されていた（今村誠次『世論調査の基礎知識』50頁）。

冷戦はソビエト体制崩壊で終焉を迎えたが、私たちは二者択一をせまる世論調査の発想に今なお囚われているといえるだろう。「戦中」に小山栄三や米山桂三が行なった宣伝研究は、戦後民主主義において世論調査として花ひらいた。それは単なる歴史の皮肉ではない。総力戦は民衆の支持と自発的な参加を何よりも必要とするが、世論調査は一人一票の平等性の擬制であり、戦時宣伝も世論調査も国民全体の同質性・均質性を前提にしている。つまり、戦時宣伝と世論調査はともに「一億総中流社会」を理想としていたのである。

格差社会化が進み、ますます破綻の危機に瀕している均質性の擬制を世論調査がこれからも再生産し続けることは可能だろうか。

　　注記　この論文は、これまで日本型「世論(せろん)」について執筆してきた以下の拙稿を中心に再構成したものである。「あいまいな日本の世論」（佐藤卓己編『戦後世論のメディア学』柏書房、2003年）、「連続する情報戦争――「15年戦争」を超える視点」（テッサ・モーリス＝スズキほか編『岩波講座　アジア・太平洋戦争　第3巻』岩波書店、2006年）、「戦後世論の成立――言論統制から世論調査へ」（『思想』第980号、2005年12月号）。

第三部　戦後日本における社会調査

西平重喜

私は1948年から社会調査や世論調査にかかわってきた。日本の世論調査のスタートには少し遅れたが、社会科学への新しい社会調査法の導入に参加することができた。もちろん社会科学者による面接調査は戦前にも実施されていた。私はそれらを評価することはできないが、大いに敬意を感じている。ここに新しい社会調査法というのは、ランダム・サンプリングを使い、一定の調査票によるデータを明らかにする方法である。それまでの社会科学者の家族調査、農村調査、家計調査などはケース・スタディといわれるような方法が主流であったといってよいだろう。戦争直後、統計学の先輩たちに要求されたのは、新しい方法であった。しかしすべての社会科学者がその方法に関心をもっていたわけではなく、統計学者たちは門外漢として警戒されることもあった。私の参加はその頃よりやや遅れた。私は自然に「先生」と呼びかける年頃の方々と、穏やかに話し合うことができた。そして少し若い社会科学者たちの勉強会に誘われた。そんな出発点からほぼ60年がたった。かなり後になっても、学問の領域を口にする人がいたが、私は直接そのような偏見に悩まされることはなかった。むしろ多くの人々に歓迎され、いろんな調査に楽しく参加してきた。
　最近は大きな研究費をもらって、それを調査会社に流し、集計表を受け取って切り貼りしたり、データに各種の統計的分析方法を適用することに止まる傾向があることを残念に思う。社会の現状を知るためには、多角的な調査や検討が必要であり、当初はそのような努力をしてきた。その成果を上げたとは主張しないが、その意図を残しておきたいと思う。Ⅰ章では戦後に私が参加し、興味を持った調査の紹介をしたい。もちろん他に参加しなかった大事な調査もある。その点は他の方に客観的にまとめて頂きたい。Ⅱ章で4つの調査を組み合わせて、それらのデータを取りまとめて、どんなことをいってきたかを述べて、長年調査にかかわった者としての責任を果たしたい。
　以下では公表されている資料のほかに、私の手帳と、ふざけ半分で書いたフィールドワークのノートを参考にしたが、誤解もあり、大事なことで抜け落ちていることも多いことだろう。また報告書は多数にわたるため、完全を期し難い。

実は私は最近、『世論を求めて』という本を書いている。その議論をここで繰り返すわけにはいかないので、その目次のようなものを書いておきたい。第Ⅰ章はアマチュアの植物採集家のように小説や古典を読みあさってノートしたことを、「世論はどう考えられてきたか」とまとめた。第Ⅱ章の「世論調査というもの」は技術的な面からの復習である。第Ⅲ章「世論調査の歴史」。第Ⅳ章として諸外国と日本の「選挙予測」の成果について見ておく。それは第Ⅴ章「フランスの選挙予測の公表禁止」の伏線になる。この禁止がきっかけとなって、ヨーロッパの研究者は世論調査を考え直した。実は私は1953年の第1回日本人の国民性調査のときから、日本人が世論調査について考えていることと、欧米のopinion pollとは違いがあることを感じてきた。それを第Ⅵ章「日本の世論調査」でのべ、続いて第Ⅶ章で「世論調査をどう考えるか」という、私の世論調査について意見を総括した。

世論調査は日本でも各国でも、重要性を認められるようになったが、多くの問題が派生している。私にはもうそれらの解決策を述べることはできない。一つの世論調査の活用として第Ⅸ章「世論公聴制の提案」をする。これは国民投票と世論調査の中間的なものであるので、その前の第Ⅷ章で「国民投票」の各国の実状と日本での問題点を概観している。

そのなかでは、世論調査と社会学的調査を分けて考えた方がよいと主張しているが、以下では日本で普通、世論調査あるいは意識調査などといわれていることについて述べる。

Ⅰ　戦後の社会調査

私が大部分の時間を過ごした統計数理研究所は1944年に設置されたが、1948年頃は3つの研究部に分かれていた。研究第1部は理論的研究、研究第2部は自然科学に関する応用研究、研究第3部は社会科学に対する応用研究ということになっていた。私は1949年に助手として採用され研究第3部に配属されたが、その前年、林知己夫、石田正次に連合軍総指令部民間情報教育局（CIE）のアルバイトの口を見つけてもらい、統計数理研究所の仕事をしていればよいということになっていた（以下、関係者各位の敬称は略させていただく）。なお、この章は「日本人の国民性調査の周辺」という題目で『統計数理』48巻1号、2000年に発表したものを書きなおしたものである。

乱数表の作成

　戦後の世論調査の雰囲気を伝えるために、こんなことから始めよう。1947年に、統計数理研究所の研究第3部に勤めていた旧友の石田正次を、大蔵省に接収された東拓ビル（現在東京電力のビルがある場所）という焼けビルに訪ねた。彼は火鉢で暖房をとりながら、乱数表を作成していた。当時はフィッシャー・イェーツの統計数値表に掲載されているものが使われていた。しかし佐藤良一郎が一部の表に偏りがあることを指摘した。しかも当時は外国書の購入が極めて困難で、コピー機もまだ存在せず、ランダム・サンプリングのための乱数表が必要であった。

　そこでアルミニュームの1銭硬貨100枚に、00から99までの数字を刻印し、それを蕎麦をゆでて水を切るとき使う円錐形の竹ザルに入れ、よくかきまぜて1枚取り出し、その数字を記録し、それをもとに戻して同じことを繰り返し、乱数表を作ったのである。その貨幣の1セットは私が保存している。こうして作った乱数表を研究所自身で印刷する費用がなく、朝日新聞社の世論調査室に印刷してもらい広く配布した。また後になって、この乱数表を配列しなおして労働省婦人少年局やNHKの放送文化研究所で印刷してもらった。

日本人の読み書き能力調査

　1947年の夏から秋にかけて、日本人の読み書き能力調査が実施された。この調査の目的は日本人が日常生活に最低必要な読み書き能力（literacy）をもっているかどうかを調査することであった。まずCIEのジョン・ペルゼルから文部省に話があり、文部省の補助金とCIEが費用を保証した。この調査のため教育研修所に言語、国語、心理、教育、統計などの専門家による委員会（委員長　務台理作）がもうけられた。

　母集団は15歳以上65歳未満の日本人としたが、このような全国にわたる一般国民を対象とする調査はこれが始めてであった。

　質問を作るために、それまでに参考にできた日本のデータとしては文部省の壮丁教育調査、カナモジカイの4回の調査、東京市の読み方教育測定があった。またアメリカやギリシアのデータも参考にされたようだ（報告書には引用されていないが。ヨーロッパ各国では大分前から徴兵検査の時に、読み書きについての調査が実施されていた）。言語学的にどんなことを調査する

かの議論は専門家によって行なわれたが、その題材は新聞、役所などの通達や届け、ビラ、個人的な手紙から選ばれた。

例えば新聞は全国紙、地方紙、特殊紙（日本経済新聞、人民新聞など）の各紙の発行部数（紙の配給枚数）のウェイトを付けて抽出されたが、当時はすべての新聞を集めるわけにはいかなかった。最終的に各新聞から抽出された「言語単位」は66,016となった。そのなかから言語学的と、社会的な意味などを考慮して、質問が作られた。

作られた調査票の案はプリテストにかけられたが、1市2村、8小中高校、1刑務所、1宗教団体で実施されている。また本調査終了後、各種の検討のため学校の生徒や成人の調査、欠席者の影響を調べる再調査なども行なわれた。

サンプリングは林知己夫が中心となり、市（6大都市は区）と郡を単位に層別を行ない、各層から市か郡を人口に比例した確率で抽出した。郡の方はそこに含まれる町村を単位にしてさらに層別し、人口に比例した確率で1町村を抽出した。調査地点は270市町村で、合計21,008人を配分した。そうして市町村の米穀配給台帳から個人を等間隔サンプリングで選んだ。これらの人々は学校などの405の調査会場に出頭するように依頼され、各会場では1回から10回の調査が実施された。16,814人が出席した（出席率80％）。

当時はIBMの集計機は占領軍の他の部局にしかなく、1度だけ集計してくれたが、あとの細かい分析は、16,814人のうちからランダムに抽出した1,000枚の手集計カードを利用した（私はこの段階から参加した）。

調査の結果は「これだけはどうしても読んだり、書いたりできなければならない」という能力を持つ国民は4.4％ないし6.2％にすぎなかったが、全く読み書きできない人は1.7％ないし2.1％ということになった。この調査ではそれだけでなく、読み書き能力がどんな要因と関係があるかも明らかにした。

とにかく調査は周到な準備と、慎重な配慮によってなされ、マルチ・ディシプリナリィな研究者により日本の社会調査は絶好のスタートを切ったといえるだろう。

参照文献：『日本人の読み書き能力』東京大学出版会、1951年。
　　　林知己夫『サンプリング調査はどう行うか』東京大学出版会、1951年。

各種のサンプリング・デザイン

　1948年にNHKの放送文化研究所がラジオ聴取者調査を実施することになり、そのサンプリングを水野坦(ひろし)が依頼された。私は水野研究室に所属していたので、これに参加した。当時1万余りの市区町村があったが、それを人口規模、産業構成をもとに、層別サンプリングをした。これ以後の世論調査はこれと同じようなサンプリングが行なわれるようになった。

　1949年6月、CIEが人口問題についての世論調査をするというので、再び水野が依頼を受け、研究第3部で上記NHKの資料を仙花紙に筆写し、29段階の作業で500地点のサンプリングを行なった。しかし調査地点が抽出された時点で、占領軍が直接かかわる問題でないとして、突然中止された。

　さらに各種のデータを盛り込んだサンプリングの基礎データを整備した。またいくつもの機関から、各種のサンプリングの依頼があった。

　　参照文献：『ラジオ聴取者調査の標本調査計画』統計数理研究所輯報第1号、1950年。
　　　　　　『サンプリング調査企画に関する実例集Ⅰ』統計数理研究所輯報第2号、1950年。

港区長選挙の予測、東京都知事選挙の予測

　1948年にアメリカ大統領選挙予想（割当法）の失敗が伝えられたが、日本でも輿論科学協会などの選挙予想が行なわれていた。

　世論調査はサンプリングや企画や実査をどんなに注意しても、本当の世論を把握しているか疑問が残る。選挙の結果は後から分かるから、調査データとの比較検討ができる。このような見地から、1949年には当時研究第3部のオフィスがあった東京都港区の区長選挙の予測調査を行なった（その後区長選挙は一時廃止された）。調査は統計数理研究所の研究員や補助員が行なった。

　この調査ではサンプルをスプリットして（分けて）、質問文の比較もした。当時は世論調査という言葉を知らない人が多く、公職追放やレッド・パージのための警察や占領軍の思想調査と誤解するものも少なくなかった。

　1951年には東京都知事選挙について調査した。実査は選挙の前だけでなく、投票締切り直後から22時までと（当時は翌日開票だった）、開票結果発表後にも行ない、さらにパネル調査も実施した。この一連の調査により、結果発表後は当選者に投票したと答える者が多く、投票締切りから開票前のデータが実際の得票と最も近いことが分かった。

また投票後の世論調査の回答と、選挙人名簿の投票用紙交付の記録（投票したしるし）をつけあわせて、人々がどのくらいウソをつくかも調べた。そうすると棄権した人が「投票した」というウソをつく傾向があり、その人たちの多くが投票した候補者として、当選者の名前を挙げていた。このような経験から、私は選挙結果が発表されてからの世論調査による個人単位の投票行動の研究から遠ざかった。

　なお選挙の結果は事前調査のデータの通りにはならないが、統計的方法を活用する検討がなされ、その後の新聞社などの選挙予測に貢献することになった。私は1962年から1979年まで、毎日新聞の選挙予想調査に協力した。

参照文献：『選挙予想調査Ⅰ（港区長選挙の場合）』統計数理研究所輯報第4号、1951年。
　水野坦ほか『数量化と予測』丸善、1953年。

言語問題の諸調査

　その後、国立国語研究所が設置され、言語生活の実態の研究が行なわれた。まず1949年春に八丈島において共通語化の過程の調査が行なわれたが、これは1949年秋の福島県白河市、1950年の山形県鶴岡市の共通語化調査の試行であった。なお白河調査の時、国語研究所には録音器が1台あったが、それは30キログラムもあり、針金に録音されるものであった。この調査では共通語化の過程や、どんな要因が影響するかということの分析に主力が注がれた。

　1952年に三重県上野市、1953年に愛知県岡崎市で敬語の社会心理学的研究が行なわれた。これらの研究では面接調査が中心にあったが、調査員は国語研究所の研究員と私であり、準備調査を通じて記録の統一を図り、また調査を拒否したサンプルに対しては、調査員が交代して再調査をして回収率を高めた。

　しかも面接調査だけではなく、各種の調査が並行して行なわれた。例えば岡崎では、面接調査は日常生活のいろんな場面での人々の敬語表現の記録が中心テーマであるが、各サンプルの属性の他に、各種の心理学的なパーソナリティ・テストも併用し、主として話し手としての敬語行動を分析した。しかしそのような調査では、形式ばった答えになる恐れがある。そこで質問に出てくる場面に、密かに録音機を置き、実際の会話と本調査の記録を対比する。また聞き手としての敬語に対する反応は、集合調査でスライドを見せながら、できたばかりのプログラム・アナライザーを使って調べた。そして敬

語の段階も言語学者が評価するだけではなく、市民自身がどう評価するかも調査した。生(なま)のやりとりを記録するために、マジック・ミラーを透して、会話中の言語以外の敬語表現も調べた。このように問題になりそうな諸要素を思う存分調べることができた。

これらとは全く別の放送用語の理解度調査にも参加した。それはラジオのニュースがよりよく理解されるための言語学的諸条件を、NHK放送文化研究所が調査したものである。調査は中学の幾つかのクラスで行なったが、諸条件を実験計画法により割り振った。水野はその分析にあたりcontributionという概念を導入した。その結果はNHK放送文化研究所から発表された。

参照文献：『八丈島の言語調査』国立国語研究所、1950年。
『言語生活の実態——白河市および付近の農村における』国立国語研究所報告2、秀英出版、1951年。
『地域社会の言語生活——鶴岡における実態調査』国立国語研究所報告5、秀英出版、1953年。
『国立国語研究所年報5』国立国語研究所。1954年。
吉田洋一・西平重喜『世論調査』岩波新書、1956年。

考現学的調査

今和次郎が1930年に『モデルノロジオ「考現学」』（春陽堂）という本を出版しているが、これに興味を持ち、統計的な視点から戦後（1950年前後）の社会生活の記録をしたいと考え、銀座街頭で通行人の人数、持ちもの、服装、店の中の停留時間、禁止直前の夜店の分布などを2、3年にわたり調査した。しかし公務員法が制定された直後で、研究業務としてははばかられるところがあり、勤務時間中の外出が難しく、集計も自宅でしたが、テーマが多岐にわたりすぎた。しかしダイナミックな調査の経験をしたといえる。この調査は林知己夫、石田正次、木村等、野元菊雄、西平重喜が行ない、5人から1字ずつをとり、西木野正夫という名前で業界紙などに発表したが、散逸してしまった。その一部は栗野正夫という名前で引用されている。

火災の危険度調査

石田正次が損害保険協会（？）と協力して、住宅の火災危険度と火災保険の料率を決める公式を作ることになり、研究第3部のほとんど全員が1950年12月に、住宅の実態調査を実施した。これは東京（山手線の内側と江東区な

ど) でランダムに90地区を抽出し、その地区内の建築物全部について、建坪、延べ坪、家屋の特徴（階数、建築材、作り、様式）、まわりの特徴（塀、隣、空地、地形、道路）、用途、推定出火度、推定延焼度、その他の特徴を記録した。これと実際の出火記録との関係から、各カテゴリーに相関係数や相関比を最大にするような数量を与えるもので、数理量化（当時はこの言葉はなかった）の起源となった。この結果は石田と協会により使われたようであるが、報告書は知らない。西平のフィールド・ノートはある。

なおその後、植松俊夫が人出の数を数える研究を始め、両国の川開きや、日比谷交差点で調査したが、研究第3部のほとんどが先輩後輩を問わず、彼の指揮下で調査に協力した。なお植松は弥彦神社の雑踏で起きた事件の裁判で、人数推定について意見を述べている。その後、林知己夫の野ウサギの数の推定などに発展した。

質問法の研究

日本人の国民性調査のプリテストの意味もかねて、1952年冬東京23区の14の中学を抽出し、2年生に同じ内容を、質問文を変えて比較する調査をした。その後は質問文の研究は後述のEF調査で検討される。

1967年には全国でランダム・サンプルを取り、パネル調査により、質問の形式、各種のテーマなどについて調査の信頼性を研究した。後調査のサンプルが前調査と同じ人でないおそれがあるので、両調査で、「本日は晴天なり」と調査票の裏に横書きと縦書きにしてもらい、いわゆる筆跡だけでなく、字の大きさ、書く位置などを比較した。また卒業当時の小学校（国民学校）の正式の名前を尋ね、正確を期した。

2回の調査の答えを比較すると、個人の答えの一致度は必ずしも高くない、しかし世論調査は世論すなわち意見（答）の分布を調べるものである。前後の単純集計はよく一致している（信頼性reliabilityは高い）。個人的に答えが揺れ動くのは、質問のテーマが社会的に重要なことであってもポピュラーでないもの、質問文や選択肢が洗練されていないものなどである。

1976年には都内の幾つかの大学で、単記法、連記法（幾つでも選べる）、ランキング（段階分け）、レイティング（順位分け）で同じ内容のパネル調査を行なった。どの方法でも第1位と、最下位はだいたい同じ結果になるが、2位、3位……、は方法により違いが起こることがある。

この種の組織的な研究はあまりないようで、単なる思いつきで質問が作られている。

参照文献：『質問紙法における諸問題』統計数理研究所輯報第9号、10号、1952年。
　　　　西平重喜「面接調査法の諸問題」統計数理研究所彙報第3巻、第1号、1955年など。
　　　　坂元慶行「ランキングとレイティングの比較」中央調査報第262号、1979年。

社会的成層と社会的移動の調査（SSM調査）

日本の社会学者にとって、戦前の身分階層的構造がどうなったかは、戦後重要な問題であったという。他方1951年の国際社会学連合（ISA）で、社会的成層と社会的移動（Social stratification and social mobility, SSM）の国際比較研究が提唱された。しかし外国ではグラース（D. V. Glass）の*Social Mobility in Britain*（London, Kegan Paul, 1954）とフランスの国立人口問題研究所（Institut nationale d'Etudes démographiques）の人々による根気のよい論文発表以外に、全国規模の研究はないようだ。

日本では1952年に安田三郎を中心とするグループが、東京23区内で調査を行なった。その内容は階層・移動の実態より、意識面に焦点を置くものであった。これとは別に同じ年に日本社会学会が尾高邦雄を中心として、6大都市で実態を調査することになり、私はこれに協力した。

さらに全国でのSSMの調査をすることになり、1955年には日本社会学会の名において、ロックフェラー財団から研究費をもらった。この時、全国の社会学者の協力をあおいだが、新しい社会調査法の理解をはかる絶好の機会となった。与えられた研究費をほぼ3等分し、全国調査、精密調査の他に全国調査に協力する各地の社会学者に自由研究費として配分した。

全国調査ではSSMの実状を明らかにすることと、6大都市、その他の市（市部）、町村（郡部）の比較をするため、1,500ずつのサンプルを割り当て、全国のデータはそれらに人口ウェイトを付けて集計した。なお当時、女性の大部分が無職、あるいは専業主婦であったので、20歳から60歳の男性を調査の対象にした。このサンプリングは1953年の日本人の国民性調査のデザインを利用したので、共通の質問もしている。

精密調査は全国調査の質問が、SSMの実状を調べるために適切であるかどうかを検証するために行なわれた。その調査は全国調査の3分類に対応して、東京23区、金沢市、岡山県宇垣村と岩手県長坂村で、合計約2,700のサンプ

ルを対象とした。東京以外の3地点では、地域社会の問題を掘り下げることに努めた。また階層や階級の帰属意識で提示した選択肢が妥当かどうかも調べ、さらに農村部では階層や階級の相互評価も行なって、本人の帰属意識との関係を検討した。本調査では職業のランキングも行なっているが、東京と金沢では職業、収入、年齢などの組み合わせたものをランキングさせた。

SSM調査では職業の実態を捉えることが難しく、幾つかの質問をした。それらの答えを総合して職業の判断をしなければならない。したがってそれをアルバイトなどに任せるわけにはいかない。私は授業その他にとらわれないので、すべての調査票の判断を一人でしたことがある（もちろん私の偏見がはいってはいただろう）。

SSM調査はその後5年ないし10年ごとに発展的に継続され、2000年には盛山和夫ほかの編集による成果となっている。

参照文献：「わが国6大都市の社会的成層と移動」『社会学評論』12号、1952年。
　日本社会学会調査委員会編『日本社会の階層的構造』有斐閣、1958年。
　Nishihira（Sigeki）, Le Prestige social des différentes professions -L'évaluation popuraire au Japon, *Revue française de Sociologie*, IX-4, 1968.
　盛山和夫ほか編『日本の階層システム』というタイトルの6冊の本、東京大学出版会、2000年。また『リーディングス　戦後日本の格差と不平等』日本図書出版、2007年の出版が予定されている。

日本人の国民性調査

以上のようにわれわれは各方面の要望に協力して、サンプリングや集計だけでなく、調査のデザイン、質問文の作成、報告書の執筆などにも参画してきた。そしてわれわれ自身で調査を企画し実施してみたいという気になってきた。ノートや手帳を見ると、1952年5月14日に第1回KSD会議と書かれている。KSDというのは「国民精神の動向の調査」の略称である。しかしこの言葉は戦争中の「国民精神総動員本部」を連想させるため私は快く思わず、「日本人の国民性」にすりかえた。

サンプリングについては、上述のように数々の経験を積み問題はなかった。どんな質問をするか、思いつきでない質問を作ることに心がけた。そのために池内一のサーストン（L. L. Thurstone）「宗教に対する態度測定」の翻訳原稿（刊行されなかった。要点をメモした私のノートがある）に示唆を受け、まず日本人について書かれている本、論文、よくいわれていることなどを、

数人で分担収集し、日本人論のイシューを書き抜くことにした。実はちょうど1952年から53年にかけて、第1次日本人論ブームとでもいうものが起きていた。われわれも無意識のうちに、そのブームに乗り、この調査を考えたのかもしれない。しかしブームがあったというのは後からいえることであり、幾冊もの日本人論の本が出版されたのは調査が始まる頃で、われわれが参考にできる本は少なかった。その本のリストと、イシューは『日本人の国民性』に書かれている。

外国での関連する研究も探したが、多くの世論調査は政治問題や社会政策への賛否などを問うもので、参考にできるようなものはほとんどなかった。林は心理学研究者との交流が深く、その分野の資料をさがしたが見あたらなかった。私は1951年頃から安田三郎、城戸浩太郎ほかの社会学者と、定期的な本読み会に参加し、有形無形の示唆を受けていた。とくにそこで紹介されたアドルノ（T. Adorno）の権威主義についての本（*Authoritarian Personality*, Happer, 1950）により、質問の作り方のヒントをえた。しかしアドルノや社会心理学者の場合は態度スケールやその構成に重点があり、特殊な集団を対象とした調査データしかなく、またテーマも必ずしも一致しないので、アメリカ人との比較はできなかった。しかしキャントリル（H. Cantril）の世論調査法の本（*Gauging Public Opinion*, Princeton U. P., Princeton, 1947）には、全米調査のデータがあったが、政策への賛否の質問が多く、比較できるものは少ない。なおこの点について、日本と欧米の世論調査の違いに気づいたが、それは『世論を求めて』に述べている。

こうして集めたイシューは3,000に達した。それらは重複しているもの、同じ趣旨のものもあったが、片はしから質問の形にしてみた。もちろん質問にできないものもあった。そうして約100の質問まで減らしたが、あとはプリテストにかけることにして、東京23区のランダム・サンプルをスプリットし、その結果を見て本調査の質問をしぼり込んだ。

質問を作るにあたって、誰にでも理解できる、ありふれた場面を想定することにしたが、われわれが子供のころ見た（昭和1桁台）の紙芝居をイメージするように心がけた。また誰にでも分かりそうな人名を使ったが、現実にある名前だと人によって特定人物を連想する恐れがあるから、南山さんなどが登場することになった。

この調査をするとき、まさか将来繰り返して調査できるなどとは、考えら

れなかった。また第1回の調査はテレビの本放送が始められた年であるから、ほとんどの家庭にも喫茶店にもテレビはなかった。まだ米の配給制度はつづき、われわれは昼と夜の弁当を携行して、準備にあたったというように、今日の生活とはかけ離れた状況下で作られた質問である。

なお当時は本調査に経費の半分を使い、残り半分は準備と吟味調査に割り当て、調査データの客観的な意義を重視するように心がけた。そのため質問の意図がサンプルにもきちんと伝わっているかどうかを検証する調査、質問文による回答の異同、パネル調査、有識者は一般のサンプルがどう答えると思うかの予想の調査、コホート分析なども行なっている。

日本人の国民性調査は回を重ねるにしたがって、調査の一つのモデルとなり、各種の継続調査のきっかけとなった。そうして社会から注目を浴びるようなればなるほど心配がおこる。根本的な問題として、本当に日本人の国民性を調べているかどうかという反省がある。始めて質問を作ったときは、日本人の国民性の諸断面を見るくらいのつもりであった。私はこの調査から日本人の国民性をどう捉えるかを『第2 日本人の国民性』の刊行の時になって提起した。またこの調査からの日本人の国民性について、私個人の仮説は『第5 日本人の国民性』で述べておいた。

　参照文献:『日本人の国民性』至誠堂、1961年、
　　『第2　日本人の国民性』至誠堂、1970年、
　　『第5　日本人の国民性』出光書店、1992年など。

EF調査（東京定期調査）

1954年から1974年まで年2回ずつ、1975年からは断続的に、1982年まで52回の調査を東京都23区で実施した。サンプル数は600から1000程度であった。

国民性調査が定期的に行なわれるとは予想もしなかったので、東京での小規模な定期的な調査を考え、こちらでは国民性調査では扱わない時事問題、政治問題についての短期的な世論の変化を追うことにした。なおEF調査と呼んだのは、われわれは世論調査により世論の実態をつかみ、他方東京大学新聞研究所の池内一が、各新聞の内容分析をして、その関係を結びつけて、マス・メディアの効果（effect）を検討しようとしたためである。しかし実際には池内の研究は別の方向に向かったので、われわれの手で2、3の方法で、新聞の内容分析を試みた。

しかしこの調査を定期的に実施し、世論の変化を追うだけでなく、質問法の検討をしたり、今ではコホート分析と呼ばれる手法などの研究も行なっている。日本の多くの調査、特にマス・メディアによるものは、ホットな問題しか扱わないが、この調査ではその熱が冷めてからも、執拗に追い続けた。

そのデータはガリ版刷や『数研研究リポート』として公表し、サンプルの希望者に送ることまでした（希望者は少なかった）。また各種の雑誌にテーマ別の論文として発表した。その結果をアメリカ大使館が注目していたことを、後になって知った。また他のマス・メディアなどの調査データと比較しながら『世論調査による同時代史』にまとめた。

参照文献：西平重喜『世論調査による同時代史』ブレーン出版、1987年

地域調査

広い範囲での一般的な情報を知るための調査ばかりでなく、狭い地域でいろんな角度から、詳細な情報を得るための地域研究調査も幾つか行なった。

1954年には岩手県南部で各種の宣伝方法の効果を比較する実験調査を実施した。寺田寅彦はデマは知識水準の低い者が伝搬するといっているが、デマではなく事実は逆に知識の高い人が伝搬する、

1955年には千葉県の姫島で、用水事業と町村合併についての調査をしている。

1972年には「列島改造論」の波に乗る、むつ小川原開発問題について、青森県六ヶ所村の住民の間で対立がおこっていた。そこで世論調査により村民の意見を捉えることを試みた。学生20人と7泊8日をかけて、800サンプルの面接調査をした。しかし調査不能が47％に達した。その約1/3は出稼ぎで不在のためであった。そして調査できても、各質問の無回答が50％を超えることが多かった。それはわれわれのような中立的な立場で、論理的に考えて作った調査票が、村民の気持を捉えることができなかったからであろう。姫島と六ヶ所のような複雑で、住民同士の対立が起きている所での世論調査は困難であることを経験した。

もう一つの「放射36号線道路問題」（通称サブロク道路）も地域の大きな問題となっていた。この道路は現在の地下鉄有楽町線の豊島・板橋・練馬の区境付近の地上に当たる。昭和の初めから計画されたり、各種の計画決定などができていたが、周辺の道路事情の変化により、この道路計画について住民

の意見が割れた。これについて当時の美濃部知事が「住民投票できめよう」と言い出した。そして1972年末に「放射36号道路の住民投票に関する調査会」が設置され、私も委員を頼まれた。その提言は1975年に出されたが、行政・立法とのかねあいから、「準住民投票」の提言となった。しかし営団の地下鉄工事の進展により、土地の買収問題が急速に解決し、この問題も解消した。

　その過程で世論調査が実施された。調査実施の前に幾組もの住民団体との公式、非公式の徹底的な対話を繰り返した。そのなかで世論調査の調査範囲やサンプル数の配分、質問案も事前に公開し、例えばある答えが多かったらどう解釈するか、などに至るまで議論をした。その対話を通してこちらの誤解をなおしたり、なかにはこちらの案を押し通したものもあった。この折衝があったので調査の結果はどのグループからも信頼された。そうしていきなり住民投票をするのでなく、対話などの他に世論調査により、問題のありかをお互いに明らかにすることに共感を得ることができた。

　その他に地域的な問題についての世論調査の活用を試みた。1972年頃には町田市（など）で市民意識の調査をした。そのサンプルとして選ばれた者（調査不能を含む）について、選挙人名簿の上での投票行動、住民票による移動を数年にわたりフォローした。

面接調査と投票率

1972年 面接調査	1974年 市長選投票率	1975年 知事選投票率	面接結果別	
			両方投票	両方棄権
回収	82.1	74.1	66.1	9.1
不能	70.4	70.7	60.7	16.9
計	79.4	73.3	64.9	10.9

　面接調査ができなかった人の投票率が低いが、それでもなお7割を超す人々が投票している。病気や長期不在の人などが調査不能となるのはやむをえないが、その他の調査不能となった人々も、面接できた人々と同じ程度の政治参加をしているわけである。したがって不能グループの人々のデータをなんとしてでも追求しなければならない。

　また14ヵ月の間の2回の選挙で両方とも棄権した人は約1割にすぎない。ということは、恐らく一生一度も選挙しないというような人はほとんどいないのではないか、と考えさせられる。しかしこれは30年も前の話である。

　われわれの地域調査のうちには成果が得られないこともあったが、定型的

な調査とは違い、その経験は例えばアジアや南米での地域研究などの調査デザインの際に参考になった。

参照文献：『ニュースの伝わり方』数研研究リポート1、1955年。
　西平重喜「デマの伝わり方」『言葉の講座』第5巻、東京創元社、1956年。
　『マス・コミュニケーションに関する統計的研究——用水事業に対する態度調査Ⅰ、Ⅱ』統計数理研究所彙報第3巻2号、1955年、第4巻1号、1956年。
　『市民意識の研究』数研研究リポート31、1973年。
　放射36号道路の住民投票に関する調査会『36号道路問題の解決のための提言』1975年（なお東京都都民室の関係資料もある）

従業員のモラール調査

1956年に日本鋼管の労務部から、厚生事業について従業員の意見を調べたい、という相談が東京大学の尾高邦雄にあった。尾高はその頃職業社会学の研究に関連して、従業員のモラール（morale 士気）調査の試行をしていたので、2つの問題を同時に調査するということで引き受けた。そして具体的な調査の実施について私が協力を求められた。このテーマは全く考えたこともないことであり、その後も関心をもつ分野ではなかったが、調査マンとしての対処を経験する絶好の機会と考えた。

サンプリング・デザインは分析の単位との関係を考えながら進めた。質問の原案は尾高と関係者の討議を聞きながら幾つも作り、それをたたき台にして検討を重ね、修正を繰り返して完成した。

しかし当時はまだ労使関係に緊張があった。尾高の意向もあり、労働組合の了解を得るため直接折衝し、組合幹部に調査票案を提示し趣旨の説明をし、先方の意見も入れて質問の修正にも応じた。このために時間も労力も惜しまなかった。そして調査の結果についても労務部の職員や労働組合の役員などと、別々に検討分析し、最終報告が作られた。

その成果は私に評価できることではないが、関係者の注目を集め、四国電力（1957年、1962年）、東京電力（1961年）からの依頼がよせられ、それらにも協力した。尾高はさらに各種の企業で研究を続けた。

このような広く一般の人々の世論を調査するのではなく、一企業のなかで互いに知り合っている、いわばクローズされた人々の意見の集約という経験をすることができた。特に調査に当たって、関係者との話合いを重ね、信頼関係を作ることの重要性を知った。３６道路の市民グループとの対話の繰り

返しは、この経験にもとづくものであった。

　参照文献：尾高邦雄『労働者意識の構造』尾高邦雄著作選集第4巻、夢想庵、1995年。

国際比較調査

　1963年には日本人の国民性の第3回調査と同時に、別に少年少女のサンプルをとり、『少年少女の常識』を調査した。その質問はヨーロッパでされたものと、かつて徴兵検査の際に実施された文部省による壮丁教育調査と並行して小学生や高等小学校の児童に実施されたものを取り上げた。全国規模のランダム・サンプリングによる国際比較調査としては、日本ではじめてのものであろう。

　さらに1968年の第4回国民性調査の時、別にサンプルをとり宗教について、欧米でされていた質問をとりあげ、比較調査をした。全国の成人を対象とした国際比較調査としては、最も古いものだろう。

　なお国民性調査と同じ質問により海外で調査することは、1971年にハワイで実施された。その後林知己夫、鈴木達三によりいくつもの調査が行なわれている。

　総理府青少年対策本部は青少年を対象とした各種の世論調査を実施してきたが、1972年に11ヵ国で18歳から24歳の男女、約1000人ずつのランダム・サンプルを調査した。以後、原則として5年おきに調査を繰り返している。私はその当初から第4回調査まで参加してきた。初めに質問を作るにあたって、「日本人の国民性調査」との比較を提案されたが、その質問は新しい時代の人々や、外国人を想定して作ったものではないから、国際比較には向かないと考え、時と所にとらわれず調査できる質問を作った。その結果はⅡ章の4節で取り上げる。

　この調査以後、総理府、総務庁では各種の社会問題ごとに、国際比較調査をするようになった。青年調査の結果をもとに、外国からも数人の社会科学者を招く会議も開かれたが、EC（ヨーロッパ共同市場，EUの前身）からの参加者には「日本政府がこのような文化資産に貢献されることに敬意を表する」という発言があった。政府は時に英文のデータ集などを発表し、私も世論調査データ集の国際的な雑誌や年鑑に資料を送っているが、残念ながら各国の研究者にはあまり知られていない。

　参照文献：『少年少女の社会常識』数研研究リポート10、1964年。

『宗教調査——国際比較』数研研究リポート21、1969年。
西平重喜「西洋人は宗教をどう考えているか」宗教時報29号、1972年。
『第2 日本人の国民性』至誠堂、1970年。
林知己夫ほか『比較日本人論——日本とハワイの調査から』中公新書、1963年。
総理府青少年対策本部編『日本の青年——世界の青年との比較からみた』大蔵省印刷局、1973年ほか。
西平重喜『世論調査による同時代史』ブレーン出版、1987年。
Nisihira, S. et C. Condominas, *L'opinion des Japonais—Comparaison internationale*, Paris, Sudestasie, 1991.

海外での調査

　アジア経済研究所から中国とタイ国の環境問題についての世論調査の相談を受けた（1993年-96年）。私は両国についての特別の知識を持っているわけではなく、環境問題も重要性は知っているが、関連する調査をしたことはなかった。ただ上で述べたように、国際比較調査に関心を持ち、企画・分析に参加したことがある。国際比較調査では、もちろん各国相互の比較もするけれど、その重心は日本との比較におかれる。この調査は、その国のために有用なデータを提供できるものでなければならない。両国や環境問題の専門家、そして中国やタイの研究者と直接一緒に仕事ができるいい機会であり、喜んで参加した。この調査の場合は4ヵ年にわたり、先方の研究機関と相互訪問を繰り返し、調査の方法について十分な検討を重ねることができた。

　今までの環境問題の日本での世論調査のデータは、資料から探し出した。しかし両国の調査の参考になるものはあまりなかった。また両国の問題点も必ずしも同じではないので、数字を比較するために同じ質問をすることはとりやめた。しかし先行した中国の調査に対応する事項を、タイでも考え、質問やデータの内容から記述的な比較をすることにした。

　以下では主として中国の調査について述べるが、他に調査の相談を受けた経験も付け足す。

　1）調査の範囲、母集団

　日本は狭く、比較的等質な国であるから、普通、全国のデータが分かるような企画をする。しかし広く、複雑な社会構造の中国（アメリカやロシアのような国）では、恐らく全国データより何らかの地域的、あるいは社会的カ

テゴリ別のデータが必要であろう。そういう分析もでき、その総合として全国の結果も分かるほどのサンプルが取れればよいが、経費に限りがある。そこで全国調査はあきらめ、誰にでもはっきりしたイメージがつかめる、北京、上海のうちの人口稠密地域だけで調査をすることにし、その地域で厳密なサンプリングを行なった。

２）調査票の作成

　調査のテーマの専門家（ここでは中国、環境問題の専門家）は、例えば環境問題についての世論はサンプルの家計状況と関係があると考える。その家計状況を調べるためには、個人の収入を聞く必要がある。しかし収入というのはサラリーマンでも税金を含むか否か、中小企業主や農民の収入とは何か、それらをどうすれば比較できるのか、というような問題がある。家族構成によっては家族の全体の収入が必要だが、そのためには家族の年齢、就労しているか否かを考慮しなければならない。

　ある国際機関の農村での調査票を見ると、サンプルの家の耕地面積、何を耕作しているか、果樹は、家畜は、耕作機械は、と克明に質問している。もし農民の家計の実態調査ならどれも必要である。しかしそれをどう取りまとめたのであろうか。委託を受けた調査機関に聞くと、質問しただけで集計はしていない。その調査の目的は現地の住民の意識、評価を知ることであったが、結局、意識と家計との関係は分析されていない。調査実施機関はスポンサーにいわれた質問をしただけである。

　また居住歴との関係を調べたいこともある。しかし居住歴はサンプルの年齢により違いがあるし、どこどこに５年間住んでいたといっても、それが幼児の時か、仕事のためかの区別が必要だろう。また「いつからここに住んでいるか？」と言っても、「ここ」をこの家と思う人もいれば、同じ地域、市町村、県と考える人もいる。

　調査の目的が、意識、世論を調べることなら、実態の方は説明変数であり、家計状態は５段階くらいに分けて、意識、世論の差をつかむ。居住歴も同様で、どこの影響が一番大きいか、あるいは現住所への愛着心の程度でブレイク・ダウン（分類）する。

　例えば家計状態については「その農村で経済的に楽な暮らしをしている方か、普通か、苦しい方か」というような質問、あるいは「ここで夫婦、小学生２人で暮らすには、１ヵ月でいくらぐらい必要か」

居住歴については、「今まで住んだ内で何処に一番愛着を感じるか」というような実態ではなくて意識を聞く質問が考えられる。そしてできることなら別に吟味調査をし、これらの質問と家計や居住歴の詳しい質問との関係をみる。

同じ事項について別の角度からの質問は、被調査者にとっては「シツッコイ」と思われるおそれがある。このような質問は一つにしたほうがよい。もし一つに絞り込めないなら、サンプルをスプリットして、一方のサンプルにはある質問をし、他のサンプルには別の質問する方法をとる。

例えばQ1、Q2、Q3はいずれも各種のインスティチューション（機構、制度、習慣など）の信頼度を聞いているものである。

Q1　一般的にいって次の組織は信頼できますか。
　　a. 居民委員会、b. 街道事務所、c. 市政府　etc. について、それぞれ
　　1. 信頼できる、2. ある程度信頼できる、……などと評価をさせる。

Q2　もしあなたが環境汚染の被害にあった場合、その解決に最も役に立つのは何ですか。2番目はどれですか。
　　1. マスコミ　2. 市政府や街道事務所　3. 居民委員会　etc.

Q3　環境問題について、あなたが情報として最も信頼するのは次のうちどれですか。また2番目に信頼するのはどれですか。
　　1. マス・メディアの報道　2. 中央政府の発表　3. 市政府のいうこと
　　4. 街道事務所のいうこと　5. 居民委員会のいうこと　etc.

調査企画者にとっては、質問のネライがちがい、いずれも重要なものである。しかしサンプルの方ではその角度はあまり意識されず、同じことを聞かれている感じがする。そこでQ＊程度に取りまとめざるをえないだろう。

Q＊環境問題に関連して、次のものは信頼できますか。

	1 信頼できる	2 ある程度信頼できる	3 あまり信頼できない	4 信頼できない
a）報道機関				
b）中央政府				
c）市政府				
d）マスコミ報道				
etc.				

このように各アイテム（インスティチューション）ごとの評価（ランキング）も、サンプルにとっては面倒である。各アイテムの重要性の順番をつけ

てもらうレイティングは中間の順位は信頼性が薄い。「1番大切なのは？」「2番目に大切なのは？」くらいにしておくのがよいだろう。

　なお一般に質問を作るときは、問いかけの文章を先に作るより、答えの項目や文章のほうを先に作り、あとからその答えに対応する問いかけの文章を作るほうが容易である。

　3）調査機関の選定について

　フィールドワークを依頼する機関を決めるに当たって留意すべきことを列挙しておく。世論調査は費用がかかるものである。競争入札などの場合、質の確保に注意しなければならない。

　なお調査のテーマの専門研究者の意見を聞くことは欠かせないが、まず、彼らに調査の実状を知らせなければならない。特に集計表（クロス表）のひな型を作って、専門研究者、調査機関との認識の統一をはかる必要がある。

　①　世論調査の成否は調査員の質にかかっている。調査員の組織、訓練、待遇、チェックなどを検討する必要がある。しばしば知合いのいる大学に依頼するようなことがあるが、大学は教育機関としての限界がある。

　なお調査員は特定のテーマについて専門的知識を持っているわけではない。彼らに無理な負担をかけてはならないし、とくに彼らのふだんの調査と違った要求をする場合は、それなりの対応をすべきである。原則としては現地の調査の慣習をよく知った上で、それに従わざるをえない。

　②　サンプリングについて、どのような資料をもち、どんな経験があるか。これも日本と同じことを要求するのなら、それに応じた経費を考えるべきである。

　③　その機関が世論調査に関する、研究誌などを発行しているかどうか。また関係者（社員など）が世論調査に関する研究発表を、学会などでしているか。

　④　直接関係なくても、因子分析、多変量解析（数量化）などの高度のデータ解析をしたことがあるか。

　⑤　日本では、財団法人日本世論調査協会が、有力なマス・メディア、世論調査機関、および世論および世論調査の研究者により、1950年に創設されている。この協会では積極的に、世論調査上の問題点を指摘したり、共同研究をしたり、内外の情報の交換を行ない、相互の調査技術やデータ解析の向上を計っている。また世論調査の正確性を確保し、信頼性を保持するために、

「世論調査綱領」を定め、会員各社はこれを遵守している。

　倫理綱領は外国でも、また国際的にも詳細に定められている。このような綱領にしたがっているかどうかも、考えるべきであろう。

　　報告書：西平重喜ほか編『発展途上国の環境問題』アジア経済研究所、1997年。

　4）　結び

　外国での世論調査では、専門研究者や一般にいわれていることと、違った意外な結果をもたらすことがある。例えばある国での王室や宗教についての世論はかなり違っていた。ラテンアメリカ諸国の日本への関心は、日本からの投資の多い国ではなく、太平洋に面している国の方が高かった。世論調査の方にも問題があるが、再考する問題を提起するものであろう。

II　社会的価値観の変化と国際比較

　この章では社会的価値観についての調査データの、経年比較と国際比較についてみることにする。

　ところで世論調査としては、時々刻々の変化を敏感に察知しようとする、いわば短期的変化、ミクロ変化に重点をおくものと、それよりむしろ長期的変化、マクロ変化を問題にすることがある。ミクロな変化を明らかにしようとする調査は、政治や社会の動きに関係をもつテーマを扱うことが多い。こういうテーマでは意見が短時間でも大きく変化することがあり、個別の事件の進行と対応を考えて解釈される。

　ここでは意見の長期的変化と、日本人と外国人との相違を検討する。長期的変化を追及する場合は、人々の考え方や価値観やなどについての質問が多いから、社会的価値観の変化ということにしよう。この変化を問題にするために、長い間、同じ質問を繰り返し調べてきた、4つのプロジェクトのデータを利用する。たった4つの調査であるから、一般的な結論が導けるわけではない。しかし1つの調査、同一の企画者の調査だけを分析しているよりは、多少普遍性を持つだろう。

　なお他にも長期継続調査がある。特に政府は個別の政策への世論の変化を検討する調査を行なっている。それらのデータからも社会的価値観の変化を検討することができるが、やはり政治の動きとの関連を考えざるをえないので、ここでは取り上げない。

この章は「社会的価値観は変ったか」というタイトルで『統計数理』第43巻1号、1995年に発表したものに、新しいデータを加えて書きなおしたものである。

1 データの取扱い

このⅡ章では次のような用語の約束をしておく。

1° ある質問に対して、今回の調査では賛成が60%、前回は50%であれば、賛成が10%増えたという。また同じ質問をした結果、"Non"が40%で、"Nein"が50%なら、フランス人の否定はドイツ人より10%少ないことになる。こういうふうに調査結果のパーセンテージの差で比較をすることは、最もプリミティヴな方法であるが、それだけ明確である。そこで比較検討をするために、この「パーセンテージの差」を使うことにする。なお「差」というのは特に断らない限り、プラス・マイナスを区別しない絶対値のことにする。

2°「調査によっては」という言葉は、日本人の国民性の調査、欧州価値観調査というように各種の調査をさす場合と、同じ国民性の調査の第1次調査、第2次調査というような調査の回次を示すこともある。前者は「プロジェクトによっては」と書くことにし、「調査によっては」というのは同じプロジェクトの「第1次調査、第2次調査によっては」などのことにする。

3° 経年変化（3節）では次の2つのプロジェクトを使う。

統計数理研究所の「日本人の国民性調査」（「国民性」と略称する）

1953年より2003年まで、50年間にわたり5年ごとに、11回の調査が実施されている。調査対象は20歳以上の成人。質問番号は毎回の調査のすべての質問に共通するコード（#）を使う。

参照文献：統計数理研究所国民性調査委員会編集『国民性の研究　第11次全国調査』2004年。
『第5 日本人の国民性』（統計数理研究所国民性調査委員会編集）、出光書店、1992年など。

NHKの「日本人の意識調査」（「NHK調査」と略称）

1973年から2003年にわたり5年ごとに、7回の調査がされている。調査対象は20歳以上の成人。

参照文献：NHK放送文化研究所編『現代日本人の意識構造』第6版、日本放送出版会、

2004年など。

4° 価値観の国際比較（4節）で取り扱うのは、次の2つのプロジェクトである。

総務庁青少年対策本部の「世界青年調査」（「青年調査」と略称）

1972年から2003年まで、5年ごとに6回の調査を実施している（第3次調査は第2次調査の6年後）。この調査の対象は18歳から24歳の青年男女である。毎回11ヵ国で調査されたが、ここでは日本と欧米のデータを扱う。なお1972年の調査の質問文は第2回目以後に大幅に変更され、また1998年調査にも多くの質問に手が加えられた。しかも2003年の調査は数カ国に限られたそうである。

参照文献：総務庁青少年対策本部『世界の青年との比較からみた日本の青年――第5回世界青年意識調査報告書』大蔵省印刷局，1993年など。

「欧州価値観調査」（「価値観調査」と略称）

この調査はヨーロッパの社会学者たちが協同して計画を立て、実査は各国がそれぞれ行なっている。調査は1981年、1990年と2000年にされている（1年くらい前後している国もある）。日本初め多くの国でも実施され、2000年には60ヵ国に達しているが、ここでは特別の事情を考えないで比較できる、ヨーロッパ、アメリカなどに限る。対象は18歳以上の成年である。

参照文献：国際価値会議検討資料『日米欧価値観調査（データ編）』財団法人余暇開発センター、東京，1983年。

Instiut für Demoskopie Allensbach, *1990 Value Survey, Tabulate Results*, Allensbach am Bodensee.（この資料の使用は、Dr. L. Halman, Tilburg Universityから1994年10月19日付書簡で許可された。日本やアメリカのデータはない）

電通総研・余暇開発センター『37ヶ国世界値観調査レポート』1995年（全部の質問のデータがのっているわけではない。上記と数値の食違いがある）。

電通総研・日本レサーチセンタ『世界60ヶ国価値観データブック』同友館、2004年。

R．キサラほか編『信頼社会のゆくえ』ハーベスト社、2007年。

Jean Stoetzel, *Les valeurs du temps présent: une enquête européenne*, Paris, Presses universitaires de France, 1983.

Hélène Riffault, L'évolution des valeurs en Europe, *Futuribles*, 3-14, 1993.

Hélène Riffault, sous la direction de, *Les valeurs des Français*, Paris, Presses universitaires de France, 1994.

Peter Ester ed. by, *The Individualizing Society—Value change in Europe and North America*, The Netherlands, Tilburg University Press, 1994.

5° これらのプロジェクトの質問の各調査の毎回のすべての「回答肢」のパーセンテージの差を比較することに努めたが、4節の2°で述べるような処置をした。
　質問文や「回答肢」のすべてを並べる紙面がないので、上記の「回答肢」がどんなコンテキストのもとのものかわかりにくいが、詳細はそれぞれの報告書を見てもらいたい。報告書との対応ができるように、質問の番号、@の後に「回答肢」の番号を付けた。
　6° 上に述べたように、比較に使う統計量として、「回答肢」の2つの調査のパーセンテージの差（絶対値）で比較をするが、その差を大きいと見るべきか、小さいというべきかの基準を次のように考える。
　どの調査も多段抽出法で実施されているため、実際にサンプリング誤差の数値計算はできない。またサンプリング誤差よりも調査実施上の誤差のほうがはるかに大きいから、サンプリング誤差だけを基準に、差の大小を論じても意味がない。今までの経験から、この種の調査では10％程度までの差はフィールドワークによる不安定要素の影響である可能性が強い。10％ないし15％の差は、調査実施上の誤差なのか、実際に意見が変化したのか、どちらとも断定できない。15％以上の差があるときは、調査実施上の誤差というよりは実際に差がある可能性の方が強い。このような判断基準で話しを進める。また文中や表の数字が1％前後食い違うことがあるが、四捨五入のためである。

2　結果の概要

　本文ではたくさんのデータについて、多くの数字を引用せざるを得ないので、ここに主な結論をのべておく。ただしプロジェクトにより、言い換えると質問内容の微妙なニュアンスの影響があるし、その質問以前に聞かれた他の質問による教育効果も無視できない。したがってたった4つのプロジェクトから、一般的な結論を下すわけにはいかないが、他にこの種の世論調査データもないので、あえて検討すべき仮説として提案しておきたい。

　1）経年変化（3節）
　1° 社会的価値観の調査では、調査の時期がいつであろうと（例えば1960年代であろうと、1990年代であろうと）、5年を隔てた各質問の「回答肢」

のパーセンテージは、平均して数％程度しか変化しない。また個々の「回答肢」を見ても大差を生ずるものもごく少ないから、5年間では社会的価値観はほとんど変化しないといえる。

2°　1/4世紀ほど経っても、価値観の変化は余り大きくないが、50年近くなると半数の「回答肢」で意見分布に変化が起きる。

20年くらい経過しても15％以上変化した「回答肢」は、すべての「回答肢」の1割に満たないから、特殊な例外的なものと考えることができる。これらの大きく変化した価値観は、その内容を個別に検討しなければならない。

3°　15％以上の差が出た「回答肢」の比率を見ると、1993年から1998年の国民性調査ではやや大きな変化がある。いわゆるバブル崩壊による価値観の変化かもしれない。しかしNHK調査の方では他の時期と同様である。

国民性調査の調査期間中の社会的変化として、1973年にいわゆる石油ショックが起きているが、その年の国民性調査はパニックの直前に終了していたから、その影響も観測できなかった。なお総理府広報室の「国民生活調査」の「暮らしに対する満足度」によれば、石油ショックは一時的に国民の気持に影響を与えたが、価値観の変化を引き起こしてはいない。

政治的には1970年安保（日米安全保障条約の自動延長）に象徴される、革新派の挫折があった。しかし1968年と73年の国民性調査の差も大きいとはいえない。

4°　「日本人の国民性調査」の50年間にわたり繰り返されている16問のうち9問で多数意見が変わるという、価値観の変化がみられた。その変化は、古い価値観から新しい価値観への方向に向かっているものが多いが、依然として優勢な古い価値観もないわけではない。また悲観的、アナーキーな方向も感じられる、しかしこれは大正生まれのわれわれが、1953年に作った質問という物差しの上のことである。

5°　「日本人の国民性調査」とNHKの「日本人の意識調査」とから、30年間の変化をデータの上で見ると、

　a）単調増加した「回答肢」に「古い意見」は見あたらず、「新しい意見」が多い。単調減少の「回答肢」は「古い意見」が多い。これらをとりまとめると、日本人は封建的な家の概念から解放されつつある。ただし2）の3°で述べる国際比較に注意。

　b）「革新」といわれた傾向への変化は速度がゆるんでいる。これを「保

守回帰」と呼んだようであるが、それより政治離れが進行していると見るべきであろう。

　c）変化しない価値観の定義は難しいが、10％未満のパーセンテージの変動は調査誤差の可能性が高いから、30年間7回の調査のレンジ（パーセンテージのブレ幅）が10％未満の「回答肢」は変化しなかった価値観とする。

　そうすると国民性とNHK調査の214の「回答肢」のうち、6割余りの「回答肢」が変化していない。そのなかには回答の釣合い上、形式的にもうけたものもある。66個の「回答肢」は2割未満のサンプルに選択された、少数意見であった。2割から5割未満の支持を受けた「回答肢」も44個ある。

　それらの「回答肢」を内容のカテゴリ別にまとめようとしたが、多岐にわたり整理できなかった。

　30年間の7回のデータの平均が50％を超している17個の「回答肢」は、コンセンサスがあるものともいえるであろう。それらはいわゆる模範解答、「正解」と見える「回答肢」で、高値安定している。日本の現状の生活については驚くほど、満足していることが30年間変わらない。ただし政治参加への態度は消極的である。

　6°　私は日本人の国民性調査をもう少し抽象的に眺めて、以下のような仮説を提案している。

　この仮説は毎回の調査の全サンプルのデータ（単純集計）、毎回の年齢別データ、それに毎回のコホートといわれる生まれた暦年別のデータの3つを組み合わせて検討したものである。そうすると次のような4つのタイプに属するものがあった。ただしそれも完全にキチンとしたデータとはいえない。そして大部分の質問は、いずれのタイプにも属さない。それはこの調査の質問が多面的な寄せ集めであったからやむをえない。できることならこの仮説を検証するための新しい調査をしてみたかった。

　その4つのタイプというのは、次の表のようなものである。

コホートのデータ （個人の意見）↓	全体のデータ（国民性）	
	変化しない	変化する
変化しない	タイプA（不変の国民性）	タイプC（世代による変化）
変化する	タイプB（加齢による変化）	タイプD（時世による変化）

それぞれのタイプの例と特徴は：
タイプA：①永久不変の国民性（国民性5.6＠2人情課長）

　　　　　②調査時期にも、被調査者の年齢にも関係なく同じ
　　　　　③どんなことか特定しがたい。国民の大部分が同意見、あるいは
　　　　　　五分五分に対立すること
タイプB：①加齢により変化　（国民性3.1＠1宗教を信じている）
　　　　　②毎回の年齢別データは同じ。年齢が高くなるほど増加（減少）
　　　　　③基本的な人間感情にもとづくこと
タイプC：①世代により変化　（国民性2.4＠5清く正しく）
　　　　　②全体のデータが毎回増加（減少）するが、コホートのデータは
　　　　　　同じ
　　　　　③日常生活にかんすること
タイプD：①時勢により変化（老いも若きも意見が変わる）（国民性4.2＠1
　　　　　　養子に嗣がせる）
　　　　　②全体のデータが毎回増加（減少）するが、コホートのデータの
　　　　　　値も変化
　　　　　③旧来の伝統、道徳など
　さらに取りまとめると、こんなことも考えられる。
A＆Bタイプ：変わらない国民性、ホンネがでるもの、心情的な判断、教育
　　　　　　によって変えにくい。
C＆Dタイプ：変わる国民性、タテマエがでるもの、知識を通して答えるこ
　　　　　　と、教育によって変わる。
A＆Cタイプ：変わらない個人の意見、日常生活を背景として考えること。
B＆Dタイプ：変わる個人の意見、日常生活とは直接関係ない客観的意見。
　日本人の国民性という以上、各質問ごとの結果より、各質問を例として抽象レベルの結論が欲しいと考えて、こんな仮説をまとめてみた。

　2）価値観の国際比較（4節）
　1°国際比較調査で、注意しておかなければならないのは、回答の仕方の国民性による違いである。日本人ははっきりした「回答肢」を避け、「どちらともいえない」というような「回答肢」を選んだり、無回答（分からない、何ともいえない）というような曖昧な返事をする傾向が強い。
　「該当するものを、幾つでも選べ」という多項を選択する質問では、日本人が選ぶ「回答肢」の数は少ない。逆にアメリカ人は「やたらに」選ぶ。

どちらもかなりの差が起こるので、個別のテーマについて比較をする場合には慎重な考慮が必要である。
　なお4節1）の2°で述べるように、アメリカ人は絶対比較級の副詞を多く使う。
　2°　世界青年調査の経年比較をみると、16年を経過しても「回答肢」の差の平均はほとんどの国で数％に過ぎないから、価値観はどの国でも大きな変化はない。そしてどの国の変化も同じ程度といえる。全「回答肢」の平均は、いわば若者の考え方の雰囲気というようなもので、それは10年くらいたっても、変化は感じられない。
　しかもどの国でもそろって変化した価値観はなく、価値観の変化は国によって別々のテーマについて起こっている。
　欧州価値観調査は19年の間隔のあるデータしか比較できないが、価値観が変わったと断言できるものは各国ともごく少ない。そして10ヵ国中5ヵ国がそろって大差となった「回答肢」はなく、やはり価値観の変化はローカルなものである。
　ここで取り上げることができたデータから、先進諸国民の意見が一番大きく変化したのはいつかという問題に答えるわけにはいかない。むしろこれらの先進諸国の国民性とか価値観というようなものは、歴史的大事件でもない限り、かなり安定したものであり、長期間に変化する価値観は、少しずつ変化し、一定の値に収斂していくようである。
　2°　まず全部の「回答肢」を一括した雰囲気のようなものを見ると、日本の青年にとってはフランス、ドイツの若者との方が、アメリカ、イギリス、スウェーデンの青年より近い意見を持っている。欧州価値観調査のデータでも同様である。
　3°　しばしば多数意見を世論ということがあるが、そういう意味で日本の世論と欧米の世論はそれほど大きな違いはない。いいかえるとその違いは量的なものであって、質的なものではない。とくに日本人とフランス人、ドイツ人の世論はほぼ一致するが、アメリカ人とは世論が対立することもある。
　日本人と欧米人の価値観は個人的なテーマについて対立することは少ないが、日本人は宗教に関心が薄いことで、アメリカ人やカトリックの多い国の人々と意見が分かれる。また社会的な問題の方が、個人的な問題より対立する傾向が強い。

日本人のデータを個別に見ると、家族関係でも多数意見が新しい方向に動いてきているが、まだ伝統にとらわれている部分がある。しかしその伝統と思われているものも、実は明治時代に作られたものが多いようである。そうして外国人より悲観的、消極的で、不満が比較的高い。政治に関心は強いというが、政治参加、国との一体化は望んではいない。

　自由と平等を日本人は同程度に重視する。ヨーロッパでも日本に似た国もあるが、米英では自由重視に傾いている。

　日本人はインスティチューションに対して不信感が強めであるが、マス・メディアに対しては、日本人とオランダ人だけは信頼感が不信感より強い。

　4°　外国人相互の価値観の相違をみると、ヨーロッパ大陸の人々にとって、日本人の価値観はアメリカ人より近いものであり、日本人とアメリカ人にとっては、互いに遠い価値観をもつ国民ということになる。あえていえば、旧EC諸国の国民はほぼ共通の価値観をもっている。旧ECの人びとはスカンジナヴィア諸国民、アイルランド人より日本人に近い価値観を持ち、アメリカ人の価値観はさらに遠い。

　なおここで取り上げなかった調査で、社会保障についてのアメリカ人の意見は日本人やヨーロッパの人々と全く違うという点も注意した方がよいだろう。

3　価値観の経年変化

　上では社会調査データの変化、および日本人と諸外国人の相違の概要を述べたが、その根拠となったデータを示しておく。

　１）最新のデータから見た変化

　価値観の長期的な変化を検討するために、最新の国民性調査2003年のデータと、50年前の1953年のまでの過去10回の調査とを比較する。同様にNHK調査については2003年の調査結果を、20年前の1983年までの６回の調査とを比べてみる。

　国民性調査では、表１に示したように、例えば2003年（第11次）の調査と５年前の1998年（第10次）調査の、どちらでも尋ねられた質問の「回答肢」は全部で116個ある（表１の「15％以上／計」の行の計）。この116「回答肢」の2003年のパーセンテージと、1998年のパーセンテージの差の平均は３％で

表1　経年変化（最新の調査と各回の「回答肢」の差）

	調査の間隔	5年前	10年前	15年前	20年前	25年前	30年前	35年前	40年前	45年前	50年前
	調査年 調査年	2003 1998	2003 1993	2003 1988	2003 1983	2003 1978	2003 1973	2003 1968	2003 1963	2003 1958	2003 1953
「回答肢」の差の平均(%)	国民性	3	6	7	6	10	8	10	10	14	17
	NHK	1	3	4	6	6	8				
15％以上／計 15％以上(%)	国民性 国民性	0/116 0	9/83 11	7/89 8	6/79 8	25/102 25	24/118 20	16/74 22	16/74 22	22/52 42	24/46 52
15％以上／計 15％以上(%)	NHK NHK	0/180 0	3/180 2	8/180 4	20/180 11	22/180 12	29/180 16				

15％以上／計：15％以上の差があった「回答肢」の個数／両調査に共通の「回答肢」の個数
15％以上：上記の％

あった。しかし2003年と50年前の1953年では、比較できる「回答肢」は46しかない。この46は例えば同じ質問（項目）に対する「回答肢」YesとNoで2つに数えるから、20数問を比較しているにすぎない。

　当然のことであるが、国民性でもNHK調査でも、最近と各回の調査の差の平均値は、古い調査との差が大きくなる（もっとも国民性の25年前では例外が起きている）。この40年間の変化の平均差は10％に達していない。なお45年前、50年前でも15％前後に止まる。

　先に述べたように、データに15％以上の差がある場合は、調査による誤差ではなくて、価値観が変化した可能性が強いから、平均値からみれば、価値観の変化は45年くらいしないと起こらないということになる。ただしこれは平均値という、いわば全体的な雰囲気のような漠然としたものである。

　表1の下段を見れば、国民性の2003年調査と1998年調査で、15％以上の差があった「回答肢」は一つもない。2003年と1993年では比較した83の「回答肢」のうち9個だけ、すなわち11％（10.8％＝9/83）の「回答肢」にすぎない。この15％以上もの差があった「回答肢」の割合も、時がたつにつれて大きくなって行く傾向がある（多少の例外あり）。しかし国民性調査では「回答肢」の1/4が25年たったら変わることになり、50年経つと価値観の半分が変わってしまう。NHK調査では30年で16％の「回答肢」にだけ変化が見られる。

　なお「回答肢」のパーセントの相関係数を見れば、NHK調査では30年経っても0.99であり、変化は例外的に起こるものといえよう。しかし国民性調

査ではやや小さく、45年もたつと0.5位まで下がる。

以上のように「回答肢」の差の平均、15％以上の差が出た「回答肢」の割合、相関係数のいずれから見ても、当然のことながら時間がたつほど差が大きくなる。しかし国民性調査とNHK調査では変化は一様ではない。すなわちプロジェクトにより、言い換えると質問内容によって、変化の速度に違いがある。したがって一般的な結論を下すわけにはいかないが、他にこの種の世論調査データはないので、あえて検討すべき仮説として述べれば、「1/4世紀ほどでは、価値観の変化は余り大きくないが、50年近くなるとかなりのテーマで意見分布に変化が起きる可能性がある」ということになる。

2）価値観はいつ変わったか

表1は2003年の調査と以前の調査の比較であるから、もし別の年の調査と5年前、10年前、……との比較をすれば別の結論になるかもしれない。だから基準に採用した時期を考慮しなければならない。両プロジェクトの5年ごとのデータに注目すれば、5年間という時間経過の比較による、調査時期の影響が分かる。表2の国民性調査の1953年と58年の間の差の平均は4％で、58年と63年の差の平均は5％である。どの時期の5年間の差の平均も3％ないし5％程度である。NHK調査の方ではいつも2％にすぎない。したがって価値観が激変した時期はない、ということになる。

15％以上の差が出た「回答肢」の比率を見ると、1993年から1998年の国民性調査ではやや大きな変化がある。いわゆるバブル崩壊による価値観の変化かもしれない。しかしNHK調査の方では他の時期と同様である。

社会的変化として、1973年のいわゆる石油ショックでは、各家庭で例えば

表2　5年間の変化（「回答肢」の差）

| | | 1953 | 1958 | 1963 | 1968 | 1973 | 1978 | 1983 | 1988 | 1993 | 1998 |
	調査年 調査年	1958	1963	1968	1973	1978	1983	1988	1993	1998	2003
「回答肢」の差 の平均（％）	国民性	4	5	3	5	4	2	3	3	5	3
	NHK					3	2	2	2	3	2
15％以上／計 15％以上（％）	国民性 国民性	1/33 3	0/50 0	0/74 0	2/74 3	2/102 2	0/65 0	0/73 0	1/75 1	9/83 11	0/116 0
15％以上／計 15％以上（％）	NHK NHK					1/180 1	0/180 0	0/180 0	1/180 1	2/180 1	0/180 0

15％以上／計：15％以上の差があった「回答肢」の個数／両調査に共通の「回答肢」の個数
15％以上：上記の％

トイレット・ペーパーを買いに走るほどのパニックに見舞われた。しかしその年の国民性調査はパニックが起こる前に終了していたから、その影響は観測できなかった。なお総理府広報室の「国民生活調査」はほぼ1年に1回の調査が続けられているが、そのなかの「暮らしにたいする満足度」は、ショック以前は6割台を続けていたが、1974年11月には51％まで落ちた。しかし1975年5月には6割を回復している。すなわち石油ショックは一時的に、直接関係する国民の気持に影響を与えたが、価値観の変化を引き起こしたわけではない。

政治的には1970年安保（日米安全保障条約の自動延長）に象徴される、急進派の挫折があった。しかし1968年と73年の国民性調査の差も大きいとはいえない。

3）変化した価値観（50年間）

今まではプロジェクトごとに、大まかに経年変化を見てきたが、今度はどんな「回答肢」が変化し、どんなことは変化しないかを見ることにしよう。

①50年間に意見が逆転したこと

国民性調査は50年にわたり11回調査しているが、毎回とりあげた質問は12問しかないので、比較できる「回答肢」は33個に過ぎない。これに1回だけ質問されなかった4問の10個の「回答肢」を加えた、16問、43個の「回答肢」を見ることにする。そのうち50年間で多数派が大きく逆転したものは次の通りである。

国民性4.10「子供がないとき養子に継がせた方がよい」というものが1953年には74％に対し、「継がせる必要はない」という意見は16％であったが、1973年以降は多数派が逆転し2003年には18％対57％となり、「つがせる」が56％の減少、「必要はない」は41％の増加であった。

国民性3.9「首相に就任した時の伊勢参り」に肯定的な意見は1953年の57％から、振動しながら2003年は19％まで38％減少した。しかし否定的な意見は増加したわけではなく振動している（8％ないし20％）。そうして「本人の自由だ」という無関心層が23％から63％へ、40％増加した。この多数派の逆転は1963年調査から起きている。

国民性4.5「子供にお金は一番大切と教えること」は1953年には賛成66％、反対24％であったが、賛成は徐々に減り反対が増加し、1988年に逆転後2003

年には賛成30％、反対48％となった。

　国民性2.4「人の暮らし方」6タイプのなかから選択させる質問は、戦前文部省が壮丁教育調査のために作ったものである。戦前選択されることが多かった、「世の不正に対し、どこまでも清く正しく」が1953年の29％から2003年の7％へ激減し、「自分のことは考えず、社会に尽くす」も10％から4％まで落ちている。これにたいして戦前は少なかった、「金や名誉は考えず、趣味にあった」暮らし方は21％から39％へ18％増加し、また「その日その日を、のんきに」も11％から23％へ12％増加である。そして戦前も人気が低かった、「一生懸命働き、金持ちに」は15％から17％の間、「真面目に勉強して、名を揚げる」は4％ないし6％で、ともにこの50年間低迷を続けている。

　仮に「清く＋社会」と「趣味＋のんき」にまとめると、1953年だけは39％対32％で前者がわずかに多かったが、次の1968年には28％対45％と逆転し、2003年には11％対62％なっている。

　国民性6.2「生まれ変わるとしたら、男と女のどちらを望むか」という質問では、男のサンプルはいつも「男を望む」ものが90％前後、「女を望む」ものはせいぜい7％にすぎない。しかし女のサンプルは1953年には「女を望む」27％対「男を望む」64％であったが、1968年から「女を望む」の方が多数派となり、2003年には「女を望む」69％対「男を望む」24％と多数意見が逆転している。

　国民性2.1「正しいと思えば、世のしきたりに反しても押し通すか、したがった方が間違いないか」という質問では、1953年には「押し通す」41％、「従う」35％より多く。「場合による」という曖昧な答えは19％だった。しかし「押し通す」はだんだん減り「場合による」が増え、2003年には「場合による」48％、「従う」27％、「押し通す」21％という結果になった。

　国民性7.1「科学技術が発達して、便利になってくるが、それにつれて人間らしさがへる」という意見に、1953年には否定35％と肯定30％が並んでいたが、1963年には逆転し、2003年には13％対54％という悲観論が過半数に達している。

　国民性8.6「衆議院の総選挙」の投票行動は、1958年には「なにをおいても投票する」62％が、「なるべく投票する」32％より多かったが、1973年から逆転し2003年には35％対50％で、投票関心が低下している。

　国民性8.7の支持政党では、「支持する政党はない」が1953年には20％に過

ぎなかったが、1998年から過半数に達し2003年は60％である。

以上のように50年の間に、16問のうち9問で多数意見が変わるという形で、価値観の変化が観測できる。その変化は古い価値観から、新しい価値観の方向に向かっている。なかには悲観的、アナーキーな傾向も見られる。ただしこれは大正生まれのわれわれが1953年に作った質問という物差しの上のことである。

②「新しい意見」の方に進むもの

国民性4.4「先生が悪いことをしたという話の真偽を、子供が親に尋ねたときの返事」は、「それは本当だという」が40％ないし64％で、「そんなことはないという」が15％ないし38％で、いつも肯定が否定を上回り、しかも肯定が増大している。

③ 意見の変化はなく、「古い意見」が優勢を維持し、「新しい意見」は停滞しているもの

国民性5.6「無理はさせないが、仕事以外のことでは面倒はみない課長（ドライな課長）」と「時には無理をさせるが、仕事以外の面倒みのよい課長（人情課長）」の、どちらの下で働きたいかという質問では、11回の調査を通じていつも77％から89％が人情課長を選び、ドライな課長は9％ないし18％に好まれるだけである。50年間古い意見が圧倒的に多い。

なおこの質問文をすっきりさせたものを、青年調査でしているが、日本ばかりでなくアメリカ、イギリス、ドイツ、フランス、スウェーデンの5回の調査でも過半数が上司との仕事以外の付合いを望んでいる（青年調査25）。

④ 意見の変化がやや「古い意見」の方向へ傾いているもの

国民性2.5「人間が幸福になるための自然との関係」では、「自然を利用すべきだ」が1989年までは一番多い意見で40％前後であった。その後は「自然に従うべきだ」が50％に迫っている。なお「自然を征服すべきだ」は1960年代には30％を超えたが、最近は5、6％に過ぎない。

⑤ 意見の変化はほとんどなく、「古い意見」・「新しい意見」の優劣がつけがたいもの

国民性5.1「恩人が危篤の時、故郷に帰る」が41％ないし54％で、「大事な会議に出る」は39％ないし48％という状態で。どの調査でも故郷へ帰る方が少しだけ多い。

国民性5.1b「親が危篤の時、故郷に帰る」は40％ないし53％で、「大事な会

議に出る」の41％ないし51％よりいつも少し多い。

　国民性7.4「日本がよくなって、はじめて個人が幸福になる」は37％から24％へ減少傾向であるが、「個人が幸福になって、初めて日本がよくなる」はほとんど変化がなく25％ないし30％である。そうして「日本がよくなることも、個人が幸福になることも同じ」という中間的な意見が増加傾向で31％ないし42％であるが、3つの意見に決定的優劣はない。

　⑥　意見の変化は少しあるが、「古い意見」とか「新しい意見」という次元ではないもの

　国民性7.2「世の中がいくら機械化しても、人の心の豊かさは減らない」に賛成は58％から42％へ減少傾向、反対（減る）は17％から27％へ増加傾向。

　⑦　意見の変化は小さく、「古い意見」とか「新しい意見」という次元ではないもの

　国民性3.1「宗教を信じる」ものは25％ないし35％で、わずかな増減を繰り返しているが、いつも30％前後といえる。

　以上のようにデータの変化の量からみると、①、④、⑥にはかなりの変化が見られるが、②、③、⑤、⑦にはほとんど変化がない。「古い意見」・「新しい意見」という見地から見れば、①、②は「新しい意見」の方向に変化しているが、③、④は「古い意見」が依然優勢であり、⑤は「古い意見」と「新しい意見」の優劣がない。

　4）変化した価値観（30年間）

　50年の変化は国民性調査でしか検討できず、物差しとしての質問も古い価値観に立っている。これに対してNHK調査は戦後の物差しで作られた質問ということができる。ここでは2つのプロジェクトの1973年から2003年までの30年間に7回質問された39問、214個の「回答肢」を対象にする。

　各「回答肢」の7回の調査のパーセンテージのレンジ（調査データの最大値と最少値の差）の大きさにより3つに分類すると、表3のようになる。最右列を見ると、レンジは10％未満の132個の「回答肢」、すなわち全部で214個の「回答肢」のうちの62％は調査誤差の範囲内で、これは30年間安定している「回答肢」と見ることができる。

　残る82個のレンジが10％以上の「回答肢」は変化した可能性もある。しかし7回の調査でパーセンテージが揺れている場合、いいかえると増えたり、

表3 30年間、7回の調査の「回答肢」のレンジ別「回答肢」の数

レンジ		平均→ 20%未満	20〜34%	35〜49%	50%以上	単調増加	単調減少	計	%
10%未満（安定）	国民性	14	9	6	2	1		33	
	NHK	51	16	13	15	3		98	
	合計	66	25	19	*17	4	1	132	62
10%〜15%未満（不安定）	国民性	2	2	8	4		1	17	
	NHK	4	9	3	1	4	2	23	
	合計	5	11	11	5	4	3	39	18
15%以上（変動）	国民性		6	4	3			13	
	NHK		7	5	4	5	9	30	
	合計		13	9	7	5	9	43	20
計	国民性	16	17	18	9	1	2	63	
	NHK	55	32	21	20	12	11	151	
	合計	71	49	39	29	13	13	214	100

*5）で述べる

減ったりしている場合は、振動幅は広くても、むしろ安定していると考えることもできる。そこで増減の仕方を見ることにする。1973年の調査からパーセンテージがだんだん増加した（単調増加 monotone increase、ただし直前と同じ場合を含む。すなわちsteadily increaseではない）「回答肢」は全部で13個で、逆につぎつぎと減少した（単調減少 monotone decreaseでsteadily decreaseではない）「回答肢」も13個にすぎない。

そして単調に増減した5個の「回答肢」のレンジは10%未満である。これを除いた、レンジが10%以上で単調増加した9個の「回答肢」と単調減少の12個、合計21個は明らかに変化した「回答肢」と考えることができる。

いいかえると、この30年間で214個の「回答肢」で捉えられた価値観のうち、21個すなわち検討した「回答肢」の約10％の価値観が変化したと断言できることになる。その21個はつぎのとおりである。

○単調増加した価値観

不等号の前の数字は1973年、後は2003年。

①初めから過半数でさらに増加

（NHK調査39@3+4）国民の意見は政治に「全く反映していない」と「少しは反映している」の合計：72％＜86％、14％増。

（NHK調査13@2）夫が台所の手伝いや子守をすることは当然：53％＜86％、33％増（最大増加）、❸参照。

(NHK調査3.3@1) 環境がととのった地域に住んでいる：60％＜75％、15％増、❷参照。

② 増加して半数に迫る

(NHK調査12@3) 結婚した女性が子供が生まれても、できるだけ職業を持ち続けたほうがよい：20％＜49％、29％増、❸参照。

(NHK調査8@4) 理想的な家庭として、父は家庭に気をつかい、母は暖かい家庭作りに専念する：21％＜46％、25％増、❸参照。

(NHK調査29@3) 婚前交渉を、深く愛し合っているなら認める：19％＜44％、25％増、❶参照。

(NHK調査6@3) 生活目標は身近な人となごやかに：31％＜41％、10％増。

③ 少数だが、増加傾向

(NHK調査9@1) 親せきづきあいは一応の礼儀を尽くす程度を望む：8％＜20％、12％増、❶参照。

(NHK調査11@4) 夫婦は別姓でもよい：3％＜13％、10％増。

●単調減少した価値観

❶ 半数前後から2、3割台へ減少

(NHK調査29@1) 婚前交渉は結婚式後まで認めない：58％＞24％、34％減（最大減少）、②参照。

(NHK調査17@3) 職場では相談し、助け合えるつきあいが望ましい：59％＞38％、21％減。

(NHK調査9@3) 親せきとは相談したり、助け合える付き合いを望む：51％＞32％、19％減、③参照。

(NHK調査36@1) 憲法では表現の自由が義務ではなく権利として認められている（多項選択）：49％＞36％、13％減。

❷ 3、4割台から減少傾向

(NHK調査18@3) 新しくできた会社で、労働条件に不満が起きたら、組合を作り活動する：32％＞18％、14％減。

(国民性4-5@1) 子供に金は大切と教えることに賛成：44％＞30％、14％減。

(NHK調査3.3@2) 環境がととのった地域に住んでいるとは思わない：37％＞21％、16％減、①参照。

(NHK調査36@6) 憲法では労働組合を作ることが義務ではなく権利とし

て認められている（多項選択）：39％＞20％、19％減。
❸3、4割台からかなり減少
（NHK調査25＠2）中学生の女の子に高校教育まで受けさせたい：42％＞14％、28％減。この質問では大学までが、22％＜48％と26％増加しているが、単調増加ではない。
（NHK調査13＠1）夫が台所の手伝いや子守をすることに反対：38％＞10％、28％減、①参照。
（NHK調査8＠3）理想的な家庭として、父は仕事、母は委された家庭を守る：39％＞15％、24％減、②参照。
（NHK調査12＠1）結婚したら、妻は家庭を守ることに専念したほうがよい：35％＞13％、22％減、②参照。

パーセンテージが単調増加した9つの「回答肢」のうち、古い意見は見あたらず、7つが新しい意見であり、いずれも家族・家庭問題である。
単調減少の12の「回答肢」のうち、古い意見は8個で、そのうちの7つは家族・家庭の問題である。これに対して、言論の自由、労組の組織を憲法が保障していることとの認識、労働組合活動支持は減少している。
以上を取りまとめると、結局日本人は古い家庭・家族にとらわれない意見が増加し、政治離れが進行しているということになるだろう。

5）変化しない価値観（30年間）
表3で見たように、約6割の「回答肢」のレンジが10％未満であり、それらのパーセンテージの変動は調査誤差の可能性が高いから、変化しない価値観と考えられる。しかし7回の調査のデータを平均しても2割に満たない「回答肢」66個のなかには、調査技術上、他の選択肢との釣合いを取るために機械的にもうけた「回答肢」もある。さらに平均が2割から5割未満の支持を受けた「回答肢」が44個（＝25＋19）もあるので、個々の内容は省略せざるを得ない。
ここでは7回のデータ平均が50％を超している17個の「回答肢」を、変化しない価値観とする。なお、データは7回の調査の最小値〜最大値をしめす。
① いつもコンセンサスがあること
世論調査では、全員が同じ答えになるようなことは、初めから質問しない。

それにたとえそのようなことを尋ねても、思いがけない理由から、反対する人がいる。したがって9割、8割のサンプルがそろって選択するということは、滅多に見られない。コンセンサスがあるといわれている場合も、実は100％同じ意見ではない。そこで3/4もの人々が一致していれば、普通コンセンサスがあるといってよいだろう。

（NHK調査34.1@1）日本人に生まれてよかった：90％〜96％、開き6％。

（NHK調査30@1）年上の人には敬語や丁寧な言葉を使うのが当然だ：84％〜88％、開き4％。

（NHK調査34.3@1）日本の古い寺や民家を見ると、非常に親しみを感じる：83％〜88％、開き5％。

（NHK調査10@1）結婚の仲人に、社会的地位は低いが、結婚する2人をよく知っている人がよい：82％〜87％、開き5％。

（NHK調査4@1+2）社会生活に、「満足している」と「どちらかといえば満足している」の合計：77％〜87％、開き10％。

② コンセンサスに準ずること

一致率を少し下げて6割ないし3/4が選んだ「回答肢」を準コンセンサスということにする。

（NHK調査7.5@1）生活を充実するために必要なこととして、健康を第1位にした人：73％〜78％、開き5％。

（NHK調査24@4+5）中学生の男の子に、大学あるいは大学院まで行かせたい：70％〜77％、開き7％。

（NHK調査36@5）憲法では「人間らしい生活をすること」が義務ではなく権利として認められている（多項選択）：69％〜77％、開き8％。

（国民性5.1ｃ@1）入社試験で同じくらいの成績の場合、親戚の子より入試成績が1番の人を採用する：67％〜73％、開き6％。

（NHK調査3.2@1）生きがいやハリのある生活を送っている：67％〜72％、開き5％。

（国民性3.1@2）宗教を信じていない：66％〜75％、開き9％。

（NHK調査16@2）仕事が難しく長期にわたるとき、能力は多少劣っても、人柄のよい人と組みたい：66％〜72％、開き6％。

（NHK調査34.5@1）自分なりに日本のために役立ちたい：65％〜72％、開き5％。

（NHK調査3.4@1）地域、職場、学校に、うちとけて話しあったり、気持よくつきあえる人が多い：65％〜71％、開き6％。
　③ 半数前後が一致すること
（NHK調査41@1）政治活動のうち、政治家へ働きかけ、政党活動などより、最も消極的な選挙を通じて代表に活躍してもらうことを望む：59％〜62％、開き3％。
（NHK調査23@1）旅行を計画するとき、先々で気分やようすに応じて、気ままな旅行をする：56％〜63％、開き7％。
（NHK調査31@2）近所付合いの3つの態度のうち、あまりかた苦しくなく、話しあえる付合い：47％〜51％、開き4％。

　以上のように、いわゆる模範回答、「正解」と見える「回答肢」が、高値安定している。いいかえると日本の現状の生活について驚くほど、満足していることが30年間変わらない（4節参照）。ただし他にも見られる政治参加に消極的であることを、そのせいといえるとは思えない。

4　社会価値観の国際比較
　こんどは日本人と外国人、あるいは外国人相互の価値観の相違を検討しよう。

　1）国際比較の注意
　社会価値観の国際比較をするに当たっては、翻訳の問題の他に言語表現の仕方というか、国民性による回答の仕方による違いに注意しなければならない。
　1°　まず翻訳の問題がある。世論調査の質問文は小説や論文と違い、前後の関係で分かるとか、思いきった意訳により真意を伝えるということは許されない。質問文は俳句のように完結した短い文章であるが、俳句と違い、言外に真意を伝えるというのではなく、ニュアンスをすべての人に、同じように明瞭に理解させなければならない。
　日本語でオリジナルな質問を作りそれを翻訳する場合は、その翻訳された外国語の質問を、別の人、できれば複数の人に、日本語に訳し直してもらって、オリジナルな質問文と比較することが望ましい。

なお選択肢の単語や熟語の翻訳は特に注意が必要である。例えば性格を表わす単語を列挙し、そのなかから選択させる場合、「勤勉」をhardworkingとするかdiligentにするか、「知的」はintellectualなのかintelligentがよいのか、問題である。まして「淡泊」などに対応する外国語は存在しない。
　社会階層の分類でも、日本やアメリカでは上流（upper class）、中流（middle class）、下流（lower class）というが、イギリスの調査ではlower classは使わずworking classとなっている。フランスの調査で上流がclasse aiséeというのもあった。その使い分けが日本などの3分類と対応するものであろうか。
　またある国際比較調査の初めの調査では、「あなたは自国の社会に満足していますか、それとも不満ですか」という質問を「Are you satisfied with your society?」と訳していた。
　ところが日本語が流暢なアメリカ人社会学者が、アメリカ人はsocietyといえば、腐敗したhigh societyを考えるから適当でないと主張し、次のように変更した。
　Are you satisfied with the way things are in our country or not?
　しかしやはり日本語に詳しいイギリスの社会学者は、「社会」はyour societyの方がよいという。
　2° 言語習慣の相違も考えなければならない。アメリカ人はgoodとかhappyとはあまりいわないで、絶対比較級の副詞をつけてvery goodとかvery happyということが多い。しかし日本人は「非常によい」とか、「非常に幸福」というより「よい」、「幸福」を選ぶ傾向が強い。したがって、国際比較ではvery goodとgoodを合計した肯定的な意見とbadとvery badという否定的な意見にまとめて比較をする。
　3° 日本人ははっきりした「回答肢」を避け、「どちらともいえない」、「場合による」というような「回答肢」を選んだり、無回答（分からない、何ともいえない）というような曖昧な返事をする傾向が強い。表4と表4 bisに青年調査と価値観調査の、全質問の曖昧な答えの平均を示したが、他の国際比較でもそのような結果が見られる。
　4°「該当するものを、幾つでも選べ」という多項を選択する質問では、表5と表5 bisのように、日本人は選ぶ「回答肢」の数が少ない。逆にアメリカ人は「やたらに」選ぶので、どの「回答肢」のパーセンテージもアメリカ

表4 曖昧な答え、無回答の平均（青年調査）　　　　　　　　（％）

	日本	ドイツ	スウェーデン	イギリス	フランス	アメリカ	韓国	ロシア	「回答肢」*
1993	7	9	5	5	3	5	2	9	42
1988	11	8	6	6	5	4	3	15	65
1983	11	8	6	6	5	2	4	中国	42
1977	12	10	8	7	8	2			38

国は平均の大きい順　＊一部の国はこれより少ない

表4 bis　曖昧な答え、無回答の平均（価値観調査）　　　　　　（％）

	日本	イギリス	スペイン	ドイツ	イタリア	韓国	ポルトガル	アイルランド	ベルギー	フランス	オランダ	アメリカ	カナダ
2000	18	8	7	6	6	6	5	5	4	4	3	3	
1990	16	2	6	7	4	3	4	2	6	5	3	3	
1981	17	4	7	6	5			5	11	5	8	3	3
十戒	35	4	13	10	7		10	7	18	7	12	5	3

国は2000年の平均の大きい順
「十戒」はキリスト教の十戒のそれぞれが「今の人にも一般にあてはまる」か否かという質問。
1981年の比較データでは除外した

表5　「幾つでも」という質問で挙げた「回答肢」の個数の平均（青年調査）

	日本	韓国	フランス	ドイツ	イギリス	スウェーデン	アメリカ	ロシア	質問数*
1993	2.4	2.6	3.0	2.8	3.0	3.6	3.9	2.6	4
1988	2.2	2.7	2.4	2.6	2.4	3.0	3.2	2.3	9
1983	2.2	2.7	2.7	3.2	3.3	3.5	4.2	中国	4
1977	2.1		2.4	2.9	3.0	3.1	4.1		4

国は平均の小さい順　＊一部はこれより少ない

表5 bis　「幾つでも」という質問で挙げた「回答肢」の個数の平均（価値観調査）

	日本	デンマーク	ベルギー	アイルランド	スペイン	フランス	オランダ	イタリア	イギリス	ドイツ	カナダ	アメリカ
1981	2.9	3.0	3.0	3.1	3.2	3.2	3.3	3.4	3.6	3.8	3.9	4.0

国は平均の小さい順

が最も大きくなってしまう。このような質問では、各国ごとに各「回答肢」がどういう順に選ばれているかを比較した方がよい。そこで以下では多項を選択する質問は除外した。

2）各国の経年比較

まず世界青年調査の各国の経年変化を比較をしよう。表6は比較できる「回答肢」全部の差の平均値である（1998年は大幅に質問が変更されたので、比較しない）。各国とも時間がたつにしたがって差が大きくなる傾向が見られるが、16年を経過しても最大12％に過ぎないから、価値観はどの国の変化

表6　青年調査の各国の経年変化（「回答肢」の差の平均％）

調査の間隔	6年	5年	5年	11年	10年	16年
調査年 調査年	1977 1983	1983 1988	1988 1993	1977 1988	1983 1993	1977 1993
「回答肢」数	100	113	90	100	88	81
イギリス	3	3	5	3	6	6
ドイツ	4	4	5	4	6	5
日本	3	3	5	4	6	6
アメリカ	3	3	6	3	6	7
フランス	4	3	5	5	6	6
スウェーデン	6	4	8	7	8	12
韓国		4	5		7	

国の配列は合計の小さい順

表7　青年調査の各国の「回答肢」の差の大きさ別の「回答肢」の数

	差	ドイツ	日本	イギリス	アメリカ	アメリカ	スウェーデン	韓国
1988年 と 1993年 （5年差）	5％未満	61	56	53	62	52	45	53
	5％〜15％未満	26	32	34	24	30	28	33
	15％以上	3	2	3	4	8	17	4
	計	90	90	90	90	90	90	90
1977年 と 1993 （16年差）	5％未満	58	42	47	44	40	28	
	5％〜15％未満*	19	34	29	29	30	31	
	15％以上	4	5	5	8	11	22	
	計	81	81	81	81	81	81	

国の配列は＊の小さい順

も同じ程度で、大きなものとはいえない。

　この表6は「回答肢」全部の平均値であるが、表7では個々の「回答肢」の差をみることにする。ただし表3とブレイク・ダウンが違う。1993年と5年前の1988年の90の個々の「回答肢」別の差を見ても、15％以上の差、すなわち調査誤差とは考えられない差がある「回答肢」は僅かである。しかも16年を隔てた1977年と1993年の差が15％を超える「回答肢」も、ごく僅かである。少し大胆にいえば、10年から16年くらいたっても、若者の意見の雰囲気に変化は見られない。

　そうして1977年と1993年の6ヵ国の81個の「回答肢」のうち、4つ以上の国でそろって15％以上の大差となった「回答肢」はない。3ヵ国で大きく変化した「回答肢」も21個に過ぎない。すなわち価値観の変化は国によって

表8　価値観調査の2000年と1981年の差の平均と各「回答肢」の差の大きさ別の「回答肢」の数

	フランス	スペイン	ドイツ	アイルランド	イタリア	日本	ベルギー	アメリカ	イギリス	オランダ
差の平均（％）	7	7	8	9	9	8	10	8	12	11
5％未満	48	48	49	50	36	41	15	47	37	35
5〜15％未満	30	33	29	20	41	35	51	27	31	25
15％以上＊	10	12	12	16	16	17	18	19	20	24
「回答肢」数	88	93	90	86	93	93	84	93	88	84

国の配列は＊の小さい順

別々で、どこでもそろってグローバルに変化した価値観はない。

　表8は欧州価値観調査の1981年と2000年すなわち19年間の差の平均値は、10ヵ国とも10％前後（7〜12％）である（イギリスの資料はミスプリントらしいものがある）。「回答肢」を個別に見ると、15％以上の差が出て、価値観が変わったと断言できるものは各国ともごく少なく、大部分の国で「回答肢」の半分以上が調査誤差範囲（5％未満）の差に止まっている。

　そうして10ヵ国がそろって15％以上の差を生じた「回答肢」は一つもない。9ヵ国の差が15％を超えた「回答肢」は3つ、5ないし7ヵ国が7「回答肢」であるから、やはり価値観の変化はローカルなものと見られる。どちらかというと社会や政治に関係のあることの方が、個人生活に関することよりそろって変化する傾向がある。

　表6の青年調査の16年の差の平均値と、表8の欧州価値観調査の19年の差の平均値とは余り違わない。しかし「回答肢」を個別にみた場合、大きく変わったもの（15％以上）は欧州価値観調査の方が青年調査より多少多めである。これは質問の違いによるものであろう。

　以上、これらの結果から、どの国でも5年や10年では、価値観に大きな変化はないし、ここで比較したような先進諸国では、1国だけきわだって変化することもない。

　なお青年調査で（表6の左半分）の5年間の差を見ると、どの国でも1988年と1993年の間が大きい。しかしNHK調査ではこの5年間の差は比較的小さく、国民性調査でも大きいとはいえない（もちろん調査対象が違うが）。従ってこれだけのデータから先進諸国民の意見が、一番大きく変化したのはいつかという問題に答えるわけにはいかない。むしろここで取り上げたような先進諸国の国民性とか価値観というようなものは、歴史的大事件でもない限り、かなり安定したものであり、長期間に変化する価値観は、少しずつ変

化し、一定の値に収斂していくものではないだろうか。

　3）日本人と欧米人の価値観の相違
　表9の上段は毎回の調査の日本人と欧米5ヵ国の「回答肢」の差の平均を計算したものである。例えば1998年調査では日本の青年と意見が一番近いのはドイツの青年であり、100個の「回答肢」の差の平均値は10％であった。次はフランス、以下アメリカ、スウェーデンの順で、最も大きな差があったのはイギリスの青年で、日本の青年と平均16％の差があった。
　この差の最小値と最大値の差は6～7％にすぎない。ということは日本の青年はどの国の青年とも同じ程度に、差がないということになる。しかし各

表9　日本と各国の差が小さい順位（青年調査）

	順位→	1	2	3	4	5	最少	最大	回答肢
差の平均	1998	ドイツ	フランス	アメリカ	スウェーデン	イギリス	10	16	100
	1993	フランス	ドイツ	イギリス	スウェーデン	アメリカ	12	14	90
	1988	フランス	ドイツ	イギリス	アメリカ	スウェーデン	11	16	115
	1983	フランス	ドイツ	イギリス	アメリカ	スウェーデン	12	18	113
	1977	フランス	ドイツ	アメリカ	イギリス	スウェーデン	10	17	100
15％以上の差	1998	ドイツ	フランス	アメリカ	スウェーデン	イギリス	22	44	100
	1993	イギリス	スウェーデン	フランス	アメリカ	ドイツ	28	34	90
	1988	フランス	ドイツ	アメリカ	イギリス	スウェーデン	32	59	115
	1983	フランス	ドイツ	アメリカ	イギリス	スウェーデン	36	60	113
	1977	フランス	ドイツ	アメリカ	イギリス	スウェーデン	24	51	100
多数意見対立	1993	スウェーデン	イギリス	フランス＝	ドイツ	アメリカ	3	8	35
	1988	フランス	ドイツ	イギリス＝	アメリカ	スウェーデン	6	10	41
	1983	フランス＝	ドイツ	アメリカ	イギリス	スウェーデン	6	10	44
	1977	フランス	ドイツ＝	イギリス	アメリカ	スウェーデン	3	11	39

＝は同じ順位
最少、最大の上段は％、中段は「回答肢」数、下段は質問数

表9 bis　日本と各国の差が小さい順位（価値観調査）

	順位→	1	2	3	4	5	6	7	8	9	最少	最大	「回答肢」
差の平均	2000	ドイツ	ベルギー	フランス	スペイン	イギリス	イタリア	オランダ	アイルランド	アメリカ	13	24	84～93
	1981	ドイツ	オランダ	フランス	ベルギー	スペイン	イタリア	イギリス	アイルランド	アメリカ	14	25	93
15％以上の差	2000	ドイツ	ベルギー	イギリス	フランス	スペイン	イタリア	アイルランド	オランダ	アメリカ	33	55	84～93
	1981	ドイツ	オランダ	フランス	ベルギー	スペイン	イタリア	イギリス	アイルランド	アメリカ	36	60	93
多数意見対立	2000	ドイツ	フランス	イギリス	オランダ	ベルギー	スペイン	イタリア	アイルランド	アメリカ	9	16	42～46
	1981	フランス	ドイツ	オランダ	ベルギー	イギリス	イタリア	アメリカ	スペイン	アイルランド	13	20	46

最少、最大の上段は％、中段は「回答肢」数、下段は質問数

国との差は余り違わないが、日本の青年に近い順位は毎回よく似ている。

　中段は日本の青年と15％以上の差があった「回答肢」の数に注目したものである。1998年に15％以上の差があった「回答肢」は日独では22で、最も少ない。日英では44で最も多い。表の左側はその「回答肢」の数が少ない順位を示している。最小と最大の開きは小さくない。しかしこちらも毎回の順はほぼ安定していて、また上段の差の平均の順によく似ている。

　表9の下段には、各質問の日本の青年の多数意見と欧米の青年の多数意見が食違いが少ない順位を示した。例えば1993年には35の質問のうち、日本とスウェーデンではで一番多く選択された「回答肢」が3問で食い違っていたが、アメリカとは8問であった（スウェーデンのデータは変動が大きいが、調査に問題があるのかもしれない）。

　この下段の順位も上段、中段とほぼ同様で、日本の青年とフランス、ドイツの青年の価値観が近く、アメリカ、スウェーデンの青年との差はそれより大きい。

　表9 bisは欧州価値観調査の2回の調査で、青年調査と同じ方法で、日本人との価値観の遠近を調べたものである。やはり日本人はドイツ人、フランス人と似た考え方をしているが、アメリカ人とはかなり違った価値観をもっている。

　以上を通して見ると、日本人や各国民相互の社会的価値観は、質問によって違った結果になる。しかしあえていえば、EUの中心部の国民はほぼ共通の価値観をもっている。そして彼らはスカンジナヴィア諸国民、アイルランド人より日本人に近く、アメリカ人の価値観はEU周辺国民よりさらに遠い。

　4）質問別にみた価値観の違い

　しばしば多数意見を世論ということがある。そこで各質問の多数意見から、日本人と欧米の人々の世論が一致しているか対立しているかを検討してみよう。

　青年調査では各国の各「回答肢」の4回の調査の平均値を計算し、各質問の多数意見を調べ、日本と比較したのが表10である。データの都合上全部で39問を検討したが、そのうちの27問ではどの国の多数意見も日本の多数意見と一致していた。逆に日本の多数意見が5ヵ国全部、あるいは4ヵ国と食い違った質問はなかった。したがって一般に日本と欧米の青年の世論は量的に

は違うことがあっても、質的には似ているということができる。
　この表のほとんどの質問では、日本の青年の多数意見は消極的、否定的な態度である。対立している欧米人の多数意見は肯定的、積極的ということになる。破線から上は本人の日常生活に直接かかわる問題であるが、多数意見を異にする国は1、2ヵ国に過ぎない。しかし破線の下は社会との関わりあいであり、こちらは5ヵ国中3ヵ国と多数意見が対立する（最下行を除く）。
　個別の質問の多数意見の相違は表10で分かるが、表11では質問をテーマ別にまとめてみた。今度は4回の調査の平均ではなく、各質問の毎回のデータを直接当たってみた。そうすると家庭問題についての質問は延べ60回質問されているが、日本の多数意見と対立する質問が8回を超える国はない。個人的態度でも63問中12を超える国はない。しかし社会問題の46の質問ではフラ

表10　多数意見が日本と対立する質問（青年調査）

質問	日本の多数意見	国数	対立する国
青年42	宗教は大切でない	1	米
青年35	社会のためより，自分の生活充実	1	米
青年6.2	父は社会生活を指導している	1	端
青年9.2*	母に経済的独立を望む	2	英　端
青年9.5*	母が社会への関心を持つように	2	英　端
青年10	生活力に応じて親を養う	2	仏　米
青年15	卒業後も機会があれば学びたい	1	独
青年48	結婚はすべきだ＋したほうがよい	3	仏　英　端
青年37	政治参加は選挙権行使のみ	3	仏　米　端
青年38	自国に不満	3	独　米　端
青年36.3	国のため犠牲にならない	3	英　米　端
青年36.2	自国に役立ちたい	1	独

各国の4回の調査の平均による比較
他の質問では日本と対立した国はない
＊1988年調査の番号

表11　テーマ別の多数意見が日本と対立した「回答肢」の数（青年調査）

テーマ	質問延数	フランス	ドイツ	イギリス	アメリカ	スウェーデン
家庭問題	60	5	2	7	3	8
個人的態度	63	9	7	8	12	11
社会問題	46	8	19	14	19	20
計	163	22	28	29	34	39
％	100	13	17	18	21	24

1977年から1993年までの4回の合計

ンス以外の青年と日本の青年は、3割以上の質問で、多数意見が食い違っている。

　欧州価値観調査の2000年と1981年の調査について、同様の作業をした。全部で46問のうち21問で、日本人と各欧米人の多数意見は一致していた。9ヵ国のうちの半分を超える5ヵ国以上が対立した質問を表12に示した。宗教についての質問では、日本人の多数が無関心あるいは否定的であるが、欧米では肯定的である。これは質問が西ヨーロッパの社会学者によって作られたからである。

表12　多数意見が日本と対立する質問（価値観調査）

質問	日本の多数意見	国数	対立する国
価値63	信心深くない	9	和　仏　独　白　英　米　伊　愛　西
価値68	祈り瞑想しない	8	和　　　独　白　英　米　伊　愛　西
価値67	宗教から安らぎや力感じない	6	独　白　　　米　　　愛　西
価値64C	教会は人間の精神的要求満たさず	9	和　仏　独　白　英　米　伊　愛　西
価値48A	信頼：教会を信用しない	6	仏　　　　　英　米　伊　　　西
価値65E	宗教存在：天国を信じない	5	英　米　伊　愛　西
価値66	生活の中で宗教は重要でない	5	独　白　　　米　伊　　　西
価値30	女性の充実した生活に子供が必要	7	和　　　独　白　英　米　　　愛　西
価値38D	＊権威権力尊重反対	9	和　仏　独　白　英　米　伊　愛　西
価値48C	信頼：新聞などを信用する	9	和　仏　独　白　英　米　伊　愛　西
価値48E	信頼：労働組合を信用しない	7	和　仏　独　白　英　米　　　愛
価値42	政治的に右より	7	和　仏　独　白　英　　　伊　　　西
価値40	政治関心ある	6	仏　　　白　英　　　伊　愛　西

各国の2000年と1981年調査の平均による比較　対立した国が4以下の質問は省略
和：オランダ，白：ベルギー，愛：アイルランド，西：スペイン
＊将来、権威や権力が尊重されるようになることは好ましくない

　女性と子供との関係軽視が7ヵ国で多数を占めるが、日本人は女性の生活充実のために子供が必要と考えるものが多い。マス・メディアは日本人とオランダ人だけが信頼するものが多数派である。

　日本人は政治的関心は「強い」というが、投票率はこれらの国のなかで、アメリカに次ぎ低い。政治的に「右より」が「左より」より多いのは日本とアメリカだけである。

　日本では「将来、権威や権力が尊重されることはよくない」が多数意見であるが、その他の9ヵ国はいずれも「よい」が60％以上になっている。この質問の英文は、near futureにGreater respect for authorityが起きることは、A good thing, a bad thing, or don't you mind? であるが、1990年の調査でも、ヨ

ーロッパのすべての国で A good thing が多数意見である（日本の1990年データは不明）。戦後日本人は権威主義的であるとされてきたが、このデータをどう解釈すればよいのだろうか。

　表13は各質問をテーマ別にまとめた。家庭問題、個人的態度の質問では、日本人と多数意見が対立する国は少ない。しかし宗教についての態度はフランス、オランダでは少ないが、アメリカとは延べ22の質問のうち18問で、アイルランドとは16問で多数意見が対立している。社会参加や社会批判の問題でも食違いは家庭問題、個人的態度よりはやや多めであるが、それほど多いわけではない。

表13　テーマ別の多数意見が日本と対立した「回答肢」の数（価値観調査）

テーマ	フランス	ドイツ	イギリス	オランダ	ベルギー	イタリア	スペイン	アイルランド	アメリカ	問延数
家庭問題	0	1	2	4	2	0	2	2	2	10
個人的態度	3	1	2	2	2	2	2	1	2	14
宗教	5	**12**	8	5	9	**13**	**11**	**16**	**18**	21〜22
社会参加	6	4	7	6	6	7	8	5	5	21〜22
社会批判	8	5	8	10	9	9	9	9	10	22〜24
計	22	23	27	27	28	31	32	33	37	88〜92

1991年と2000年の合計　　ゴチック数字は半数以上

　すなわち日本人と欧米人の価値観が対立することは少ないが、やはり日本人とフランス人、ドイツ人の世論（多数意見）はほぼ一致する。アメリカ人とは世論（多数意見）が対立することがかなりある。

　個人的なテーマについて対立することは少ないが、日本人は宗教に関心が薄いことで、アメリカ人とカトリックの多い国の人々と意見が分かれる。また社会的な問題の方が、個人的な問題より対立する傾向が強い。

　5）外国人相互の価値観の相違

　外国人相互の比較は組合せが多くなるので、上で述べた日本人と似ているドイツ人とフランス人、逆に似ていないアメリカ人と他の国民との比較を中心に、15％以上へだたった「回答肢」の数で比較する。

　表14の青年調査では、フランスの青年はドイツ、イギリスの青年に似た価値観を持っている。ドイツの青年は2回の調査データの順位が一致しない。アメリカとイギリスの青年の価値観は近く、日本の青年とは遠い。

　同じように欧州価値観調査を表14bisでみれば、フランス人やドイツ人に

表14　青年調査の各国の似ている順
15％以上の差があった「回答肢」の数の少ない順位

順位 →		1	2	3	4	5	最小	最大
フランス	1998	イギリス=	アメリカ	ドイツ	スウェーデン	日本	27	35
フランス	1977	ドイツ	イギリス	日本	アメリカ	スウェーデン	20	34
ドイツ	1998	日本	アメリカ	フランス=	スウェーデン	イギリス	22	29
ドイツ	1977	イギリス	フランス	アメリカ	日本	スウェーデン	19	31
アメリカ	1998	イギリス	スウェーデン	ドイツ	フランス	日本	18	35
アメリカ	1977	イギリス	ドイツ	フランス	スウェーデン	日本	18	38

＝は同じ順位
比較した「回答肢」数は1998年も1977年も100

表14 bis　価値観調査の各国の似ている順（2000年）
15％以上の差があった「回答肢」の数の少ない順位

順位→	1	2	3	4	5	6	7	8	9	最少	最大	「回答肢」
フランス	ドイツ	ベルギー	イギリス	オランダ	スペイン	アイルランド	日本	イタリア	アメリカ	7	24	84〜88
ドイツ	ベルギー	フランス	オランダ	スペイン	イギリス	日本	アイルランド	イタリア	アメリカ	5	30	84〜90
アメリカ	アイルランド	イタリア	イギリス	スペイン	フランス	ベルギー	ドイツ	日本	オランダ	84	93	84〜93

とっては、近隣諸国の人々と近い価値観を持っているが、アメリカ人は日本人より遠い意見を持っている。アメリカ人にはアイルランド人が一番近く、次はイタリア人で、イギリス人は3番目である、これはこの調査で宗教についての質問が多かったことも影響しているであろう。

すなわちどのデータを見ても、ヨーロッパ大陸の人々にとって、日本人の価値観はアメリカ人より親近感があり、日本人とアメリカ人は、互いに遠い価値観をもつ国民ということになる。

結論に当たる部分は2節ですでにまとめておいた。

第四部　1980年代以降の「世論」研究

宮武実知子

「1980年代以降」は、社会科学における時代区分として、それまでとは違う特徴をなすと考えていいだろう。厚東洋輔は戦後日本社会学を、「民主化の社会学」(1945-60年)、「高度経済成長の社会学」(1960-80年)、「ポストモダンの社会学」(1980-95年)の三期に分類して動向を論じた。1980年以降の社会学は「情報化」をキーワードとし、研究の細分化が始動した時期だという（厚東洋輔『講座社会学1　理論と方法』東京大学出版会、1998年）。また、メディア研究の分野でも、80年代以降を特徴づけるのは「情報化」であり、繰り返し取り上げられたのはジャーナリズムへの批判的言及の要請であった（「50号を記念して」『マス・コミュニケーション研究』第50号、1997年1月）。やはり主題そのものへの批判的な再検討を特徴としていると言えよう。世論研究にも、やはり同じことがいえる。

　1980年以降の「世論」研究における通奏低音は、「世論批判」であった。研究書でも一般書でも、世論への懐疑、世論操作への悲観的見解が目につく。世論そのものを正面から取り上げて論じる研究は少ない。世論への期待が表明されることも少ない。アメリカ型民主主義が輝かしい新制度だった時期は遠くなり、変革への情熱や期待も冷め、しかしながら、とりたてて緊急の危機にさらされているわけでもない。そうした時代には、世論研究はふるわないのかもしれない。世論に関する研究は、現在どうなっているのか。第四部では、現代の世論研究の諸相に焦点をあてつつ、その症例を概観してみたい。

　もちろん、世論批判は現代に始まったことではない。第一次世界大戦が終わってまもなく、戦勝国アメリカのW.リップマンは『世論』を書き下ろし、敗戦国ドイツのF.テンニースは大著『世論批判』を書き上げた。新聞メディアと政府のプロパガンダに対して世論なるものがいかに脆弱か、彼らは痛感したのである。そして、彼らも引用するように、すでにその半世紀以上前に、アメリカを旅したA.トクヴィルが、世論に基づく民主主義は危険なものだと書いた。ポピュリズムへの嫌悪感としての世論批判の系譜はもっと複雑で長いだろう。第一部の岡田論文が示すように、大正・昭和初期の世論研究でも、世論の妥当性についての懐疑は繰り返し表明されている。

　もう一点指摘しておきたいのは、世論を批判することの難しさである。
　私が大学院生だった頃、さる学会の分科会で「世論概念の再検討」と題し

て報告したところ、質疑応答の時間になって年配の研究者から食ってかかられた。「あなたは民主主義を否定するのか。フランス革命で獲得して以来の人類の成果を否定するのか」と、その人は感情的に詰問した。もちろん、そのようなことではない。むしろ、そうした不寛容な反発を引き起こす要因が、この「世論（よろん）」という概念には内在しているが、それはなぜなのか、というのが私の関心であった。

　別のところでも書いたように、現在の「世論」という概念は、かつての「輿論（よろん）」と「世論（せいろん・せろん）」という異なる二つの概念が合流したものである。「輿論」は、明治初期から中期にかけて、自由民権運動や新聞創設期の政治的理想として掲げられた概念である。市民が討議を経て形成した意見として想定され、政治への関与や決定権をもつべきだと考えられた。つまり「輿論」は、民主主義の正統な構成要素なのである。それに対して「世論（せろん）」概念は、明治に入ってから福澤諭吉が最初に使い始めた言葉で、省みるに値しない一般民衆の意見というニュアンスで用いられ続けた。大正期に入る頃、「輿論」と「世論」の使い分けは少しずつ曖昧になっていき、戦後、「輿」の字が廃されてからは「世論」に一本化された。「世論」と書いて「よろん」と読む現在の概念は、民主主義を成り立たせる理念としての「輿論」と、気まぐれな一般民衆の流動的な「世論」の両方を含んでいる。それゆえに、「世論（よろん）を批判的に再検討する」などというテーマを掲げると、感情的な反発を惹起してしまうのであろう。

　「世論（よろん）」概念を精査することは、健全な世論批判のために必要ではないだろうか。つまり、「世論批判」にはいくつかの位相がありうる。

　理念としての世論、つまり「輿論」的な要素に対する批判は難しい。討議的民主主義の理想を語り、礼賛することに終始してしまいがちである。このことが、ここ30年の世論研究が精彩を欠いた理想論として停滞させた理由ではないかと思われる。それに対して「世論（せろん）」的な要素を批判するのは、割に容易であろう。また、熟慮も討議もされていない「世論（せろん）」が正統な「輿論」として流通することを批判する立場も取りやすい。80年代以降、特に90年前後から、世論の役割や本質を問い直すような研究が出てきたが、これらは主に「世論（せろん）」的な側面に対する批判だと言える。

　以下では、主に1980年代以降における日本の世論研究のおおまかな動向を辿りたい。数ある世論関連の文献のなかでも、特に利用しやすいものに限る

ため、書籍としてまとまったものを中心に取り上げることにする。

I 「新しい強力効果論」と世論

　世論研究をリードしてきたのは、社会心理学であったと言っていいだろう。メディアの効果研究のパラダイムにおいては、1970年代以降、それまでの「限定効果論」に代わって「新しい強力効果論」と呼ばれる研究が次々と発表された。さまざまな理論があるなかでも、とりわけ世論が生成するメカニズムを扱った研究は、アメリカの M. マコームズと D. ショーによる「議題設定機能（the agenda-setting function）」仮説と、ドイツの E. ノエル＝ノイマンによる「沈黙の螺旋」理論であろう。これらは、現在に至るまで改良や応用が加えられつつ、有力なパラダイムでありつづけている。

　メディアが世論形成に及ぼす影響が強い、ということは、それだけ人間の理性や思考が優柔なものであることを意味する。例えば、ノエル＝ノイマンが『沈黙の螺旋理論』を発表した当初、彼女の理論は猛反発を受けたという。螺旋理論が提示した人間像が、それまでの西欧的な人間観を傷つけたからだ、と彼女は書いている。つまり、自立した人間がメディアから影響を受けたり他者の意向を気にしたりするはずがない、おどおどと他人の顔色を窺って発言を控えたりするはずがない、と感情的な反感を引き起こしたのである。現在では考えにくい反応ではなかろうか。おそらく今やわれわれは、メディアによって視聴者が操作される、という考え方に慣れきっている。メディアの効果が強力であると前提する理論的パラダイムでは、「受け手」はメディアや他者の刺激で操作されやすい脆弱なものと想定されている。すると、メディアの「強力効果」パラダイムにおいては、自立した個人が討議的に形成する「輿論（よろん）」という考え方に対して懐疑的にならざるをえない。

　こうしたメディア効果理論を紹介しつつ、日本の場合にあてはめて検討する良書は多い。

　マス・コミュニケーション研究の概説書は、研究分野の理論全体を解説するものが多かったが、田崎篤郎・児島和人『マス・コミュニケーション効果研究の展開』（北樹出版、1996年）は、影響や効果をめぐる研究に対象を限定して、効果研究の発達史を概観する。面白いのは、「新しい強力効果論」が

日本の事情に適用できるかを書いた部分であろう。

　「議題設定機能」とは、「マス・メディアが強調した争点が公衆の認知においても重要度を増す」とする仮説である。しかし、日本の政治の特質は、アメリカ生まれの仮説の前提と一致しない面もある。例えば、記者クラブ制度という日本独特の取材制度が存在することで、有権者の思いとは乖離した議題が設定される可能性もある。また、アメリカの大統領選挙キャンペーンは長い期間をかけて戦われるが、日本の衆議院選挙の場合、国会解散から40日以内、公示後約2週間で選挙が行なわれるため、選挙報道がなされる期間は短い。しかも、日本ではメディアを使った選挙活動が厳しく制限されている。アメリカ型「議題設定機能」を日本の世論形成過程に応用するには注意が必要であろう。こうした日本における議題設定機能については、東京大学新聞研究所編『選挙報道と投票行動』（東京大学出版会、1988年）が、1986年7月の衆参同日選挙を事例にして具体的に論じている。また、M.マコームズらの『マスコミが世論を決める——大統領選挙とメディアの議題設定機能』（勁草書房、1988年）を訳した竹下俊郎は、『メディアの議題設定機能——マスコミ効果研究における理論と実証』（学文社、1998年）で、日本において議題設定機能が見られるかを検証している。

　マコームズほか『ニュース・メディアと世論』（1991年。邦訳、関西大学出版部、1994年）の翻訳者である大石裕は、ジャーナリズムとニュースの裏にある「不可視の権力」に着目する。受け手がニュースという窓を通じて、社会というイメージを頭の中で組み立てていると説く大石裕・藤田信文・岩田温『現代ニュース論』（有斐閣アルマ、2000年）は、ニュースを素材にしたメディア論の入門。大石の単著としては、『ジャーナリズムとメディア言説』（勁草書房、2005年）が、ホロコーストを事例とする集合的記憶の問題や、イギリスのメモリアル・デーを事例とするメディア・イベントを取り上げて、ジャーナリズム分析の新たな手法を示し、『ジャーナリズムと権力』（世界思想社、2006年）が、「権力」という概念が持つ意味を再検討する。また、最近では、大石裕・山本信人『メディア・ナショナリズムのゆくえ——「日中摩擦」を検証する』（朝日新聞社、2006年）で、2005年春に起きた中国の大規模な反日デモについて、新聞やインターネットなど新旧のメディアがナショナリズムの生成・変容にどのような影響を与えたか分析している。中国内のネットで飛び交った言説の具体例も収録されていて、日中双方の世論を考える

上で興味深い。これらは、特定のメディア・イベントや事件によって議題が設定されて世論が形成されるような、個別の事例を分析したものとして読むこともできるだろう。

E. ノエル＝ノイマンの「沈黙の螺旋」仮説は、世論形成についてユニークな捉え方をする。まず、人々には他人の意見の分布状況（意見風土）を知覚する能力が備わっていることを前提としている。そして、人は自分の意見が他者と一致すると思えた場合、自信を持って意見を表明し、一致しないと思えば沈黙する。多数派と感じられた意見は、それによって、ますます優勢に見え、少数派と目された側の声はますます目立たなくなる。このプロセスが螺旋状に作用していくことで、公然と賛意を表明すべき「世論」が規範的な合意として成立するのである。

この仮説は、世論という概念を実証的に明らかにするにあたって、「孤立への恐怖」という心理学的な要素を導入した。これによって、個々人の心理というミクロな現象と「世論」というマクロな現象を結ぶ理論となりえたが、理論や方法の妥当性については、さまざまなレベルでの批判がある。例えば、人間に備わっているという「意見風土を読む能力」が実証されていないのではないのか、それが発言するかどうかに関わるのか、「孤立への恐怖」だけが発言動機に関わるのか、彼女が用いた列車テストなどの実験手法は適切なのか、匿名の「意見風土」を重視するあまり個々人の準拠集団の影響が無視されているのではないか、心理的側面のみが強調されすぎているのではないか、などの指摘である。また、最近になってノエル＝ノイマン自身がナチ党員であった経歴が問題視されたが、そうした自身の「孤立への恐怖」体験が仮説に投影されていると言えるだろう（拙稿「世論形成の力学」井上俊・伊藤公雄『社会学ベーシックス』世界思想社、2007年刊行予定）。

また、ノエル＝ノイマンは、メディアの影響が「沈黙の螺旋」の作動に逆効果をもたらすと考えているらしい。というのは、アレンスバッハ研究所での調査によれば、80年代以降は「沈黙の螺旋」が予想どおりに作用しない事態が生じたという。この理由について彼女は、個々人が肌で感じる「意見風土」と、メディアを通して知覚する「意見風土」にズレがあるためだと考えているらしい。その場合、匿名の他者による「意見風土」はマス・メディアが作る「意見風土」に影響されるわけではないと仮定されているが、世論形

成とマス・メディアの関連については明言されていない。

「沈黙の螺旋」を作動させる条件は、おそらく社会的・文化的な背景によって異なる。ドイツと日本では、「孤立への恐怖」を感じさせる同調圧力は違うだろうし、同じ国でも時代によって異なるだろう。また、話題が何であるかによっても同調圧力は異なるに違いない。例えば、政治や経済について一般的に話題にする場合と、倫理や価値について自説を語る場合とでは、自分が明らかな少数派であると自覚する人が直面する葛藤はまったく違う種類のものである。その場合、何を「敷居の高い話題」とするかも、文化によって異なるだろう。さらに、公の場で積極的に意見を表明するか否かという点にも、文化差があるはずである。

このように、「沈黙の螺旋」をそのまま日本に当てはめることは容易ではないが、日本の現実を理解するために発展的に応用した研究も見られる。

『沈黙の螺旋理論』初版の翻訳者・池田謙一による『転変する政治のリアリティ』（木鐸社、1997年）は、認知社会心理学的アプローチによる投票行動を検証した。1993年から1995年にかけて継続的に行なわれた調査データがもとになっている。このなかで池田は、マス・メディアの影響力について、ニュースのバイアス、記事や報道に登場する知識人や市民（エグゼンプラー）の効果、メディアへの接触・信頼の効果などの要素から検討している。導き出された結論は、マス・メディアが投票に直接の影響を及ぼす効果に関して否定的なものであった。

池田とともに『沈黙の螺旋理論』の第2版（ブレーン出版、1997年）を翻訳した安野智子の『重層的な世論形成過程——メディア・ネットワーク・公共性』（東京大学出版会、2006年）は、「ソーシャル・ネットワーク」と「公共性」という概念をキーワードに世論形成過程を検証する。「沈黙の螺旋」理論を日本のデータで実証的に検証しただけでなく、世論形成のメカニズムを解明するための重要な示唆を含むと思われるため、以下、詳述したい。

ノエル＝ノイマンの『沈黙の螺旋理論』に対する代表的な批判は、①「準拠集団」の影響力や情報認知における個人差が過小評価されている点、②世論の変化が生じる契機についての説明が不十分な点に対して寄せられることが多い。そこで安野は、これらの問題点を克服する形で、現代日本の世論形成過程を再検討した。

「準拠集団」とは、言い換えれば、各人の「世間」であろう。人々は通常、

かなり意見や態度が似た人と付き合い、限られた範囲で生活する。安野は、1998年に豊島区民を対象にしたデータを用いて、等質なネットワークが存在することと、政党支持という態度に関して「世論のクラスター」を形成する傾向にあることを示した。また、2001年に高松市民を対象におこなったスノーボーリング調査から、それぞれの等質な準拠集団によって情報接触の仕方が異なり、情報量や知識に偏りがあることが明らかになった。こうした「島」状の対人ネットワークにとっては、マス・メディアやインターネットが提示する社会全体に関する情報は、ローカルな「島」のなかの少数派を勇気づけて残存させる可能性があるという。意見分布のクラスターに着目することで、「マス・メディアが社会を均質に染め上げる」とする一般的な理解とは異なる「メディアと世論」の関係を提示していて興味深い。

　こうしたネットワークの存在は、世論の変化にどのように作用するのだろうか。それぞれ分立した準拠集団に属する人々は、異なる態度や関心にもとづいて異なるロジックを用いる。具体的には、決して自分の意見を変えないハードコア層と分類される人々は、等質性の高いネットワークに囲まれており、世間の意見分布を推測する際に自分の意見から推測するし、行動に際しては身近なネットワークを参照する。つまり、閉じられた社会に住んでいるために、孤立を感じることも世論に左右されることもない存在だと思われる。それに対して、非ハードコア層はマス・メディアを情報源として世間の意見分布を推測し、行動に際しては広い社会一般を参照するという。つまり、ハードコア層と非ハードコア層に分類して分析することで、ノエル＝ノイマンが「沈黙の螺旋」と呼んだ世論形成過程をより明らかにできる可能性がある。

　では、このように意見の方向性も関心の度合いも違う人々が、どのように世論を形成するのだろうか。ノエル＝ノイマンの仮説が示唆したハードコア層の存在は、社会全体が単一のロジックで世論を形成するわけではない、ということを意味する。しかし、従来の世論過程研究では、準拠集団の違いや争点態度の方向性によってロジックが異なることをモデル化する試みはなされてこなかった。そこで安野は、「異なる意見に対する許容範囲」の変化に着目する。人は全体の意見分布についての情報がもたらされたとき、突然に同調行動をとるわけではないだろう。現実の態度変容に先だって許容範囲の変化が生じ、異なる規範を容認することから世論や規範が変化する、というモデルが想定される。こうした態度の「幅」が生じるのは人々が「何が公共

的に最善か」を判断しようとするからだ、と安野は考える。残念ながら現段階で検証されているとは言い難いが、このモデルは世論形成過程を解明する重要な鍵となる可能性があり、より精緻な検証が進むことが期待される。

　世論形成を理論的に精察したものとしては、竹内郁郎『マス・コミュニケーションの社会理論』（東京大学出版会、1990年）がある。マス・コミュニケーションが支配的なコミュニケーションとなった現代社会では、世論形成における相互作用のあり方が合理的性格を失いつつあるという。送り手と受け手の相互作用が一方通行的になっていると同時に、受け手同士の相互作用も生起しにくいからである。しかし、こうした理解はテレビ時代のもので、90年代半ば以降のメディア事情をうまく説明しないかもしれない。

　世論を形成するアリーナである「公共圏」について書かれたものも多い。公共性という概念が、メディアや世論形成との関連において頻繁に論じられるようになったのは、1973年にJ.ハーバーマスの『公共性の構造転換』初版が翻訳されてからであろう。その後、1989年の東欧革命がこの理論にアクチュアリティが与えたと感じられたため、1990年にドイツで第二版が刊行され、1994年にその邦訳が出版された。また、従来は「公共性」と訳されてきたエッフェントリッヒカイトというドイツ語に「公共圏」という空間的な造語があてられるようになり、世論とは言説の公開と他者との共同によって形成されるものであるという前提が明示されるようになった。

　ハーバーマスが説く政治的公共圏を再建する道について、花田達朗はマス・メディアの改革によるコミュニケーション空間の再活性化に期待を寄せる。公共圏概念を中心にして「パブリックなるもの」をめぐる議論の素材を広く求めた論文集が、花田達朗『公共圏という名の社会空間──公共圏、メディア、市民社会』（木鐸社、1996年）。その後、公共圏概念に検討を加えつつ、その概念の有効性と限界、継承と発展について論じたものが、『メディアと公共圏のポリティクス』（東京大学出版会、1999年）である。そのなかで花田は、ハーバーマスの規範的な解釈から離陸して、公共圏という概念を社会空間のひとつのカテゴリーとして捉える。そして、空間論的な可能態として公共圏を捉えるため、コミュニケーション様式論・欧州統合とメディア政策・多文化主義と教育・メディアの倫理・放送政策批判など、多様な主題から縦横に論じている。

阿部潔『公共圏とコミュニケーション――批判的研究の新たな地平』（ミネルヴァ書房、1998年）は、批判的研究の潮流を論じて、今後の展開における「公共圏」概念のもつ可能性を検討する。「高度情報化社会」や「マルチメディア時代」が盛んに語られるが、メディア／コミュニケーションを論じる言説はむしろ衰弱してきているのではないかと問う。現状追認的に情報化の趨勢を肯定したり未来像を賞賛したりするだけでなく、冷徹にその動向に潜む意味を見極める必要があるという。そこで、批判的研究としてフランクフルト学派とカルチュラル・スタディーズとを取り上げて、両者の媒介項として公共圏概念に着目して今後の展望を明らかにしようと試みている。

　公共圏の理論をジャーナリズム論に取り入れたのが、林香里『マスメディアの周縁、ジャーナリズムの核心』（新曜社、2002年）であろう。「ジャーナリズムとは何か、マスメディアとどう違うのか」という問いに実直に立ち向かい、ルーマン、ハーバーマス、デューイなどの思想を通じて、「世論」「公共圏」「パブリック」などの概念を検討している。そして、ジャーナリズム精神と民主主義の蘇生の可能性を、日本・ドイツ・アメリカの「周縁的」な試みのなかから探る。林は、N. ルーマン『マスメディアのリアリティ』（木鐸社、2005年）の翻訳も手がけているが、流行ドラマのファン1300人を調査した『冬ソナにハマった私たち――純愛、涙、マスコミ……そして韓国』（文藝春秋、2005年）は、周縁的な現象を手がかりにしたジャーナリズム研究の実践と言えるかもしれない。なお、テレビドラマの影響力に関する社会心理学研究には、岩男寿美子『テレビドラマのメッセージ――社会心理学的分析』（勁草書房、2000年）がある。テレビで暴力や性描写が視聴者に与える影響について、1977年から1994年にかけての番組の内容分析を行なっている。また、輸出や輸入された番組の分析から、国際理解の促進面と阻害面を指摘して、視聴者としての日本人の特性を考察している。

II　テレビ政治の世論形成

　1980年代以降、メディアと政治の関係は変化した。日本の政治学で「メディアと政治」が重要な研究テーマとして位置づけられるようになったのも、その前後からだと言われる。特に政治学では選挙とメディアに関心が偏ってきたため、民主政治の日常におけるメディアの役割には、ほとんど関心が払

われてこなかった。

　まず日本における「テレビ政治」の歴史を概観しておこう。テレビ政治史の概論はさまざま出ているが、星浩・逢坂巖『テレビ政治――国会報道からTVタックルまで』（朝日選書、2006年）は、ベテラン政治記者と政治学者がそれぞれ、自らの体験と各種データにもとづいて執筆しており、それぞれの箇所を読み比べるのも面白い。

　逢坂巖は、テレビ政治期を三期に区分する。まず「第一次テレビ政治期」は、政治家のテレビに対する意識と行動が上昇した1950年代から60年代。その後、70年代から80年代にかけてテレビ利用が停滞した「第二次テレビ政治期」を経て、80年代末からの「第三次テレビ政治期」が現在まで続いている。

　1953年のテレビ本放送開始からまもなく、55年には総選挙の開票速報が、57年10月にはNHKで「国会討論会」が放送された。しかし当時はまだ政治報道に関しては新聞が主流でテレビの影響はさほど大きく見積もられていなかった。1960年、岸信介首相の後任として登場した池田勇人は、親しみやすいイメージを作るよう気を配り、総選挙を前にした同年11月には、自民・社会・民社の三党党首によるテレビ討論会を開催させている。テレビ発達史としては、1972年6月17日の佐藤栄作による首相退任記者会見が、テレビが新聞を凌駕した画期的事件とされる。佐藤は、「偏向的な新聞は大嫌いだ」と宣言して新聞記者の退席を促し、「国民に直接話したい」とテレビカメラに向かって退任の弁を述べた。

　テレビをめぐる政治家のテレビ活用が本格化したのは、80年代後半以降の「第三次テレビ政治期」である。1982年に総裁に就任した中曽根康弘は「パフォーマンス」に長けた政治家であった。党内の地盤の弱さを補うために、盛んにテレビ出演して、政策への理解を国民に対して訴える戦略を採用した。そうしたテレビへの露出は内閣の支持率を高めて、5年の長期政権を維持させたといわれる。

　テレビ番組の報道化が進んだのも、この頃であった。わかりやすさを追求した時事ニュース番組を手がけたのはテレビ朝日系列が早かった。1985年10月に「ニュースステーション」が、87年4月に「朝まで生テレビ！」が放送を開始した。日曜朝に政治家が生出演するタイプの番組も次々と登場する。87年10月にTBS系で「サンデーモーニング」、89年4月にテレビ朝日系で「サンデープロジェクト」、92年4月にフジテレビ系「報道2001」が始まり、

日曜の朝の政治番組がそろい踏みする。各社のニュース番組の競争が繰り広げられるなか、政治と金をめぐって国民の注目を集める事件が相次いだ。1987年、竹下登が消費税導入を目指したが、翌88年6月にリクルート事件が発覚して辞任に追い込まれる。後継した宇野宗佑は愛人スキャンダルが騒がれ、「愛人女性」がテレビ出演して証言したことで批判が高まり、参院選大敗の責任を取って退陣した。

　金銭問題と女性問題への反発も作用して、1980年代後半は、政治の場における女性の力が注目されるようになった。1984年に社会党の土井たか子が憲政史上初めての女性党首となり、はっきりした言葉遣いで人気を得た。また、1989年の第15回参議院議員通常選挙では社会党が大きく得票を伸ばして「マドンナ旋風」と呼ばれるブームを起こした。被選挙人に女性が増えただけでなく、この時の選挙は「女性票が政治を変えた」とも言われた。女性というジェンダーに焦点を当ててメディアと政治を扱った研究に、青木泰子『世論民主主義——女性と政治』(早稲田大学出版部、1991年)がある。ただ、本書の刊行は竹下政権が倒れた直後の時期であったため、イメージやパフォーマンスによって世論が動いて政治に変革をもたらす「世論民主主義」が非常に肯定的に捉えられている。

　この頃からテレビの報道番組への出演を通じて、突発的な人気を得るタイプの政治家が次々現われては消えるようになった。
　1993年7月の総選挙で自民党が過半数割れを起こし、8月には非自民の細川連立政権が発足した。同年10月、テレビ朝日報道局長・椿貞良が「非自民政権が生まれるよう報道せよと指示した」と発言したことが発覚して、メディア報道の恣意性と世論操作に注目が集まった。結局、報道傾向による世論操作の影響は明らかにはならなかったが、細川護熙はそれまでの首相には考えられなかったような国民的な人気を獲得した。蒲島郁夫『政権交代と有権者の態度変容』(木鐸社、1998年)は、55年体制の崩壊をもたらした1993年総選挙とその後の政治変動期について、有権者の態度変容に焦点をあてて実証的に分析している。
　突発的な人気者が生まれる現象について、大嶽秀夫『日本型ポピュリズム——政治への期待と幻滅』(中公新書、2003年)は、ポピュリズムという概念を用いて分析した。政治不信が増す一方で、突発的な人気を得て政治への期

待を極度に高めた政治家がたびたび現われてブームを起こした。細川護煕・菅直人・橋本龍太郎・加藤紘一・田中真紀子・小泉純一郎などである。大嶽は、このように政治を「善玉」と「悪玉」の二元論で捉える「道徳主義」と批判し、マスコミや世論が政策を判断する傾向を改めない限り、不安定な政治と深刻な経済不況という課題を解決することは不可能だと喝破した。

萩原滋編著『変容するメディアとニュース報道』(丸善、2001年) は、人気政治家の一人である石原慎太郎の都知事選について、選挙報道の内容分析を行ないテレビ報道の問題点を指摘した。萩原は1999年東京都知事選の報道傾向を分析した結果、テレビの選挙報道は、争点や問題について継続して伝えようとする姿勢を欠いていることを明らかにした。また、NHKと民放の立場の違いは、選挙報道の傾向の違いとなって現われているという。告示前は民放ではテレビ討論が盛んに行なわれたが、告示日を境にNHKが政策を伝えるうえで主導的な役割を果たすようになる。民放は公平性への配慮を意識しすぎてか、選挙期間中の報道は質量ともに抑制されて、消極的な報道姿勢を示すことが分かった。新聞よりテレビの方が、そしてテレビのなかでは民放の方が、こうした報道のムラが大きい。総じて、新聞とテレビ、テレビに関してはNHKと民放、また民放のなかでは報道番組と情報番組、さらに情報番組のなかではモーニングショーとワイドショーという具合に、それぞれの役割・機能が分化している様子が示された。同じ著者が編んだ、萩原滋・国広陽子編『テレビと外国イメージ——メディア・ステレオタイピング研究』(勁草書房、2004年) は、テレビ番組の内容分析と外国イメージの関連を検証している。

さらに小泉純一郎政権が成立して以降、政治の「劇場化」が問題視されるようになった。「ワイドショー政治」とも呼ばれた小泉政権とメディアについては、藤竹暁『ワイドショー政治は日本を救えるか』(ベストセラーズ、2002年)、谷藤悦史『現代メディアと政治——劇場社会のジャーナリズムと政治』(一藝社、2005年) をはじめとする多くの研究で、政治の劇場化と民主主義の観点から取り上げられている。

とりわけ、2005年9月の「郵政選挙」である。第44回衆院総選挙は、郵政民営化法案が8月の参院本会議で否決されて断行された。小泉純一郎は、閣議で解散を決めた記者会見で「郵政民営化に賛成か反対か」と自らアジェンダを設定し、造反議員への対抗馬が「刺客」と呼ばれてワイドショーの注目

を集めるなどした。メディア利用の巧みさが知られていた小泉政権によるパフォーマンスのクライマックスであり、こうした一連の現象は「小泉劇場」と呼ばれた。小泉が得意としたメディア戦略を評価する立場の例としては、草野厚『テレビは政治を動かすか』（NTT出版、2006年）がある。総選挙に当たっては、自民党幹事長補佐に起用された参院議員の世耕弘成のメディア戦略が、広告代理店と提携したりマーケティング手法を取り入れたりして、新しい政治宣伝の段階を拓いたとして注目された。自民党のコミュニケーション戦略本部の活動については、鈴木哲夫『政党が操る選挙報道』（集英社新書、2007年）が詳しい。

　今や政治家はテレビを利用するようにもなったと意識され、メディアと政治と世論が密接な関係にあると印象づけた。蒲島郁夫・竹下俊郎・芹沢洋一『メディアと政治』（有斐閣アルマ、2007年）は、こうした現状を捉えなおして、政治学・社会学・ジャーナリズムのそれぞれの立場からメディアと政治の問題にアプローチしている。そのなかで蒲島は、従来の日本政治の理論モデルのなかで扱われてこなかったメディアの役割を重視した「メディア多元主義モデル」を提示する。このモデルは、マス・メディアには強い影響力があり、特に世論形成能力があるとみなす。メディア報道が人々の感情の波を引き起こして政策決定者に影響を及ぼすという仮定は、「世論の力」を検証可能にするモデルであると言える。

　外国の事例に関する研究も、今後の日本におけるメディアと世論を展望するうえで参考になるかもしれない。
　アメリカ大統領選挙では、テレビが果たす役割は大きい。1952年に共和党のアイゼンハワー陣営が初めてテレビでスポットCMを放映して以来、活発な選挙CMが活用されている。ポジティヴなCMだけでなく、64年の民主党ジョンソン陣営が流した悪名高い「ひなぎく」以降、ネガティヴ広告も作られる。国土が広くて人口が分散しているアメリカにおいては、テレビCMは安上がりで効率的な選挙キャンペーンであった。また、1960年の共和党ニクソンと民主党ケネディによる「グレート・ディベート」の放映が選挙の趨勢を決定づけ、テレビ映りの良さとイメージ戦略が重視されるようになった。
　80年の大統領選挙で勝利したレーガンは、自身のイメージを作り上げるために、とりわけ戦略的にテレビを活用した。絵になるシーンや、テレビにと

って使いやすい言葉を提供することで2期にわたって人気を維持した。88年の大統領選挙では、民主党のデュカキスと共和党のブッシュ（父）がネガティヴ・キャンペーンの応酬をしたことで知られる。最初に仕掛けたのはブッシュ陣営で、やがてネガティヴCMに消極的だったデュカキスも対抗したキャンペーンを行ない、「最も汚い選挙戦」と呼ばれた。この88年大統領選挙の事例を詳細に取り扱ったのが、飽戸弘『メディア政治時代の選挙』（筑摩書房、1989年）である。予備選挙から党大会を経て一般選挙までを時系列的に描き、その背後で動く政治コンサルタントの役割にも触れた。

　92年の大統領選挙は、現職のブッシュに民主党のクリントンと無所属のペローが挑んだ。このとき、挑戦者の二人は新聞や報道番組ではなく、娯楽性の強いトークショーや音楽番組に出演するなど、新しいメディア戦略を取り入れた。その後も、さまざまなマーケティング手法や広告技術を活用して、メディア仕掛けの政治は進化を続けている。

　では政治のインターネット利用はどうだろうか。アメリカのネット選挙の始まりは、候補者が商用ネット上で宣伝を始めた1992年の大統領選と言われる。本格的に公式サイトが設営されて選挙キャンペーンに組み込まれたのは、1996年のクリントン対ドールの選挙戦。ボランティアの登録だけでなく、選挙資金を受け付けるページも儲けられ、電子メールやメーリングリストの活用も始まった。2000年選挙では、予備選挙で自宅のパソコンからの電子投票システムが導入されたり、ネットによる党大会の生中継やチャット討論会も行なわれ、テレビ討論会への反論や支持をメールで転送するシステムも導入された。2004年には、民主党の候補者が、ブログの巧みな活用などで多額の個人献金を集めて注目された。

　ネットを活用した政治活動は、韓国の事例が注目される。2002年の大統領選挙で盧武鉉が当選したのは、インターネットにおけるファン・クラブが果たした役割が強かった。2000年総選挙の際に、地盤とは異なる地域から出馬して敗れた盧武鉉に共感した支持者が作ったサイトである。各地で行なわれた遊説や討論会の動画が公開され、資金集めや世論喚起にも効果を発揮していると言われる。地域主義が根強いと言われていた韓国で、地縁を超える選挙活動が発達したのは興味深い。この間の経緯は、玄武岩『韓国のデジタル・デモクラシー』（集英社新書、2005年）に詳しい。盧武鉉当選に大きな役割を果たしたインターネット新聞「オーマイニュース」については、主催者

である呉連鎬の『「オーマイニュース」の挑戦』（太田出版、2005年）が翻訳されている。

III　世論調査を読む力

社会調査というものを根底から捉えなおす試みや、データ解釈の恣意性について説くものも目につく。

世論調査の社会学的批判としては、P. ブルデューが1970年代初めに書いた論文がよく知られている。設問をつくる者が実はその回答を規定して世論をつくってしまうこと、回答者それぞれの意見が等価のように扱われること、それによって安易な民主主義幻想をふりまくおそれがあること、などの点に警鐘を鳴らした（「世論調査、学者なき「科学」」『構造と実践』石崎晴己訳、藤原書店、1991年；「世論なんてない」『社会学の社会学』田村音和監訳、藤原書店、1991年）。

ブルデューの後継者である P. シャンパーニュは、「今日民主主義を脅かしているのはおそらく、政治学者がおぞましいものとして挙げる全体主義よりも、むしろ世論調査がそれに反してきわめて直接に助長するデマゴギーと冷笑的態度であろう」（『世論をつくる──象徴闘争と民主主義』1990年、邦訳：藤原書店、2004年）とまで書く。フランスの世論調査は現在ではインフレ状態にあるが、「世論調査はしばしば政治界の一般民衆への見せかけの開放でしかない」とシャンパーニュはいう。民衆の名において民衆が同意できない政治がおこなわれる可能性もあるのではないか、と世論調査に内在している正統性を付与する機能を批判する。

むろん、フランスと日本の世論調査をめぐる事情は、かなり異なる。フランスでは、1938年のミュンヘン会談の結果について初めて世論調査が実施されて以来、1960年頃まで調査結果は一般には公表されず、政治世界だけに限られていた。1965年の大統領選挙（ドゴール対ミッテラン）で世論調査は急速に勢いを増し、テレビの普及と相まって、メディアを支えて利益をもたらす「製品」となったという。以来、フランスでは世論調査のインフレが進行し、現在ではさまざまな日常生活の行動を対象とした調査までが氾濫する。日本では、戦前から新聞や雑誌でも読者に対する手軽な「輿論調査」の結果が公表されていたし、戦後まもなくアメリカ型の世論調査が導入されて普及

するなど、フランスとは事情が異なる。有力新聞のそれぞれが世論調査部門を持つことも、フランスとは違う点である。しかし、シャンパーニュは日本版への序文のなかで、日本のプレスが政治的な世論調査を行なうことの弊害について、「そのように発表される世論調査の外見上の真面目さは、かえって批判を困難にする」可能性を指摘している。

　こうした世論調査に内在する問題そのものに対する理論的批判は、まだ日本ではあまり見られない。

　世論調査の本質を論じる試みとしては、山田一成「世論調査の政治力」（石川淳志・佐藤健二・山田一成『見えないものを見る力――社会調査という認識』八千代出版、1998年）が調査の恣意性や問題点を指摘していて貴重。世論調査は価値中立的ではないことを前提としつつも、調査が「当たり前」でなかった時代や社会へ思いを馳せて、世論調査の持つべき力を構想している。同じ著者の「心の中の〈個人と社会〉――世論調査と社会学的想像力」（児島和人・藤田高弘・平林紀子・杉山あかし　ほか『個人と社会のインターフェイス――メディア空間の生成と変容』新曜社、1999年）は「世論」を、個人が自らを社会のなかで規定する際に用いる情報として捉える。社会心理学には「意見分布認知」に関する研究の系譜があるが、世論調査や選挙結果の報道によって、われわれは初めて自分が所属する社会の意見分布を知る。世論調査は解釈の多層性と社会的想像力をもたらすという意味で、「個人的なもの」と「社会的なもの」の境界で作用していると説いている。

　世論調査が確立される以前の社会調査史を再検討する試みも進展している。全3巻の川合隆男編『近代日本社会調査史』（慶應通信、1989-1994年）は、西欧流の「科学的な手続きや方法」が輸入される前から日本で育まれてきた「調査」や「観察」の豊かさを評価する。第1巻では1868年から1914年までの「社会調査の萌芽期」、第2巻では第一次世界大戦から満州事変前後の時期と重なる1915年頃から1931年頃までの「社会調査の展開期」、第3巻では1932年から1945年までの「社会調査の崩壊期」に行なわれた調査の事例を扱う。「社会調査」や「社会観察」に重点をおく経験的な社会論は、これまでの社会調査史のなかでは不十分だった。戦後日本の世論調査や社会調査には、こうした経験的調査の影響が色濃く反映されているはずである。川合隆男『近代日本における社会調査の軌跡』（恒星社厚生閣、2004）も、著者自身をとりまく経験的世界をめぐる社会観察を、近代日本の社会調査史の観点から

検討している。石川淳志・浜谷正晴・橋本和孝『社会調査——歴史と視点』（ミネルヴァ書房、1994年）も、調査方法や技術が「科学性」を追求することで社会調査のリアリティを喪失させていないか、社会調査の歴史をさかのぼって検討している。村上文司『近代ドイツ社会調査史研究——経験的社会学の生成と脈動』（ミネルヴァ書房、2005年）は近代ドイツの事例だが、社会的背景とアカデミズムの動向に留意しつつ社会調査の展開を明らかにする研究が日本でも必要であることを示している。

　客観性を偽装している統計を批判的に読解する技法については、1954年に原著が出版されたダレル・ハフ『統計でウソをつく法』（講談社ブルーバックス、1968年）が最初期のものだろうが、近年、国産の世論調査批判が次々と刊行されている。

　平松貞実『世論調査で社会が読めるか——事例による社会調査入門』（新曜社、1998年）は、社会調査の「仕方」ではなく「見方」を紹介する。回答形式によって調査結果が偏ること、質問文の作り方や並べ方によって結果が変わることなどについて、毎日新聞社での著者の経験をもとに実例を挙げながら、世論調査とは何かを平易に解説する。その続編『社会調査で何が見えるか——歴史と実例による社会調査入門』（新曜社、2006年）も合わせて、これらの調査論は、「調査は重要だから、結果から社会を見誤ることのないように」という立場である。

　それに対して「調査を誤用・悪用する者がいる」ことに警鐘を鳴らすのが、谷岡一郎『「社会調査」のウソ——リサーチ・リテラシーのすすめ』（文春新書、2000年）。多くの社会調査を実名で挙げて、分かりやすく過激な文体で批判しており、多くの読者を獲得している。谷岡は「社会調査の過半数は「ゴミ」である」と断言する。「ゴミ」が作られる理由はいろいろある。学者・政府や官公庁・社会運動グループ・マスコミの人々が、予算獲得やアリバイ作りや自説の補強のため、あるいは無知なために、誤った調査を実施したり恣意的なデータ解釈をしたりするという。引用されたり参考にされたりして「新たなゴミを生み、さらに増殖を続ける」ことになる。この悪循環を断ち切るための最良の方法は、解釈結果の元になっているデータや分析手法を公開して反証可能性に開くことだが、日本の調査関係者は自分たちが収集したデータを抱え込むことを悪しき伝統としてきた、と谷岡は指弾する。同じ著

者の『データはウソをつく――科学的な社会調査の方法』（筑摩書房、2007年）は若い世代向けの社会調査入門書。前作に続いてデータ解釈の恣意性を例示しつつ、科学的な調査について論じてエセ科学を批判している。

　松本正生『「世論調査」のゆくえ』（中央公論新社、2003年）は、「良くも悪くも、日本は「世論の国」である」という。世論調査の方法が変化したことによって頻繁に調査が行なわれる一方、投票率は低下する傾向にある。世論調査の結果には政府の政策に対する批判や不満が表われているにもかかわらず、政治参加という行動に結びつかない理由は、「世論調査が政治参加の代替機能を果たしているのではないか」と指摘する。そこで、日本の世論調査の歴史的な経緯を、世論調査の担い手である新聞社・通信社の事情に焦点をあてて追跡し、問題点を列挙している。頻繁に世論調査がおこなわれて、調査が「日常化」することによって人々が悪い意味で調査慣れをしてしまう可能性もある。また、記事や報告書を執筆する者と、実際に調査をする者が分離するという調査の「外注化」がもたらす弊害にも目を向ける必要があると主張している。田村秀『データの罠――世論はこうしてつくられる』（集英社新書、2006年）も、恣意的なデータ加工の結果として出てきた結論に世論が影響される可能性を警戒する。視聴率・内閣支持率・経済波及効果・都道府県ランキングなど、マス・メディアに溢れる危ういデータを検証して、正しい情報リテラシーを提案している。

　社会調査をめぐる明るい話題としては、調査データの公開が進みつつあることが挙げられよう。
　これまで長い間、社会調査の計量分析を実施するには、しかるべき組織に入らねばならなかった。調査の実施には多額の費用と人手と時間がかかる。しかも、1970年代の前半ごろまでは、実践的目的の調査が主流を占めており、科学的目的の調査はなかなか進展しなかったという。1970年代後半になってようやく転機が訪れ、民間の財団や文部省をはじめとする公的機関などが、研究費の助成に積極的な姿勢を示すようになり、研究者にとって調査という方法を採用することが以前より容易になってきた（石川旺「調査の動向」『新聞学評論』第39号）。それでもなお、組織力や人脈がない研究者にとって実証的な調査と分析を用いた研究を行なうことは困難である。そのことが、日本の社会学科学における分析研究の拡大と活性化を妨げてきた一因であると指

摘される。

　1998年4月、東京大学社会科学研究所附属日本社会研究情報センターで、こうした閉鎖的な伝統を破る試みとして「SSJデータアーカイブ」（http://ssjda.iss.u-tokyo.ac.jp）が構築された。多様な研究者や機関から個票データの寄託を受けて申請手続きを代行しており、一定の条件を満たす者が申請すれば個人でもデータ・セットを無償で入手できる。現在、SSJデータアーカイブでは、企業・政府・大学から委託された多様なデータが公開されている。日本版GSS（General Social Surveys）のような大規模調査や、2003年総選挙の前後に行なわれたパネル調査「東京大学・朝日新聞共同世論調査」、現段階では1995年実施のものに限られるがSSM調査のデータも提供されている（2007年8月現在）。1950年代、60年代に行なわれた調査のデータを提供する研究グループもあり、実証と歴史を兼ね備えた研究も可能になるだろう。専門社会調査士の資格制度導入にともなって、こうしたデータが教材に用いられることも多い。データ入手に関するテキストでは、佐藤博樹・石田浩・池田謙一『社会調査の公開データ──2次分析への招待』（東京大学出版会、2000年）も刊行され、個々人が実証データを用いた世論研究を活発に展開する道を開いている。

Ⅳ　インターネットと公共圏

　1980年代以降、世論研究に新たに加わった要素は「情報化」である。ちょうど1980年に刊行された『第三の波』で、A.トフラーは、メディアが国民を動かす民主主義社会の危険性を警告した。メディアの権力は政治権力と違って中心が不在である。そのため、責任所在が判然としにくい。トフラーのこの発想は、現代のコンピュータ批判の論法とよく似ている。中心をもたない情報に受け手が翻弄されることで、討議的過程を経て理性的に形成される合意なるものを想定しにくくなるのである。

　特に1990年半ば以降、コンピュータの個人所有が進み、インターネットが普及して廉価になっていくことで、世論への影響要因が増えた。インターネットは厳密には「マス・メディア」ではない。しかし、そのコンテンツのなかにはマス・メディアから提供された情報が多く混じっている。それと並立して、個人個人の意見が簡単に表明され、互いの意見交換が容易になるため、

新しい「世論」形成の可能性をもたらした。

　こうした新しいメディアの意味を考える上で必読と言えるのが、川上善郎・川浦康至・池田謙一・古川良治『電子ネットワーキングの社会心理』（誠信書房、1993年）だろう。インターネットについては触れられていないが、電子ネットワーク、特にパソコン通信について、その利用行動の社会心理学的な特徴を実証研究に基づいて吟味している。また、この種の議論の出発点として参照されることが多い論文は、杉山あかし・藤田高弘「公共圏の新展開──湾岸戦争とパソコン通信」（『社会科学論集』33、九州大学教養部社会科学研究室、1993年）である。湾岸戦争（1991年）当時のニフティサーブ「現代思想フォーラム」における議論の内容分析を行ない、パソコン通信における世論や公共圏形成の可能性について論じる。

　パソコン通信やインターネットの会議室を中心に形成された「コミュニティ」に関する社会心理学的な実証研究としては、池田謙一編『ネットワーキング・コミュニティ』（東京大学出版会、1997年）が基本文献。同じ著者の『コミュニケーション』（東京大学出版会、2000年）は、多様なメディア環境におけるコミュニケーションと世論過程について考察している。また、池田謙一ほか『インターネット・コミュニティと日常世界』（誠信書房、2005年）は論文集だが、インターネット、携帯電話、ウェブ日記、ネットゲーム、オンライン・コミュニティなどが取り上げられ、それぞれ実証的データによって検証されている。ネット利用は社会適応過程を媒介するのか、社会関係資本をベースとする民主主義が「健全に」機能することに貢献するのかを問う。結論としては、パソコンを利用したネットは社会関係資本の涵養を促すが、携帯電話ではこうした結びつきは生じないという。

　インターネットにおける公共圏は成立するのだろうか。こうした問いを立てる研究が蓄積されている。宮田加久子「「ネット世論」は成立するか──ネットワークコミュニティから見た生活世界の変容」（『新・調査情報』第19号、1999年1月）は、直接に「ネット世論」を表題に掲げた数少ない文献の一つで、ネット特有の側面を取り上げて世論形成の可能性について検討している。ネットの公共圏形成を肯定的に捉えたものとしては、吉田純『インターネット空間の社会学』（世界思想社、2000年）が挙げられる。筆者は、J. ハーバーマスのコミュニケーション的行為論と公共圏論に依拠して、インターネット空間を基盤とした公共圏構築の可能性を吟味する。

A. ギデンズ『第三の道とその批判』（晃洋書房、2003年）の翻訳者である干川剛史も、ハーバーマスの公共圏論を出発点にして、「ネット公共圏」がいかにして可能かを問い続けている。精力的に刊行される干川の著作には、『公共圏の社会学——デジタル・ネットワーキングによる公共圏構築に向けて』（法律文化社、2001年）、『デジタル・ネットワーキングの社会学』（晃洋書房、2006年）などがある。オルタナティヴな公共圏としてネットワーク世界が構築される可能性を検討する際、干川が手がかりとするのは、自身が行なってきた災害復興支援の「情報ボランティア」の活動である。情報化・都市化・ボランティア・災害救援などをキーワードにしつつ、携帯やネットが社会生活に浸透することで社会全体が変容し再構築されていく可能性と課題までを射程に入れている。

　後にギデンズ『モダニティと自己アイデンティティ——後期近代における自己と社会』（ハーベスト社、2005年）の翻訳を手がける筒井淳也・秋吉美都による「新しい公共空間への展望」（『社会学評論』204号、日本社会学会）は、しかし、対等で自由な議論への期待とは裏腹に、関心の細分化やフレームなどの現象が観察されると指摘する。筒井・秋吉はネット空間の相互行為実践の分析から、ネット空間と対面状況の社会空間には相互参照関係があることを明らかにした。そのため、公共圏が形成される可能性は、ネット・コミュニケーションだけでなく、さらに高次のコミュニケーションがどのような機制をもつかによって左右されるという。

　このように、「ネットの自由」が民主主義の基盤をむしばむ可能性は、しばしば指摘される。この種の話題では必ずといっていいほど言及されるのは、2001年に刊行されたアメリカの憲法学者、C. サンスティーンの『インターネットは民主主義の敵か』（石川幸憲訳、毎日新聞社、2003年）であろう。「ネットの自由」に異議を申し立て、一定の規制を設けることを提唱して、討議型民主主義のあり方に再考を迫った。アメリカと日本のインターネット事情や習慣はやや異なるものの、日本の研究者にも大いに影響を与えている。

　遠藤薫『インターネットと"世論"形成——間メディア的言説の連鎖と抗争』（東京電機大学出版局、2004年）は、具体的な事件を事例としてネットの言論と世論形成を考量する。ネット上の議論の場は、「コミュニティ」というには流動的だが公共性が皆無であると言い切ることもできず、「小公共圏」群と呼ぶのがふさわしいという。さらに新しい現象にまで目配りした『間メ

ディア社会と〈世論〉形成——TV・ネット・劇場社会』(東京電機大学出版局、2007年)も上梓された。橋元良明・吉井博明『ネットワーク社会』(「現代のメディアとジャーナリズム」2、ミネルヴァ書房、2005年)は、第2部で「情報化と社会文化」を扱っており、ネット時代の世論形成や文化や流行についての論文を収録している。

とはいえ、インターネットの一般利用者、特に若年層にとって身近なのは、掲示板やブログ(簡易型日記サイト)であろう。こうしたメディアは、ジャーナリズムの代替物となりうるのだろうか。井上トシユキ・神宮前.org『2ちゃんねる宣言——挑発するメディア』(文藝春秋、2001年)は、ジャーナリズムの要件を、1.速報性、2.編集機能、3.批判性、4.影響性・世論形成機能、に求める。匿名掲示板は、判断材料を与えられている点ではジャーナリズムとなりえるが、「リテラシーが要請される」ため、扱いは容易ではないという。鈴木謙介『暴走するインターネット』(イーストプレス、2002年)は、日本の日記サイトはアメリカのそれと比べてプライベートな話題が好まれることを指摘している。国際社会経済研究所編『ネットは新聞を殺すのか——変貌するマスメディア』(NTT出版、2003年)は、若年層はネットで情報を得る傾向が強まっているなか、既存のマス・メディアがどう変わるのか考察する。また、時事通信社の編集委員である湯川鶴章も『ブログがジャーナリズムを変える』(NTT出版、2006年)で、ブログなどの個人参加型ジャーナリズムと既存マスコミを比較検討して、マスコミ再生の鍵を模索している。

インターネットの技術進歩は早い。公共圏や既存メディアにとって不利な発展ばかりでなく、少々明るいと思われる要素も指摘しておきたい。

2000年前後から、インターネットには新しい段階が到来したとされる。その象徴が、1998年9月にラリー・ペイジとサーゲイ・ブリンによって設立されたGoogleである。同社の検索システムは「世界中の情報を組織化する」ことを目指し、独自の方法で情報に重みづけをして整頓することで、ウェブ上の情報空間に新しい意味をもたらした。その判断材料となっているのは、利用者ひとりひとりの情報行動である。グーグル社の理念には、「Democracy on the web works」という項目があるが、「ウェブ上の民主主義」の実践が志向されているという。リンクしたり閲覧したりする「民意」が、情報の秩序を作り出し、個々人に強い影響力を及ぼすことになる。

従来のマス・メディアでは、情報は一方的に供給されていたが、インター

ネットの一般利用によって、個々人が中心を形成して情報を発信できる手段が得られた。現在はさらに、各人が簡単に選択や評価をおこなった結果を集約する仕組みが確立し、その評価をさらに評価できるようなチェック機能が普及している。大手のニュース・サイトやショッピング・サイトでは、顧客の閲覧や購入情報を反映したランキング・システムを導入しており、こうした個々人の選択が集約された「全体の傾向」が再び個々人に知らされることで、さらに人々の情報行動に影響を及ぼしている。近年、ノエル=ノイマンの「沈黙の螺旋理論」が一般書レベルで注目されるようになったのは、こうした技術上の変化が、「世論」が螺旋状に形成されるという理論にリアリティを感じさせているためであろう。

　むろん、こうしたランキング・システムが「サイバー・カスケード」（意見の雪崩現象）を引き起こす危険性も危惧されている。その一方で、人気のある商品や情報の推薦システムは、個々人の新しい関心を拓くこともある。素人でも多くの人数が集まれば、偏りが是正されて適正な判断が下せるという「集合知」を評価して信頼しようとする機運も高まっている。匿名の一般人が下す判断が「悪いものではない」と実感できる機会を日常的に積み重ねることは、世論を信頼して公共圏に参画しようとする動機を形成しうる。そのようなプラスの作用を及ぼす可能性も期待できるのではないだろうか。

V　「世論」概念の再検討

　情報技術の発達について盛んに評価がなされる一方で、いかなる機器を使おうとも、情報を伝播させるという行動や心理は、昔と変わらぬアナログなものかもしれない。「世論（せろん）」の研究として蓄積が進んできているのは、うわさや流言の分野であろう。

　古典的名著としては、2・26事件直後に執筆された、清水幾太郎『流言蜚語』（日本評論社、1937年；岩波書店、1947年）がある。清水自身が戦後改訂版の序文で書くように、報道・輿論・宣伝などの現象についての研究は行なわれても、流言蜚語という「変態的な現象」は科学的研究に値せぬと思われていた。しかし、「報道や輿論が人間を動かすのと同様に、流言蜚語も人間を動かす。いや、流言蜚語だけが人間を動かす唯一の力であるような時期もある」と強い調子で書いている。清水は、流言蜚語が「政治と社会に対する一

種の抗議」を含んでいると考え、「潜在的公衆」による「潜在的世論」だと捉えたのである。

　戦後、清水の『流言蜚語』が再刊されてまもなく、G. W. オルポート、L. ポストマン『デマの心理学』（岩波書店、1952年）が南博によって翻訳された。E. モラン『オルレアンのうわさ――女性誘拐のうわさとその神話作用』（杉山光信訳、みすず書房、1973年）とともに、流言・うわさ研究では必ず言及される古典である。藤竹暁『パニック――流言蜚語と社会不安』（日本経済新聞社、1974年）も、清水と同じく流言を「権威と権力にたいする民衆の抗議と抵抗の姿勢」と捉えている。

　1980年頃からは、災害と情報に関する研究に注目が集まり、活況を呈するようになってきた。東海大地震の可能性が検討されて、1978年に「大規模地震対策特別措置法」が成立、前後して、東京大学新聞研究所のメンバーを中心とするグループが災害流言にまつわる研究を次々と実施した。中心となった廣井脩が、タモツ・シブタニ『流言と社会』（廣井脩・橋元良明・後藤将之訳、東京創元社、1985年）の翻訳を手がけ、『うわさと誤報の社会心理』（NHKブックス、1988年）、『流言とデマの社会学』（文春新書、2001年）など多くの著作を刊行するなど、災害情報論の分野を確立させた。

　南博とともに1985年に『流言』（近代庶民生活誌4、三一書房）を編んだ佐藤健二は、『流言蜚語――うわさ話を読みとく作法』（有信堂高文社、1995年）で、戦時下のうわさ話を丹念に捉えなおしている。流言が統制された戦時下、弾丸除けのおまじないや、クダンという化け物のうわさ、神様が出征した話などが広く流布された。これらの流言は、軍の治安関心からは好ましからぬ話題とされた事柄についてである。「潜在的世論」とも「隠れたホンネ」とも受け取れる些細な口承を、資料的に読み解く方法論を示している。

　企業が対処すべき「うわさ」に着目したのが、川上善郎『うわさが走る――情報伝播の社会心理』（サイエンス社、1997年）。マス・メディア中心の情報社会のなかでは低く評価されてきた個人の発信能力の大きさを実証している。うわさの伝播とニュースの広がりは本質的に同じであり、「どうしても伝えたい」と人々が思う程度によって伝播の速度が規定されていると結論している。情報の伝わり方という点で、世論形成過程にも示唆するところが多いかもしれない。同じ著者の『おしゃべりで世界が変わる』（北大路書房、2004年）は、インターネットの登場によってパーソナル・コミュニケーショ

ンの力がこれまで以上に強くなったと捉える。さまざまな媒体を用いた「おしゃべり」の実態や、悪口や愚痴の効用、口コミの役割を説き、「マスコミのおしゃべり」としてワイドショーを取り上げる。ワイドショーは人々のおしゃべりと共鳴して、「世論」を作っているという。

　娯楽の要素が強い現代的なうわさについては、「都市伝説」というジャンルで多くの書籍や雑誌の特集が組まれているが、ここでは割愛する。ゴシップや都市伝説も含めたうわさの全体像については、川上善郎・松田美佐・佐藤達哉『うわさの謎——流言、デマ、ゴシップ、都市伝説はなぜ広がるのか』（日本実業出版社、1997年）がある。また、早川洋行『流言の社会学——形式社会学からの接近』（青弓社、2002年）は、流言という現象にジンメル社会学の発想を応用してアプローチしている。

　大規模な大衆動員という点では、博覧会の社会史を忘れてはならない。吉見俊哉『博覧会の政治学——まなざしの近代』（中央公論社、1992年）によれば、博覧会とは大衆娯楽の見せ物であると同時に、帝国主義のプロパガンダ装置としての役割も演出されてきた。古川隆久『皇紀・万博・オリンピック——皇室ブランドと経済発展』（中公新書、1998年）は、幻に終わった皇紀2600年を記念して計画された万博・オリンピック計画を中心に、政府とイベント、皇室ブランドの歴史を、戦前から戦後にわたって辿った。最近の万博の事例については、町村敬志・吉見俊哉『市民参加型社会とは——愛知万博計画と公共圏の再創造』（有斐閣、2005年）。愛知万博開催に至るまでの「紛糾」と「合意」の過程に多様な角度から光を当てて、日本の公共空間の変容を明らかにしようとする。一般読者向けには、吉見俊哉『万博幻想——戦後政治の呪縛』（ちくま新書、2005年）が、万博「幻想」を作用させてきた政治の場としての万博の内実と行く末について、高度経済成長の象徴である大阪万博から愛知万博までを扱っている。

　新聞社などのメディア企業が手がけるメディア・イベント研究の蓄積も進んでいる。1992年に原著が刊行された、ダニエル・ダヤーン、エリユ・カッツ『メディア・イベント——歴史をつくるメディア・セレモニー』（浅見克彦訳、青弓社、1996年）は、メディア論の新境地を拓いた。報道を担うはずのメディア企業が娯楽やイベントを自ら作り出すことで、自前の祝祭を作り上げて消費する。こうした「パンとサーカス」の側面は、大衆的・感覚的な「世論」と無関係ではないと言える。メディア・イベントのなかでもとりわ

け成功して定着したものは、高校野球大会だろう。有山輝雄『甲子園野球と日本人——メディアのつくったイベント』(吉川弘文館、1997年)は、80年に及ぶ歴史を辿り、日本独特の野球観の形成を考える。津金澤聰廣『近代日本のメディア・イベント』(同文舘出版、1996年)、津金澤聰廣・有山輝雄『戦時期日本のメディア・イベント』(世界思想社、1998年)、津金澤聰廣『戦後日本のメディア・イベント——1945-1960年』(世界思想社、2002年)は、メディア・イベント三部作を成している。こうした研究によって、動員のメカニズムが解明されれば、世論現象について新たな知見が得られる可能性も広がるのではないだろうか。

　「輿論」や「世論」の歴史について、その自明性を問い直す試みも促進されている。戦後それなりの時間が経過したことで、可能になる研究がある。時の経過に伴ってタブーとされていたテーマを扱えるようになったり、新しく資料が公開されたりするためである。

　「世論」という概念を問い直す試みとしては、佐藤卓己編『戦後世論のメディア社会学』(柏書房、2003年)が挙げられる。例えば、終戦とラジオ、学生運動とデモ行進、皇室報道と雑誌、政治改革とテレビなど、戦後のさまざまな事件とメディアを対にして焦点をあてた共同研究である。宣伝や世論を多角的に扱った論文集としては、津金澤聰廣・佐藤卓己『広報・広告・プロパガンダ』(ミネルヴァ書房、2003年)がある。このなかで佐藤は、ハーバーマス型の「市民的公共性」だけが世論を形成する場ではないとして、「ファシスト的公共性」の可能性を指摘している。

　戦争の記憶が世論のなかで揺らぎ固定化していく様子について、福間良明『「反戦」のメディア史——戦後日本における世論と輿論の拮抗』(世界思想社、2006年)は小説を事例として検討している。『きけわだつみのこえ』や『ひめゆりの塔』『ビルマの竪琴』などの著名な「反戦」作品の受容を通じて、「反戦」の語りを検証する。沖縄戦・原爆・前線・銃後がどのように語られていったか、「世論＝大衆的な心情」と「輿論＝公的議論」と定義して、それぞれの矛盾と相克を描き、戦後日本のナショナリティを検証している。

　戦時下の政治や政策との関連で、権力と輿論の捉え方も変化するかもしれない。たとえば、古川隆久『戦時議会』(吉川弘文館、2001年)、『昭和戦中期の議会と行政』(吉川弘文館、2005年)は、形骸化した無力な存在とされてき

た戦時期の議会の実態を明らかにし、戦時下の政治構造の捉え直しを迫る。山本武利『ブラック・プロパガンダ——謀略のラジオ』(岩波書店、2002年)は、昭和20年4月から終戦2日前まで、米軍が日本全土にむけておこなった謀略放送について、アメリカ側の資料を駆使して明らかにする。同じ著者による『特務機関の謀略——諜報とインパール作戦』(吉川弘文館、1998年)も、第二次大戦中にビルマなどで暗躍した光機関について、米国立公文書館の特務機関や日本軍暗号通信解読文書から、熾烈な諜報・宣伝活動の実態を明らかにする。山本武利編「岩波講座「帝国」日本の学知」第4巻『メディアのなかの「帝国」』(岩波書店、2006年)は、「帝国」時代の日本国内および外地(朝鮮・満州・中国占領地域)におけるメディアと権力の関係をプロパガンダの視点から分析している。

　ここまで、80年代以降の世論研究が、主に批判的・懐疑的な立場から促進されてきたことを紹介してきた。かつてのように「世論の力」に屈託なく期待するような理論研究は、ほとんど見られないと言っていい。代わりに、世論なるものの危うさや恣意性を、具体的・実証的に指摘するものが増えている。こうした研究動向そのものは、悪いことではない。ただ、シニシズムやペシミズムをどのように乗り越えて「世論」への信頼を再建するかが問われているのではないだろうか。

　「世論」という概念に重要な示唆を与えると思われる日本史学の近作を一つだけ挙げたい。東島誠『公共圏の歴史的創造——江湖の思想へ』(東京大学出版会、2000年)は、明治以前にさかのぼる歴史的概念と明治以降の翻訳概念とのポリティックスを問うている。このなかで、「公」というカテゴリーをめぐる言説の流布された自明性を解体しようと、明治に再浮上した「江湖」という概念を論じる。中世以来の「パブリックなるもの」の変遷を描き、日本社会の歴史的文脈における「パブリックなるもの」の構造変動を抽出する。「江湖」とは「歴史的創造」であって、「そもそも中世においてすら不在のものとして認識されていた」理念であるという。

　この議論は、阿部謹也の一連の「世間」論を思い起こさせる。阿部は、西欧的な「社会」概念に相当する実態は日本には存在したことがなく、あるのは日本的な「世間」だけであると喝破した。そして、個人というものを確立せず、曖昧に排他的に群れ集う「世間」のなかで共有されるのが「世論」で

あると複数の著書で書いている。

　こうした文脈においては、日本的で曖昧な「世論」に批判を加え、討議的な「本当の」輿論を確立するよう呼びかけるのが順当な議論だろう。しかしながら、それでいいのだろうか。あるべき「社会」や「輿論」や「公衆」の理想を設定して、そこからの距離を測って「世間」や「世論」や「一般大衆」なるものを批判するのは、確かに容易だが安直にすぎる。逆に、大衆だけが真実を知るという根拠なき期待は、無責任で発展性に乏しい。1940年代から60年代に流行した大衆社会論が70年代以降になって退潮したのは、大所高所から問題をマクロに捕捉することの無力さと疲弊によるだろう。

　「輿論」の理念は実現されず、「世論」は危うく非合理でもある。「にもかかわらず、なぜ"それなりに"うまくいっている」のだろう——そう問われることは少なかった。だが、実際問題として必要なのは、この「にもかかわらず」のパラドックスである。迂遠なようだが、実証的・歴史的に世論を検討することで、パラドクシカルな現実のメカニズムを解明できれば、「健全な輿論」への信頼も再構築されるのではないだろうか。

対談　輿論研究と世論調査をめぐって

佐藤　それでは私が、司会をさせていただきます。今回のこの本は、異色な取り合わせに特徴があるかと思います。まずジャンルの違い。西平先生が世論の調査研究、岡田先生が理論研究、私はどちらかといえば歴史研究です。さらに、世代も違います。西平先生が1924年、岡田先生が1933年のお生まれです。私は1960年で完全な戦無派世代、新しい時期のレビューをする宮武さんは1970年代生まれですから、岡田先生が扱われた時期の最後に生まれた世代ということになります。温故知新が学問の王道ですが、日本における輿論研究あるいは世論調査の歩みを検討する上で、本書は大変意味のあるものになったかと思います。

　敢えて全体のまとめはしませんが、最後に西平・岡田両先生から、輿論あるいは世論に関心をもたれた動機や、研究の出発点などについて語っていただき、その上で今後の展望にふれたいと思います。

世論調査との出会い

西平　僕は数学を勉強していて、学生の時に戦争が終わりました。僕は数学が好きだったのだけど、大学の最後の頃、数学のトレーニングを受けたことはとても良い経験だったけど、「俺は数学には向かないぞ」ということがよく分かりました。僕の先生は吉田洋一先生で、とても親切にしてくださって……。

佐藤　岩波新書をご一緒に書いていらっしゃいますよね（吉田洋一・西平重喜『世論調査』岩波書店、1956年）。

西平　そうそう。300回ほどもお宅にお邪魔しているくらい親切にしてくださって、いろいろ教えていただきました（笑）。戦争が終わったとき、間に若い助教授がいて、その人とも仲が良かったんですが、「キミ、これから、どうする？」って訊かれて、「数学をやった以上、これからは統計が役に立つ分野だと思う」と答えました。当時、数学科で統計の講義があったのは、──そもそも数学科というのは、帝国大学と文理科大学、あとは早稲田と東京女子大学くらいにしかなくて、そのなかで統計学をきちんと教えていたのは──九大と北大くらいだったと思うんです。東大にも確率論統計学という講義はあったけど、内容は実は幾何だったそうです。そういう時代だったんです。しかも、統計学とは経済学の一分野である、と。日本の統計研究は、ずっとそれで来ていたわけです。

　北大から東大に転学した仲の良いヤツから、「統計数理研究所に空きがあるから

来いよ」と言われたけど、家庭の事情で弟などを養わなければならず、公務員じゃダメだというわけで、出版社に入りました。基礎科学の雑誌を出すから、と。それで1年間いたのだけど、たちまち喧嘩をして辞めて（笑）、その友達のところへ行ったら、「今、読み書き能力調査というのをやっている。そのアルバイターとしてGHQ（連合国軍総司令部）のCIE（民間情報教育局）から金を出すことができるだろう」と。それで1年間いて、統計数理研究所に空きができて入ったというわけです。

佐藤 先生はCIEからお金をもらっていたんですか。じゃあ、上司は占領軍のアメリカ人だったんですね？

西平 あのね、アルバイターだから、要するに給料だけもらいにいけばいい（笑）。給料日だけ行って、誰にも会わずに会計課か何かに行って給料をもらうだけ（爆笑）。

佐藤 何をしていたんですか？

西平 読み書き能力調査の集計の整理。あの報告書（読み書き能力調査委員会編『日本人の読み書き能力』東京大学出版会、1951年）の表などは全部、僕が作りました。集計の機械は総司令部に1台だけあって、1回だけそこで集計をしてくれたけど、「後はやらん」というので、1万いくら回収したサンプルから1000枚を抜き取ってカードに写して、手集計でやった。その集計の途中から僕がやったのです。

　そんなわけで、数学科を出て「民主主義とはなんぞや、どんな本を読めばいいのか」なんて思っても、『国体の本義』みたいに『民主主義の本義』か何かが出ると思ったら出やしない（爆笑）。で、「あぁ、そうか、民主主義ではそういうものはないんだ。自分で考えなきゃいけない」と。だから、「俺は統計で貢献しよう」と思ったのです。

佐藤 当時、1946年であれば、米山桂三『輿論と民主主義』、小山栄三『輿論調査概要』、時事通信社調査局『輿論調査』が刊行されていますね。輿論が、あるいは世論調査こそが、「民主主義の本義」だと思ったということですか？

西平 そんな本は知らなかった。あとから古本屋で買いました。統計数理研究所は三つに分かれていて、ひとつは社会科学に対する応用。僕も林知己夫さんも、そうです。そこで、世論調査が――まぁ、社会調査も世論調査も一緒クタだけど――、これは僕がやりたいと思っていたことだったわけです。

　概念的には、末網恕一という整数論の先生が重要です。実際問題とは関係のない数学の世界の人ですが、すばらしい『確率論』（岩波全書）を出した。そのなかで、コレクティブという概念を使わないとサンプリングの説明をつけられない、と書いている。林さんはその弟子で、それをもっと広げた功績があります。末網さんは東大の大ボス教授で、おそらく「『確率論』の著者だから統計に関係がある、

世論調査に関係がある」ということなのでしょう、当時、そのような会合があると、先生は必ず出席していた。あの頃の数学者は実際的なことに非常に関心をもっていました。もう少し前の人だと、選挙の方法をよく研究していますよね。大正ぐらいまでに数学科を出た人はほとんど全て、実際の問題との関係を非常に気にしている。その後の人は、抽象数学に向かって、現実問題は何も知りやしない（笑）。末網先生は統計数理研究所の所長を兼任されたりで、私の選挙の研究も激励して下さいました。

　林さんと、その先輩だった水野坦さんも末網さんのゼミです。水野さんが世論調査というものに非常に興味をもっていて、やはり統計数理研究所にいました。林さんは「俺は最初、世論調査なんてできるもんか、と思っていた」と言っています。水野さんはカリスマ的な人で、林さんは水野さんに引き込まれたようです。「水野さんなくして俺はない」なんて言っていました。水野さんは林さんの1年上で、林さんは僕より6年上です。僕がCIEに入ったとき、「林のいう通りに仕事をしろ」と言われました。

ペルゼル派とパッシン派

西平　CIEでは、ペルゼルという人が世論調査の課長で、パッシンはその下でした。そのとき、内幸町にあったNHKの大きな部屋に、ペルゼル以下、POSR（世論・社会研究課）というセクションの人たちがいました。小山栄三や小山隆さんもいた。台北大学・京城大学、あの辺の文科系の先生たちがたくさんいたと思う。そういう人たちが机を向き合わせていました。よく知らないけれど、彼らはアドバイザーとしてたいへん良い給料をもらっていたようです。僕はアナライザーといって全然違う待遇なんですが。

佐藤　パッシンは戦前、アメリカの大学で人類学を学んでいましたよね。それで小山隆さんや、民族研究所にいた小山栄三さんを引っ張ったのでしょうか？

西平　パッシンがPOSRに来る前からではないでしょうか。外地から戻ってきた研究者たちも、CIEの組織で保護されて、生活の上では助かったでしょうね。

　実は、ペルゼルとパッシンはライバルなんです。ペルゼルの方が年齢も位も上で海兵隊、パッシンは陸軍。やっぱり違うんですよ（笑）。パッシンは、当然ながらペルゼルの次は自分の番だと思っていたでしょうが、ベネットが入ってきたというわけです。決めつけてはいけないかもしれないけど、ペルゼル派とパッシン派があって、ペルゼル派は林知己夫、パッシン派は水野坦と政府やマスコミ関係でしたね。

　パッシン派は水野さんが実際の統計的な部分を担った。水野さんはすぐ難しい講義なんかを始めてしまう。パッシンは一所懸命、世論調査を普及させようとし

たのだけど、なぜそんなに夢中になったかというと、彼は福岡で手紙の検閲をやっていて、それが嫌だったと聞いています。

　ペルゼルの方は、もともとは中国の専門家だった。日本語もできる。ペルゼルは堀辰雄なんかが好きで（笑）、パッシンは逞しい男。フリュートは上手だったそうだが、キャラクターがぜんぜん違うんだよ。

　尾高邦雄先生の話によれば、ペルゼルは読み書き能力調査をドクター論文にしようとしていた。だけど、何らかの理由で、川口の鋳物工場をテーマにドクターをもらった。

佐藤　先生もペルゼル派なんですね？（笑）

西平　まぁ、僕は林さんの下に入ったからね。だけど、ペルゼル派の方はシューレにはなっていなかった。その読み書き能力調査が1年で終わって、統計数理に移った後は、水野さんの下に入りました。

　ペルゼルや林さんは、もっと調査というものをちゃんと考えていた。読み書き能力調査のとき、ずいぶんいろいろな細かいこと、複雑な調査をしたが、もしパッシンだったなら、ただサーベイをしただけだったでしょう。ペルゼル派からは、非常にたくさんのことを学びました。われわれが「ペルゼル憲法」という渾名をつけた、彼が調査をするときの注意事項を書いたものが20ページくらいありましたが、ジョイ・ギルフォード（Joy Paul Guilford）の"Fundamental Statistics in Psychology and Education"という本の抜き書きだったらしいです。それによって、調査をするときに気をつけなければならないことを教えられました。パッシンの方は、1947年の輿論調査協議会などがそうですが、アメリカから学者を連れてきたりして啓蒙運動をしていました。そういう2人の違いは、あまり知られていません。

　ペルゼルは帰ってしまった後、日本とは関係がなくなり、ハーヴァード大学の燕京（イェンチン）研究所の所長になりました。それで、アメリカに招かれたときに、僕なんかは下っ端だったから覚えていないだろうと思っていましたが、「会いたい」とよんでくれて、とても嬉しかったですね。僕は、そういう影響を受けている。

　他方、パッシン派の方は、マスコミや官庁や国立世論研究所などの人たちと関係が深い。だけど、社会学や心理学の人たちは、直接ペルゼルともパッシンとも関係なく、調査法の勉強をしました。池内一さんや安田三郎さんなどもそうです。池内・林は仲が良くて、「池内天皇」や「林天皇」なんて並び称された。彼らは結束が固くて、非常に仲が良い。僕は、とてもこの間には入れないと思って、社会学と結びついたわけです。

佐藤　マスコミ研究の視点から見ているので、私の論文もパッシン派ばかり言及

しています。ペルゼル派の重要性がよくわかりました。

読み書き能力調査の目的

岡田 読み書き能力調査というのは、何を目的にしていたのですか。

西平 僕は集計の段階から入ったので、最初の頃を知らないし、もう皆、死んでしまった。だけど、おそらく「日本人は漢字の習得に時間を取られているため、自分で考えることを学校でやらない」と言われていたし、「役所が難しい漢字で出すものを、日本人はどのくらい理解できているのか」というのがペルゼルの関心だったと思う。

だけど、世間の人はそう取っていない。たとえば、大野晋。彼は、読み書き能力調査の中心人物だった柴田武のライバルだから、仲が悪い。この頃の若い人では、高橋正樹さんなどが、世論調査や社会調査の日本での歴史みたいなことを研究しています(「占領下、奄美大島における世論調査——ベネット資料の調査レポートより」〔『Intelligence』第6号2005年〕など)。彼らは、「これは日本をローマ字化するためだ」と考えているようです。僕は知らない。ペルゼルとそんな話をしたこともない。だけど、報告の結果、外国人が「あんなものを日本の庶民が読めるわけがない」と思っていたにもかかわらず、読めない人はごくわずかだった。完全に読めた人も少なかったけど、完全に読めない人もごくわずかだと分かったため、ローマ字化の話は立ち消えになったと聞いています。

読み書き能力調査の委員長は務台理作で、幹事長役とでもいう人は石黒修というエスペランティスト。柴田さんなんかもローマ字論者だし、僕もある意味でローマ字論者。そういうローマ字に興味を持つ人が、より多く委員を占めていた。というか、活発に仕事をした、ということだと思います。東大でいえば、言語学科出身の人たちが仕事をして、国語学の人たちはほとんど貢献しなかった。後で国立国語研究所ができても、言語学派と国語国文学派はしっくりいかないようでした。

宮武 読み書き能力調査は、公用語の問題と関連が深かったのでしょうか。

西平 その調査の結果で公用語を決めるというわけではないだろうし、どこまで関連があったかは分からないけど、報告書によれば、ペルゼルが興味を持って文部省に話をもちかけ、文部省がOKして予算は文部省とCIEが持つ、ということになっています。

岡田 仮にローマ字化されていれば、それはいずれ英語化ということに……?

西平 あの頃、「フランス語にしろ」なんていう小説家もいたでしょう。僕もローマ字論者だけど、まず日本語を変えねばならない、と考えた。日本語では漢字を目で見てわかった気になって、例えば名前なんかでも、それぞれ好き勝手な読み

方をしていたりするわけでしょう。そういう具合の日本語を、これを通じて改革しなければならない。そのように、ローマ字論者の柴田さんなんかは考えたようです。読み書き能力調査の目的ははっきりしませんが、結局、ローマ字化は見送られたようです。

　僕は選挙の研究もしているけれど、ヨーロッパでは19世紀頃から徴兵検査で識字率の調査をしています。読み書きができないと命令なんかも伝わらない。各国で、そういうリテラシーの調査というものを、やっているのですね。

佐藤　日本でも徴兵検査で名前を書いたりするんじゃないんですか？

西平　いや、そうじゃないよ。僕、徴兵検査を受けていますが（笑）、「直径何センチの球の体積を出せ」だよ（笑）。「東海道本線はどこからどこまでか」とかね。「東京から神戸まで」ですよ、大阪じゃないんです（笑）。僕たちの頃はね、「次のうち、日本軍が占領していないところはどこか」（笑）。選択肢は「香港、シンガポール、ホノルル、マニラ」で、正解はホノルルです。「2月11日は何の日か」とか、「天秤棒で片方が何キロであれば、後ろは……」とかね。ちゃんとした問題でしたよ。僕は、戦後その調査をやってみました。第三部の文中にも書きましたが、それが少年少女の調査です（統計数理研究所『数研研究リポート10　少年少女の常識——西欧および戦前との比較』1964年）。

世論調査と社会調査

佐藤　ところで、先生のなかでは「世論調査」と「社会調査」を、どのように分けられているんですか？

西平　日本では調査というものは、市場調査であろうと、みな一緒クタです。水野さんや林さんも、数学の人だから、その辺りは考えない。ランダム・サンプリングなどの方法論を、ひたすら一所懸命やってきた。僕が研究所で国民性調査をしようとしたとき、当然アメリカではそういう調査をやっているだろうと思ったが、やっていない。言葉の問題でいえば、最初のうち、opinion researchという言葉だったのが、opinion pollingになってしまった。今やまさに、彼らがやっているのはopinion pollingですよ。日本では、われわれのような数学屋が、心理学や社会学の人たちをリードしてきたから、opinionもattitudeも何も区別がないわけです。国民性調査のときも、平気で、イエスかノーかで同じことではないか、と。世論のpollingは簡単にできるけど、researchは難しい。僕の別の本に書いているように、市場調査と世論調査とが違うように、世論調査と社会調査、あるいは社会学的調査は区別しなければならない。日本ではそれを一緒くたにやってきたんです。

佐藤　英語ではpollingとpublic opinionは違う単語だから区別のしようもありますが、日本では、世論調査と輿論というのはほぼ同じだと思われている。逆にいえ

ば、世論調査を略して「世論」と言うと思っている人すらいるのではないでしょうか。
西平 林さんが大声で、「世論とは、世論調査の結果なり」と言っていました（笑）。
岡田 それは、ある意味では、明快ですね。
西平 「世論」というのは、どういう角度から問題にするかによって、定義も変わってくる、ということではないかと思います。僕のように、オペレーショナルな点から研究してきた人間は、そう言っておきたいと思います。

輿論研究との出会い

佐藤 今のお話を伺っていると、pollingとpublic opinionの区別が曖昧な日本で、輿論と世論の区別が困難なことはよくわかりました。このことが、輿論の研究における一つの障害にもなっているだろうし、輿論研究が今ひとつはっきり対象を見いだせない原因となっているのではないでしょうか。そういう意味で、岡田先生の論文は、明治初期から1970年代までの1世紀を扱っておられるわけですが、先生ご自身が輿論や世論調査に関心を持ち始めた動機をまずお話しいただけませんか。

岡田 僕が世論について最初に書いた論文は、東大の大学院に入って3年目くらいの1951年に『社会学評論』に掲載された「世論研究への一考察」という研究ノートでした。当時の研究ノートは、今でもそうかもしれませんが、若手の研究者として認められた証でした。

　なぜ僕がそのとき世論について関心を持ったかというと、高橋徹先生が文学部で「世論・宣伝」という学部向けの講義をしていたのです。僕は東京教育大学の出身で、大学院の単位修得のために学部の講義をいくつか取らねばならなかった。そこで講義を聴いたのです。その当時、本郷で「世論」について研究していたのは、彼だったのです。慶應義塾大学の米山桂三先生などもいらっしゃったので、草分けというわけではありませんが、当時の高橋さんは、特に社会心理学的な関心が非常に強かった。ル・ボンやタルドをはじめ、チャコティン、新しいところではオルポート、キャントリル……、そのような人たちの著書を紹介していくという講義でした。授業では、高橋さんがあらかじめ書いてきたものを読み上げて、学生が全部を筆記するんです。ときどき時間をとってくれるといいのですが、どんどん休みなく喋っていくので、学生たちはしばらくすると腕が疲れてしまって書けなくなったものです（笑）。それでも、最新の理論がいろいろ紹介されるのを聴いて、「面白いなぁ」と感銘を受けたわけです。自分もやってみよう、と。

佐藤 純粋に理論的な「面白さ」だったわけですか？　もっと、政治的な動機が

あってもよい時代のような気がしますが。
岡田　いや、そうではなくて、理論としての面白さですね。
高橋さんは比較的、弟子の好き嫌いが激しくて、嫌いな人にはもう全然指導しない。僕は幸か不幸か、彼に気に入られた（笑）。それで、いろいろ先生に可愛がられたわけです。彼は最初、団地に住んでいたんですよね。3LDKくらいかな、本がいっぱいあって、寝るところもない。その後は、市川の方に家を建てて引っ越したのですが、その団地にも泊まりに行ったりなんかしました。

　あの当時、ユネスコから依頼され、日本の世論研究について書いて欲しいという要請があって、彼がそれを書いたんです。だけど、日本語で出すわけにはいかないから、英語に訳さないといけない。「お前は英文科だったろう」と言われて、僕が訳したわけです。なかなか大変でしたが、ともかく訳して出した。それが今、残念ながら手元に残っていないんですよね。おそらく、世論調査だけでなく、日本の政治とか経済とか文化とか、いろんな分野についての日本社会の特集だったのではないかと思います。

「世論」＋宣伝＝民主主義？

佐藤　高橋先生の講義は「世論・宣伝」だったわけですよね。この二つを繋ぐ「・」の意味は何でしょうか。民主主義の理念や平和主義と、どう関わってくるのでしょう。今でも「宣伝」は「ブラック・プロパガンダ」を意味するネガティヴな意味合いで使われますが、当時は「輿論」とどんな関連づけがされていたのでしょうか。
岡田　直接に聞いたことはありませんが、僕が彼の考え方を理解した範囲内でのことでは、「世論」と宣伝とは不可分一体の関係にある、ということでしょうか。宣伝は「世論」に不可欠な方法である、そして「世論」は宣伝なしには成立しない。「世論」とは民主主義を動かしていく原動力だということは大前提として置かれていることは、改めて説明するまでもない。そういう考え方であったと思います。
佐藤　それは、デモクラシーにはプロパガンダが必要だということですか？
岡田　プロパガンダというと、ナチやソヴィエトのそれが連想されるため、ある種のタブーでもあったわけです。そのタブーを破っていく必要があるし、民主主義社会にはやはり宣伝が必要なのだ、ということでしょう。それは情報操作や世論誘導という面である種の危険性を伴うかもしれず、一歩間違うと民主主義を破壊する。そういう危険性もあるが、にもかかわらず、民主主義では宣伝というものを排除することはできない。
佐藤　「マス・コミュニケーション」という言葉は「プロパガンダ」の置き換え語

として戦後使われた、と小山栄三さんが東大新聞研究所の紀要に書いた文章があり、私の第二部Ⅳ章で引用しています。とすれば、「世論・宣伝」とは、今風にいえば「世論とマス・コミュニケーション」ということなのかもしれませんね。1950年代前半から「マス・コミュニケーション」や短縮和語「マスコミ」が、日本で使われるようになったわけですから。

西平 「マスコン」って言っていたよ。僕も、ずいぶん後の時期まで統計数理研究所で出す雑誌などでも「マスコン」と書いていた。

岡田 そうそう、そうでしたね。

佐藤 西平先生に1940年代の末の世論調査事始、岡田先生に1950年代の「世論」研究事始をお聞きしたわけですが、その後、輿論と世論調査を取り巻く状況は大きく変わったと思います。私の場合でいいますと、京都大学に入学したのがちょうど1980年でした。1989年にドイツ留学から帰ってきて、東京大学の新聞研究所（後に社会情報研究所、現・情報学環）に日本学術振興会特別研究員で受け入れていただきました。岡田先生の第一部で紹介されている竹内郁郎先生や児島和人先生に直接指導を受けた最後の世代です。また、先ほど『大衆の凌辱』 *The Rape of Masses* の著者セルゲイ・チャコティンの話が出ましたが、杉山光信先生のゼミでチャコティンの報告をしたことなど思い出しました。新聞研の助手時代に書いた『大衆宣伝の神話』の最終章で、私はチャコティンの政治活動を分析しています。その意味で「世論」研究の対象には大きな変化はないのかもしれません。しかし、安保紛争後に生まれた世代において、「世論・宣伝」がナカグロで繋がること、つまり民主主義に宣伝が必要だという事実を、素直には受け取ることは難しかったと思います。

　おそらく、1950年代までならば、「メディアと権力」という対立図式が明確だったと思います。ところが、1980年代頃になってくると、「メディアが権力」という理解が一般化します。この「第四の権力」を前に、「世論・宣伝」という表記は、明るいイメージではありません。なにやら邪悪な印象すら、私たちの世代は持ってしまうのです。

岡田 アメリカでプロパガンダという言葉が使われる場合は、必ずしも悪い意味ではなくて、強いていえば「民主主義的なプロパガンダ」もあるのだ、ということではないでしょうか。政府が世論を誘導することは、必ずしも悪い面ばかりではない。政府が世論を良好な方向に導き、良いリーダーシップを発揮することもあるのではないでしょうか。優れた政治家が世論の方向づけをすることは、民主主義社会にも必要なわけで、「宣伝」ということをしてもいいのかもしれません。

佐藤 もちろん、私も個人としては指導者民主主義が理想的だと思います。先日、翻訳が出たリップマンの『幻の公衆』（原著1925年、河崎吉紀訳、柏書房、2007年）で

非常に感銘を受けた箇所に、「民主主義のために戦争を戦うことはできても、民主的に戦うことはできまい」という言葉がありました。この「戦争」の部分を「宣伝」に置き換えて、「民主主義のために宣伝することはできても、民主的に宣伝することはできまい」とも言えるのではないでしょうか。

岡田　リップマンは非常に大衆というものを悲観的に捉えていますよね。いくら教育しても無駄である、大衆は画一的な型にはまった物の見方しかできない、という信念がある。大衆への強い不信感を持っているわけです。彼自身の苦い経験に基づくのでしょう。

佐藤　私の場合、リップマンを80年前の古典として読むよりは、今でも彼の考えに共鳴するところが多いですね。逆にいえば、先生たちの世代は「大衆」というものを、なぜそんなに信じることができたのでしょうか。この際ですので、聞いておきたい気がします。

岡田　難しい話ですが、「信じたい」という思い入れがあります。

西平　「信じなければならぬ」という思いです。僕は調査専門だけど、民主主義について考えると、「それを信じないで、民主主義はあり得ないではないか」と思います。

佐藤　それでは、「信じねばならぬ」大衆の意見、つまり「世論」を批判するのは難しくなりませんか。宮武さんが第四部で1980年代以降の「輿論・世論」研究史を整理していますが、「世論」に対して批判的なスタンスを多くの論者が取っていると思います。大衆への信頼感が、減退しているのではないでしょうか。

西平　いや、信頼はできなくなっても、「信じねばならぬ」ということは、また別のことでしょう。現実の問題としては、残念ながら、なかなか信じられる状況にはないですが（笑）。それは今だけではなく、いつの時代もそうかもしれない。

佐藤　西平先生はドイツのノエル＝ノイマン教授と親交があるとお聞きしていますが、彼女の大衆観はかなりペシミスティックではないでしょうか。大衆は孤立を恐れて自分の意見を言えない、だから世論とは孤立しないために表明する意見だ、とも書いていますね。

西平　確かにそういう性格を、大衆というものは持っているでしょう。それは認めます。でも、だから信じられるかどうかということと、「大衆を信じない世の中はダメだ」ということとは、別の問題だと思います。「信じなければ世の中はもう意味がない」とまで思う（笑）。民主主義ではなくなってしまう。それはsollen（あるべきもの）とsein（ある状態）の違いでしょう。

「世論」調査の現状について

佐藤　予定していた時間も超過していますので、最後に世論調査の現状と輿論研

西平　最近の状況に関していえば、仲間に「世論調査屋」が多いですが、みな、すごく心配しているね、1980年代以降。それまでは世論調査はどんどん盛んにやっていましたが、この頃は批判が多い。調査で食べている人たちは、非常に心配しています。「俺たち、食い上げだ」って（笑）。「これからどうしようか」という心配は調査に携わる人たちにとって切実です。だから、僕も多少は、「やり方もまずいし、世論調査は腐敗した」と言いたいところもありますが、ちょっと可哀想でそんなことは言えないですね。

とはいえ、opinion pollingというものは、実体ではないけれどもフィクションとして使ってやっていくという意味で、まだ今後も命を繋いでいくでしょう。一番いけないのは、社会学者、社会科学者だと思う。社会学とpollingみたいなものとを混乱させて、平気で報告書を書いている。社会科学者たちは、20世紀の初めには、図書館からフィールドに出たと言われていた。でも、今、調査のフィールドからコンピュータ・ルームに引っ込んでしまった。もう全然フィールドワークをやらない。僕たちがSSM調査（社会階層と社会移動全国調査）を始めた頃の社会学者は、実際に農村へも行ったものです。実際に行かないで何が分かるものか、と。僕もSSM調査の時、岩手県などで泊まり込んで研究したものでした。わずかな体験だとしても、そういう経験は大事でしょう。僕は2000人くらいに直接インタビューしていますから、「そんな質問をしたってダメだよ」とか分かります。

佐藤　いまでは、世論調査そのものが訪問ではなくて電話が多いですね。

宮武　私は学生時代に世論調査員のアルバイトをしたことがありますが、冷たくあしらわれることが多くて、調査員に対する不信感というものはずいぶん強いものだと思わされました。だから、先生が読み書き能力調査のご経験で書いていらっしゃる、「回答率が80％」は驚くべき数字だという気がします。世論調査の初期の頃は、調査をされる側の人たちが、今よりも協力的だったのでしょうか。

西平　初期の頃の調査なんかは「世論調査って何ですか？」という感じでした。警察か進駐軍の何かだと思われたものでした。あるいは、「税務署ですか？」と（笑）。「そういうことは私には分かりません。隣のおじさんが物知りですから、そっちに行って下さい」と断わられたこともあります。そんな経験を散々やったわけです。それが、僕が調査に関わった終わりの頃になると、「世論調査は間に合っています」だよね。

宮武　では、高い回答率は、やはり足で稼ぐものですか。

西平　ひとつは、そうですね。たとえば、国民性調査の時なんか、各大学で友達のところで10人くらい学生を集めてもらって、そしてそこへ行って説明して、一緒にカレーライスを食うんだよ。そうすると、そのときに「ちょっと……」と疑

問が出て、こちらが真意を伝える（笑）。そういう具合にして、仲良くならないとダメですね。今の若い人は「電話の方がいいんです」なんて言うけれども、そんな一面もあるだろうけれども、やはり熱意。拒否したサンプルに別の調査員が訪ねたりすれば、だんだんと答えてくれるようになります。「こんなに熱心に来るのか」と心を開いてくれる。言葉の調査の時なんか、最後には意地になって「何回でも行ってやる」と10回くらい行ったよね。とうとう向こうは、とってもよく話してくれるようになりました。こちらはそれが商売だから、何とかして喋ってもらおうと思うからできたけれども、今の先生たちは研究や授業で仕事が多いから、なかなかできないでしょうね。やはり機械的なことでは、いけません。

輿論研究の現状について

岡田　戦後初期に、世論調査に国民の関心が高かったのは、民主主義という理念が新鮮だったからでしょう。理論研究者の世論研究も同じです。ただ、その場合の理念は民主主義だったが、民主主義＝社会主義、社会主義＝民主主義であった。それを何の疑いもなく信じていた、あるいは信じねばならないという知的雰囲気があった。だから、それを素直に受け容れたように思います。今から振り返れば、ちょっと認識が甘かったのではないかという反省もあります。

佐藤　1980年代以後の輿論研究の「停滞」は、社会主義政権の崩壊や冷戦の終結という状況が大きく作用しているということでしょうか。でも、それは岡田先生が『イデオロギーの終焉』（原著1960年、岡田直之訳、東京創元社、1969年）を翻訳された1960年代に、ダニエル・ベルがすでに予見していたことではないでしょうか。

岡田　すでに予見されていたことですね。彼が『イデオロギーの終焉』という本のなかで一番主張したかったことは、「全体主義的なイデオロギーはもう終わったのだ」ということです。ナチズムやファシズムよりも、社会主義の思想が消滅したということが彼の一番言いたかったポイントだったと思います。それでは、その後どういう社会になっていくのか、ということになると、市民的なイデオロギー、あるいはCivil politicsということが脱工業化社会では有力になるのではないか、と。その基本的なテーマが、後に『脱工業社会の到来』や『資本主義の文化的矛盾』へと繋がっていき、より洗練された形で展開されていきます。

　ベル自身は、とりたてて世論ということを正面から論じたわけではありません。しかし、彼が「脱イデオロギー」の将来展望として提出している市民政治（シヴィル・ポリティックス）という概念は、やはり1980年代以降の世論のリアリティをかなり的確に捉えていたのではないかと思います。この市民政治の議論が「討議的民主主義」論に発展していきます。代表的なものでは、最近『市民の政治学』（岩波新書、2004年）を出した篠原一さんの『ポスト産業社会の政治』（東京大学出版

会、1982年）でしょう。そこで彼はcivilとcivicとを分けて論じています。新しい硬質の輿論や民主主義のあり方を展望している議論だと言えるでしょう。市民政治をどうやって構築するのか。ひとつには個人レベルでの主体性や自主性という問題、それから社会レベルでの連帯やネットワークというものを、どう構築していくかということが重要な問題としてあるのではないかと思います。

佐藤 私のように、ポストモダンが喧伝された時代に学問を始めた人間には、個人の主体性や自主性という問題設定そのものに疑問があります。構造主義以後の視点で、主体的な個人の熟慮を前提とする輿論が、果たしてフィクション以上に見えるでしょうか。

岡田 そこは非常に難しい問題だけど、鶴見俊輔のプラグマティズムの思想は、生活者としての個人の発想というものが大切だと言っています。それは身近な自分の日常的な生活のなかで経験的に身につけるものであって、上から押しつけられる形で生まれてくるものではない。個人個人が自分の身の回りの日常生活から自然に身につける公共的な考え方、それがプラグマティズムの思想だ、と鶴見さんは言っていますよ。そういう生活実感のなかから身につけることのできるもの、という議論になってくると、分かりやすいのではないでしょうか。

　生活実感を大事にしつつ私生活主義に陥らない個人をどう育てていくのかという点については、鶴見さんの発想に則れば、ラディカルに討議すること。しかも、自分の考え方とは異なった人たちや対立する人たちとのコミュニケーションが不可欠です。異質な人と接する生活環境のなかで議論を交わすことで、個人レベルでの主体性や自律性というものを育てていけるのではないでしょうか。実際、議論というものが個人レベルを超えて一気にトップダウンの話になってしまうと、非常に危険なのであって、そういう考え方を鶴見さんや久野収なんかも書いています。

　そういうシヴィル・パワーを、どうやって再び蘇らせ活性化できるのか。そこが問題ですが、今、NPOやNGOで活躍しているような若い人たちが書いたものや話すことを拝見・拝聴していると、確かに新しい市民感覚というものの力強い芽生えを感じることができる。そこに期待をしたいというのが、僕の今の心境です。

佐藤 本日は長い時間、ありがとうございました。

（2007年6月27日、於学士会館）

（構成・宮武実知子）

あとがき

　この本は岡田さんの話しかけで始まりました。彼の原案は佐藤さんをさそって、世論のリーディングスを作ろうというのでした。大変よい企画ですが、私はその仕事には、なにも貢献できないといいました。私は戦後の世論調査、社会調査の普及に努力してきた調査の技術屋です。先輩のなかには「世論とは世論調査の結果である」という人がいて、それをもてはやす人たちも少なくありません。私は何時からか「世論」が気になってはいましたが、納得のいく本にも、友人にも巡り会えなかったのです。それにやはり民意の反映に関係のある、選挙の制度に関心がわきました。そして行き当たりばったり読んだ小説だの、古典のなかで、世論や選挙がどう取り扱われているかを書き留めてきました。その拾い書きと世論調査、社会調査の発展や実情を、私の最後の本のつもりで、『世論を求めて』という本を書いています。その本の第1章は「世論はどう考えられてきたか」という題目ですが、同じタイトルでどなたかが、この本の第三部を書いて下さればよかったと思います。なにしろ私の読書はいい加減で、組織的ではありませんから。

　私は岡田さんに調査技術屋として、第三部に当たるものでなければ書けないと、いわざるをえなかったのですが、できあがってみれば、岡田さんが明治以来の世論についての解題をし、佐藤さんがそれと私の間のギャップをつないで下さった。そして最後に宮武さんが初めの岡田さんの趣旨を生かして下さり、1冊の本としてまとまることができました。

　最後になりましたが、キャラクターの違う4人をうまくまとめて下さった渦岡謙一さんにお礼申し上げます。そして私はついにお目にかかれなかった、亡くなられた堀江洪さんに感謝の気持を捧げます。

　　　2007年7月

西平重喜

索 引

欧 文

AP 96
CIE 101, 115, 120, 121, 123, 126, 127, 130-132, 134, 135, 139, 140, 142, 220, 221, 223 →民間情報教育調査局
EF調査（東京定期調査） 145, 149
GHQ（連合国軍総司令部） 92, 98, 100, 101, 111-114, 119-122, 126, 130, 132-134, 220
GSS 208
KSD 147
SSJデータアーカイブ 208
SSM調査（社会階層と社会移動全国調査） 146, 147, 208, 229

あ 行

青木匡 19
青木泰子 200
秋吉美都 210
アカデミズム 31, 35, 206
芥川龍之介 88, 89
飽戸弘 203
芦田均 97
阿閉吉男 30, 47-50
アドルノ, テオドール・W 148
アパシー 52-54, 56
阿部潔 198
阿部謹也 216
アメリカン・ファシズム 135
新井静郎 102
有山輝雄 94, 114, 215
安野智子 195-197
安保闘争 51, 54, 62, 162
イェーツ, フィッシャー 140
池内一 57-61, 131, 147, 149, 222
池田謙一 195, 208, 209
池田勇人 199
意見風土 194
意見分布認知 205
石川淳志 205, 206
石川旺 207
石黒修 223
石田正次 139, 140, 144
石田浩 208
石野巌 113
石原慎太郎 201
一億総中流社会 127, 136

イデオロギー 14, 17, 30, 31, 47, 48, 91, 105, 108, 230
井上トシユキ 211
今村誠次 113, 114, 121, 135, 136
岩男寿美子 198
岩田温 193
因子分析 157
インターネット 193, 196, 203, 208-211, 213 →ネット
インテリジェンス 95, 101 →情報
インフォメーション 95, 101
上杉正一郎 135
植松俊夫 145
宇野宗佑 200
梅棹忠夫 102
うわさ（噂） 47, 42, 77, 131, 212-214
映画 28, 46, 93, 97, 104, 110-112
ＮＨＫ 10, 131, 140, 142, 144, 199, 201, 221
── 調査 159, 162, 163, 166-168, 172-175, 181 →日本人の意識調査
遠藤薫 210
逢坂巌 199
欧州価値観調査 159, 160, 165, 181, 183, 185, 186
大石裕 193
大嶽秀夫 200, 201
大谷竹次郎 97
大野晋 223
大橋隆憲 122
緒方竹虎 97, 99, 101, 125
岡田直之 4, 9, 61, 230
岡部慶三 51, 65
尾高邦雄 146, 152, 153, 222
小野秀雄 103, 104
オーマイニュース 203, 204
呉連鎬 204
オルポート, ゴードン・W 213, 225
音声メディア 90

か 行

階級意識 30, 49
海軍 98, 131, 132
── 技術研究所 131
── 軍事普及委員会 96
外面的世論 60
加瀬俊一 120

片岡直道　97
価値観調査　160, 178, 181, 185
活字メディア　90
カッツ，エリユ　214
加藤紘一　201
兼子宙　38-41, 131
蒲島郁夫　200, 202
神の声　27, 32, 42, 71, 72, 83
カルチュラル・スタディーズ　198
川合隆男　205
川浦康至　209
川上善郎　209, 213, 214
川島高峰　114
観光　107
関東大震災　88, 89
菅直人　201
樺俊雄　30, 32, 47, 50, 51
議会政治　12, 15, 71-73, 75-77
菊池寛　97, 122
岸信介　199
記者クラブ　193
擬制　24, 43, 65, 67, 136
議席数　71, 75
議題設定機能　192, 193
喜多壮一郎　27, 88
基底的世論　58-60
ギデンズ，アンソニー　210
城戸浩太郎　148
木村定　134
木村等　144
ギャラップ，ジョージ　115-118, 121, 122, 132
　『パルス・オブ・デモクラシー』（『米国輿論診断』）　116, 121, 122
キャントリル，H　148, 225
教育　101, 110, 130, 131, 135, 136
京極純一　13, 15, 70
共通語化調査　143
共同通信社　100, 130
清瀬一郎　127
ギルフォード，ジョイ　222
キング，C　39, 40
近代市民社会　50, 51
Google（グーグル）　211
草野厚　202
国広陽子　201
久野収　231
久保良敏　131
クラウゼヴィッツ　95
グラース，D. V　146
クリール委員会　95, 98, 113
クリントン，ビル　203

クレスピ，アーヴィング　115
クロス表　157
クロスレー，A　116
軍機保護法　92, 96
群集（衆）　28, 33, 35, 37, 38, 113
軍人勅諭　87
敬語の社会心理学的研究　143
掲示板　211
携帯電話　209, 210
啓蒙　110, 130, 135, 222
　——主義　31
ゲッベルス，ヨーゼフ　104, 110
ケネディ，ジョン・F　202
検閲　92-94, 97, 99, 101, 114, 130, 131, 222
　——制度　100, 115
言語習慣　178
顕在的世論　59, 60, 67, 68
現象的世論　58-60
原初的世論　67, 68
限定効果論　192
権力　16, 22, 43, 53, 60, 65, 75, 76, 185, 193, 208, 213, 215, 216, 227
言論
　——弾圧　99
　——統制　96, 99, 100, 108, 114, 120, 133, 136
　——統制システム　94
　——の自由　36, 44, 100, 175
小泉純一郎　201
公共圏　110, 197, 198, 208-212
公共性　89, 119, 195, 197, 210
考現学　144
江湖　216
広告　102, 104, 105, 202, 203
　——宣伝　102
公示学　103, 104, 110
公衆　23, 24, 27-29, 33, 35, 48, 55, 65, 66, 73, 74, 77, 88, 105, 193, 213, 217, 227
公職追放　142
厚東洋輔　190
広報　13, 87, 101-103, 105, 112, 113, 117, 122, 162, 169, 215
　——委員会　95, 98, 99 →クリール委員会
公論　10, 20, 29, 48, 72, 73, 77, 87, 88, 110, 207, 214
講和条約　101, 133
五箇条のご誓文　72, 87
国語審議会　128, 129
国際比較調査　153, 154, 164, 178
国策通信社　96, 100
国勢調査　118, 133
『国防の本義と其強化の提唱』　97

索　引　235

国民投票　76, 78, 86, 124-128, 139
国立国語研究所　143, 144, 223
国立世論調査所　102, 104, 131, 133-135
児島和人　65-67, 133, 192, 205, 227
55年体制　22, 135, 136, 200
近衛文麿　97
小林一三　97
コホート　163, 164
　　——分析　149, 150
小山栄三　44-47, 102-108, 110-113, 120-126,
　　129, 131-133, 135, 136, 220, 221, 227
小山隆　22-25, 27, 43, 131, 221
孤立への恐怖　194, 195
コンセンサス　74, 76, 80, 163, 175, 176
コンピュータ　76, 133, 208
コンフィールド　132
今和次郎　144

さ　行

災害　213
斎藤秀三郎　95
サイバー・カスケード　212
ザイフェルト, R　106
酒井忠恕　94
佐々木吉郎　124
サーストン, L.L　147
佐藤栄作　199
佐藤健二　131, 205, 213
佐藤卓己　13, 61, 85, 87, 105, 136, 215
佐藤達哉　214
佐藤博樹　208
佐藤良一郎　140
参加民主主義　90
サンスティーン, キャス　210
三層三重構造説　25
サンプリング　118, 124, 132, 133, 141, 142,
　　146, 147, 152, 155, 157, 220
　　——誤差　161
ジェンダー　200
　　——・バイアス　31, 43
時事通信社　100, 122-124, 130, 133, 211, 220
思想戦　91-94, 96-99, 102-104, 110, 122
篠原一　230
柴田武　223, 224
シブタニ, タモツ　213
シベリア出兵　92, 94
資本主義　51
『資本論』　25
清水幾太郎　50, 59, 212
　　『流言蜚語』　59, 212, 213
清水伸　127

清水盛明　98
市民　230
　　——政治　230, 231
　　——的公共圏　110
　　——的公共性　89, 215 →ブルジョア的公共性
下村宏（海南）　99
社会意志　33
社会意識　28, 29, 32, 33, 48, 49
社会学研究会　47
社会価値観　177
社会主義　51
社会心理学　38, 39, 55, 192, 198, 205, 225
社会調査　204-207, 220, 223, 224
　　——法　138, 146
社会的擬態　24, 43
ジャーナリズム　13, 27, 29, 31, 47, 54, 77, 79,
　　94, 190, 193, 198, 201, 202, 211
シャンパーニュ, パトリック　204, 205
銃後　93, 120, 215
自由主義　31, 59, 89
自由民権論　31
住民投票　151, 152
衆論　10, 17, 18, 48
出版法　96
シュバイツァー, アルベルト　53
準拠集団　194-196
ショー, ドナルド　192
常識　38, 73, 74
少数意見　36, 37, 55, 119, 194
情報　91, 94, 95, 98, 99, 101, 102
　　——化　70, 90, 95, 190, 198, 208, 210, 211
　　——局（日本）　92, 95-102, 112, 117, 119-123,
　　125, 127, 130-132, 135
　　——産業論　102
　　——社会　43, 102, 130, 213
　　——省（英）　95, 98, 99, 109
　　——戦争　102, 113, 136
　　——宣伝　85, 93, 96-98, 102, 104, 115, 130,
　　134
　　——部（日本）　95-98, 101
　　——ボランティア　210
　　——リテラシー　207
女性　43, 146, 185, 200
シラー, H　116
人心　10, 26, 74, 76, 83
新体制運動　97
新聞　46, 77, 79-82, 100, 103, 104, 199
　　——学　27, 44, 46, 47, 94, 102-104, 112, 113,
　　123, 207
　　——事業令　100

——紙法　96
シンボル操作　64
新明正道　32, 35, 38
数理量化　145
末綱恕一　220, 221
末廣鉄腸　18
杉山あかし　205, 209
杉山光信　227
鈴木栄太郎　131
鈴木謙介　211
鈴木達三　153
鈴木哲夫　202
ステレオタイプ　38, 64, 93
スノー, ナンシー　113
スノーボーリング調査　196
スプートニク・ショック　117
住友陽文　88
政治　76, 86, 87, 202
　　──家　14, 70, 74-76
　　──家不用論　77
　　──的アパシー　52-54, 56
　　──の劇場化　201
　　──の大衆化　88
　　──番組　199
青年調査　153, 160, 171, 178, 180, 181, 183, 186, 187
政府　53, 79-82
セイヤー, J　134, 135
盛山和夫　147
世界青年調査　160, 165, 179 →青年調査
世間　76, 79, 87, 90, 129, 195, 196, 216, 217, 223
世耕弘成　202
説得　74, 77
芹沢洋一　202
世論（せろん）　87-91, 128, 129, 191, 212 →輿論, 世論（よろん）
戦意高揚　93, 102, 132
選挙　75, 142, 143, 198, 221, 224
戦後　91-94, 97, 100, 102, 104, 106, 107, 111, 113
　　──民主主義　10, 22, 82, 136
　　──パラダイム　93
全国紙　92, 100, 141
潜在的世論　59, 60, 67, 68, 213
戦時
　　──宣伝　95, 103, 106, 107, 110, 113, 135, 136
　　──体制　89, 93, 100, 106
　　──動員　95, 105, 121, 134
　　──プロパガンダ　117
戦争　46, 91, 93, 98, 106, 113, 215, 228

宣伝　93, 94, 98, 104, 106, 109, 110, 124, 226, 227
　　──学　106
　　──研究　103, 107, 111, 122, 124, 136
　　──戦　93, 99, 102, 104, 108, 110
煽動　37, 77, 88, 113
戦略サービス局　116
占領軍　100, 101, 114, 132, 134, 141, 142, 220
ソヴィエト革命　94
争点　64, 65, 68, 86, 193
総力戦　90-95, 98, 105, 109, 113, 121, 136
　　──体制　89, 91, 92, 98, 108, 111, 134
ソーシャル・ネットワーク　195

た　行

第一次世界大戦　89, 92-96, 98, 99, 104, 105, 113, 190, 205
代議制民主主義　86
ダイク, ケン・R　112, 120
大衆　35, 37, 63, 90, 93, 105, 106, 109, 110, 134, 217, 228
　　──行動（運動）　14, 63, 98
　　──社会（論）　64, 134, 217
　　──動員　93, 214
　　──デモクラシー　54, 55
大正デモクラシー　20, 22
大道安次郎　47
第二次世界大戦　91, 98, 108, 115, 116, 216
高石真五郎　97
高野岩三郎　122
高橋徹　50, 61, 62, 223, 225, 226
高橋正樹　223
高畠素之　25
竹内郁郎　61, 64, 65, 197, 227
竹下俊郎　193, 202
竹下登　200
田崎篤郎　192
多数意見　36, 55, 119, 184, 185, 194
多段抽出法　161
田中真紀子　201
谷岡一郎　206
谷藤悦史　201
多変量解析　157
民の声　27, 42, 71, 72
田村秀　207
ダヤーン, ダニエル　214
タルド, ガブリエル　23, 24, 27, 35, 52, 55, 225
単記法　145
治安維持法　92, 96
治安警察法　96
知識社会学　62

知識人　17, 18, 195
チャコティン, セルゲイ　225, 227
中央調査社　133
超国家主義　31
調査（実施上の）誤差　161, 163, 167, 172, 175, 179, 181
徴兵検査　140, 153, 224
諜報　95
直接民主主義　86
沈黙の螺旋理論　41, 192, 194-196, 212
津金澤聰廣　13, 105, 215
塚原俊郎　122-125
辻村明　65, 79
筒井淳也　210
椿貞良　200
鶴見俊輔　49, 50, 54, 231
デマ　26, 150, 152, 204, 213, 214
デミング, W. E　132
デモクラシー　20-22, 54, 55, 60, 62, 64, 104, 108, 121, 122, 124-126, 203, 226
デューイ, ジョン　198
寺内礼次郎　62
寺田寅彦　150
テレビ　44, 90, 149, 197, 198-204
　──政治　18, 198, 199
電子民主主義　86
電通（日本電報通信社）　96, 113, 160
テンニース, フェルディナント　27, 29, 45, 46, 190
『世論批判』　29, 190
天皇制　125-127
土井たか子　200
ドイツ新聞学　103, 119
討議的(型)民主主義　191, 210, 230
東京定期調査　149 →EF調査
統計　143, 144, 206, 219, 220
統計数理研究所　129, 131, 133, 139, 140, 142, 143, 146, 152, 159, 219-221, 224, 227
同調圧力　13, 195
同調性向　78
投票率　151, 185, 207
ドゥーブ, レオナルド・W　60
同盟通信社　96, 100, 123, 126
討論　36, 40, 44, 55, 56, 110
トクヴィル, アレクシス・ド　190
独裁国家　109
読書人的公共性　89
徳田球一　127
戸坂潤　29, 30, 91
戸澤鉄彦　110
都市伝説　214

戸田貞三　122, 124, 131
都知事選挙　142
トフラー, アーヴィン　208
『第三の波』　208

な　行

内閣社会統計局　133
内閣(情報)調査室　101
内閣情報部　95-98, 100-104, 122
内務省警保局　92, 100
内面的世論　60
永田鉄山　94
中野好之　90
ナチズム　104, 105, 117, 132, 230
ナチ宣伝　103-105
難波功士　102
ニクソン, リチャード　202
ニコライ, ヴァルター　94
二次的結合分子　23, 43
西平重喜　137, 144, 146, 150, 152, 154, 158, 219
二者択一　136
２ちゃんねる　211
日中戦争　91, 92, 96, 100, 106
日本型新聞システム　100
日本新聞会　100
日本新聞聯合社　96 →聯合
日本人
　──研究会　68, 70, 79
　──の意識調査　159, 162
　──の国民性調査　139, 145-147, 149, 153, 159, 162, 163, 224, 229
　──の読み書き能力調査 →読み書き能力調査
日本電報通信社　96 →電通
日本輿論研究所　127
日本世論調査協会　10, 101, 102, 112, 115, 117, 120-122, 131, 132, 157
日本輿論調査研究所　127
ニュース　40, 41, 46, 47, 125, 144, 152, 193, 195, 199-201, 212, 213
ニューディール　98
　──体制　111
　──・デモクラシー　135
ネガティヴ・キャンペーン　203
ネット　203, 209-211 →インターネット
　──公共圏　210
　──選挙　203
　──世論　209
　──の自由　210
農村輿論調査　132
ノエル＝ノイマン, エリザベート　41, 192, 194-

196, 212, 228
『沈黙の螺旋理論』 117, 192, 195
野間清治 97
盧武鉉 203
ノモス 42, 77
野元菊雄 144

は　行

ハイマン, H 132
萩原滋 201
バーク, エドマンド 90, 91
橋本和孝 206
橋元良明 211, 213
橋本龍太郎 201
長谷川才次 122
パソコン通信 209
パッシン, ハーバード 12, 101, 131-134, 221, 222
　──・スクール 131
バートレット, F.C 99
花田達朗 197
パネル調査 142, 145, 149, 208
ハーバーマス, ユルゲン 46, 197, 198, 209, 210, 215
『公共性の構造転換』 46, 197
ハフ, ダレル 206
浜谷正晴 206
早川洋行 214
林香里 198
林知己夫 68-70, 115, 139, 141, 144, 145, 148, 153, 154, 220-222, 224, 225
原弘 102
坂東慧 136
PR（パブリック・リレーションズ） 101, 103
東島誠 216
日高六郎 54
ヒトラー, アドルフ 71, 98, 105
玄武岩 203
平松貞実 206
廣井脩 213
ファシスト的公共性 89, 90, 215
ファシズム 89, 105, 108, 111, 135, 230
フィールドワーク 138, 157, 161, 229
フェーメー 42, 77
福澤諭吉 17, 18, 27, 87, 88, 191
福間良明 113, 215
藤岡勝二 95
藤竹暁 61, 201, 213
藤田高弘 205, 209
藤田信文 193
藤沼庄平 97

藤原勘治 119
婦人参政権 31
普通選挙法 88
ブッシュ, ジョージ・W 203
不偏不党 52, 54
ブライス, ジェームズ 40
プラグマティズム 49, 231
フランス革命 30, 35, 191
俘虜情報局 95
プリン, サーゲイ 211
古川隆久 214, 215
古川良治 209
ブルジョア 22, 51, 89
　──的公共性 89, 110 →市民的公共性
ブルデュー, ピエール 13-15, 86, 204
古野伊之助 97
プレス・コード 92, 130
ブログ 203, 211
プログラム・アナライザー 143
プロパガンダ 31, 87, 92, 93, 102, 104, 105, 113, 117, 190, 214-216, 226, 227
フロム, エーリッヒ 78
プロレタリア 30, 49-51
ペイジ, ラリー 211
ペットカー, ホルスト 117
ベル, ダニエル 230
『イデオロギーの終焉』 230
ペルゼル, ジョン 140, 221-223
報道技術研究会 102
放送 90, 92
　──文化研究所（NHK） 10, 87, 140, 142, 144, 159
　──メディア 90
星浩 199
干川剛史 210
ポスター 104, 105, 110
ポストマン, レオ 213
細川護熙 200, 201
ポツダム宣言 114, 125
ポピュリズム 18, 55, 89, 190, 200
ホロコースト 193
ボローレー, A.L 133

ま　行

マイヤー, ゲオルグ・フォン 122
牧田稔 131, 132
牧野良三 127
マーケティング手法 202, 203
マコームズ, マクスウェル 192, 193
マーシャル, ジョン 105
マス・コミュニケーション（マスコミ） 10,

18, 29, 41, 47, 50, 52-54, 62, 80, 92, 96, 101,
　　　102, 104, 105, 112, 115, 116, 152, 156, 192,
　　　193, 197, 198, 201, 206, 211, 214, 221, 222,
　　　226, 227
　　──研究　88, 91-93, 102, 104-107, 111, 112,
　　　116, 119, 132, 190, 192
増田義一　97
マス・メディア　46, 52, 64, 74, 78, 92, 96, 104,
　　　112, 149, 150, 156, 157, 166, 185, 193-198,
　　　202, 207, 208, 211, 213
町村敬志　214
松沢弘陽　17, 22
松田美佐　214
松本重治　126
松本正生　115, 207
マディソン, ジェームス　50
マルクス, カール　25, 35
　　──主義　29-31, 50, 51, 54, 55, 62, 91, 127,
　　　135, 136
丸山眞男　17, 54, 22
満州国通信社　96
満州事変　41, 89, 92, 96, 205
マンハッタン計画　116
三崎敦　41-44
水野坦　142-144, 222, 224
南博　213
箕輪三郎　99
三宅英一　128
宮田加久子　209
宮武実知子　3, 13, 45, 46, 87, 88, 189, 219, 223,
　　　228, 229
宮森喜久二　129
ミュンスター, ハンス・A　103, 104
ミュンツェンベルク, ヴィリー　104, 105
民意　10, 58, 69, 99, 151, 152, 211
民間情報教育局　98, 101, 111-113, 115, 120,
　　　139, 220
民主主義　16, 21, 82, 84, 86, 90, 105, 108-110,
　　　113, 114, 135, 190, 191, 204, 208-211, 220,
　　　226-228, 230, 231
　　──的動員　110
民主政治　13, 16, 32-34, 123, 129, 198
民心　71, 72, 74-76, 120
民放　201
民本主義　20-22, 31
無作為抽出法　132
務台理作　140, 223
村上文司　206
村松泰子　65, 67
メディア　90, 92, 103, 192, 194-198, 202, 208,
　　　209, 215, 216

　　──・イベント　193, 194, 214, 215
　　──研究　104, 116, 190
　　──効果理論　192
　　──多元主義　202
　　──報道　89, 93, 200, 202
　　──民主主義　89
面接調査　138, 143, 146, 150, 151
モック, ジェームズ　99
モーニングショー　201
百瀬千似　129
モラール調査　152
モラン, エドガール　213
森鷗外　95
モーリス＝スズキ, テッサ　108, 136

や　行

安田三郎　146, 148, 222
山田一成　205
山名文夫　102
山本七平　74
山本武利　216
山本信人　193
湯川鶴章　211
吉井博明　211
吉田茂　101
吉田純　209
吉田洋一　219
吉野作造　20-22, 27
吉原一眞　120, 124-129
吉見俊哉　46, 103, 214
米山桂三　35-38, 47, 56, 57, 99, 102, 103, 107-
　　　113, 123, 124, 127, 131, 136, 220, 225
読み書き能力調査　140, 220, 222-224, 229
輿論／世論の違い　10-12, 46, 48, 87, 88, 128,
　　　129, 191, 225
輿論　22, 23, 26, 29, 30, 32, 33, 35, 36, 39, 40, 42,
　　　44, 55, 59, 71-75, 83, 88-91, 109, 110, 119,
　　　191, 217, 224
　　──科学協会　131, 132, 136, 142
　　──形成　40, 52, 55, 109, 110, 128
　　──調査　34, 115, 117-121, 123-128
　　──調査協議会　131, 132, 133, 222
　　──調査班（内閣審議室）　120, 123, 127,
　　　131
　　──の世論化　55, 88, 89, 91, 93, 129
　　──変動　56, 57
世論　10, 13-16, 44, 55, 58, 59, 61, 62, 65, 68, 69,
　　　77-83, 86-89, 114, 115, 191, 194, 197, 202,
　　　214-217, 225, 226, 228
　　──外過程　66, 67
　　──過程　58, 59

――形成　58, 64, 65, 89, 194-197, 209, 212, 213
　　――集団　63, 65, 66
　　――政治　14, 15, 65, 77, 108
　　――操作　46, 94, 113, 116, 131, 190, 200
　　――調査　14, 64, 68-70, 77, 86, 87, 91, 93, 114, 117, 136, 207, 224
　　――内過程　66, 67
　　――批判　190, 191
　　――民主主義　115, 133, 200
　　記述概念／規範概念としての――　15, 16
　　質／量としての――　73
　　実在／当為としての――　23
与論　12, 129, 135, 136
　　――形成　112

ら　行

ラザースフェルド, ポール　116
ラジオ　37, 46, 80, 93, 104, 105, 110, 112, 116, 127, 144, 215
　　――・コード　92
　　――人的公共性　89
　　――聴取者調査　142
ラスウェル, ハロルド・D　106
ラースン, セドリック　99
ランキング　145-147, 156, 207, 212
乱数表　140
ランダム・サンプリング　138, 140, 153, 224
リカート, R　131

陸軍　94, 97-99, 221
　　――省新聞班　96-98
　　――省情報部　97, 98
リップマン, ウォルター　18, 23, 25, 27, 38, 46, 93, 105, 190, 227, 228
『世論』　18, 25, 27, 46, 61, 93, 190
流言　212-214
　　――蜚語　41, 59, 89, 129, 131, 132, 212, 213
ルーデンドルフ, エーリッヒ・フォン　93, 94
ルナン, エルネスト　128
ル・ボン, ギュスターヴ　27, 225
ルーマン, ニクラス　198
レイティング　145, 146, 157
レヴィン, クルト　132
レーガン, ロナルド　202
レッド・パージ　111, 142
連記法　145
聯合（日本新聞聯合社）　96, 114
ロイター　96
蝋山政道　54
ローズヴェルト, テオドア　115
ローパー, エルモ　116

わ　行

ワイドショー（政治）　201, 214
渡辺義晴　47
和田洋一　112
割当法　118, 119, 142

著者紹介

岡田直之（おかだ なおゆき）
1933年，東京生まれ。東京大学大学院社会科学研究科新聞学専攻課程単位取得満期退学。
成城大学文芸学部教授，東洋大学社会学部教授を歴任。
主な著訳書：『世論の政治社会学』（東京大学出版会，2001年），『現代社会におけるマスコミ・世論の種々相』（学文社，2005年），ダニエル・ベル『イデオロギーの終焉』（東京創元社，1969年）など。

佐藤卓己（さとう たくみ）
1960年，広島市生まれ。京都大学大学院博士課程単位取得退学。
現在，京都大学大学院教育学研究科准教授。
専門：メディア史，大衆文化論。
主な著書：『大衆宣伝の神話』（弘文堂，1992年），『「キング」の時代』（岩波書店，2002年），『戦後世論のメディア社会学』（編著，柏書房，2003年），『言論統制』（中公新書，2004年）など。

西平重喜（にしひら しげき）
1924年，東京生まれ。北海道大学理学部数学科卒業。
統計数理研究所名誉所員。
専門：選挙の方法，世論調査。
主な著書：『世論調査』（共著，岩波新書，1956年），『統計調査法』（培風館，1957年），『各国の選挙 その変遷と現状』（木鐸社，2003年）など。

宮武実知子（みやたけ みちこ）
1972年，京都市生まれ。京都大学大学院博士後期課程学修退学。
現在，同志社大学非常勤講師。
専門：歴史社会学，メディア論。
主な論文：「「世論」（せろん/よろん）概念の生成」（津金澤聰廣・佐藤卓己編『広報・広告・プロパガンダ』ミネルヴァ書房，2003年），「世論形成の力学——E.ノエル＝ノイマン『沈黙の螺旋理論』」（井上俊・伊藤公雄編『社会学ベーシックス第6巻 メディア・情報・消費社会』世界思想社，2007年刊行予定）など。

輿論研究と世論調査

初版第1刷発行 2007年9月28日 ©

著　者　岡田直之・佐藤卓己・
　　　　西平重喜・宮武実知子
発行者　塩浦　暲
発行所　株式会社新曜社
　　　　〒101-0051 東京都千代田区神田神保町2‐10
　　　　電話(03)3264-4973(代)・Fax(03)3239-2958
　　　　URL http://www.shin-yo-sha.co.jp/

印刷　銀河　　　　　　　　　　　　Printed in Japan
製本　イマヰ製本
ISBN978-4-7885-1069-2　C1036

―――― 新曜社の関連書 ――――

世論調査で社会が読めるか　事例による社会調査入門
質問の仕方や順序が違えば回答も全く違ってくる。調査は社会をどこまで忠実に写し取るのか。信頼できる調査とできない調査は？　身近な話題で誰もが楽しく読める。
平松貞実 著　　　　　　　　　　　　　　　　　　　四六判256頁／2200円

社会調査で何が見えるか　歴史と実例による社会調査入門
世論調査・社会調査は個人情報保護法などにより壁に突き当たっている。今一度原点に立ち返り、調査は何のためにするのかを歴史的に問い直し、必要性を再確認する。
平松貞実 著　　　　　　　　　　　　　　　　　　　四六判304頁／2400円

直接民主政の挑戦　電子ネットワークが政治を変える
もっと住民投票を！　直接民主政の挑戦が始まった。技術的問題をどう克服するか。第二のヒトラー誕生の危険は？　政党の役割は？　日本の政治を変革するために。
I. バッジ 著／杉田敦ほか 訳　　　　　　　　　　　　四六判340頁／3200円

数字で語る　社会統計学入門
社会と人間を数量的統計的に解明する上での原理と実際的勘所を初心者にも分かりやすく、フレンドリーな語り口で説いた世界的ベストセラーの、待望の新訳。
H. ザイゼル 著／佐藤郁哉 訳　　　　　　　　　　　　A5判296頁／2500円

マスメディアの周縁、ジャーナリズムの核心
ジャーナリズムの精神は今どこに宿るか。マスメディアとどう違うのか。ルーマン、ハバーマス、デューイの公共圏、パブリックの概念を手がかりにその可能性を探る。
林 香里 著　　　　　　　　　　　　　　　　　　　　A5判464頁／5500円

電子メディア論　身体のメディア的変容
かつてマクルーハンは電子メディアがもたらす直接民主政的な社会を楽天的に語った。しかしそれは理想の社会か。電話、文字と声、小説、テレビなどを通して分析。
大澤真幸 著　　　　　　　　　　　　　　　　　　　四六判354頁／2900円

メディア時代の文化社会学
いまやますます日常的な親近性をもって浸透してくるメディア。生活意識や感覚を無意識に変容させるメディアの多元的な様相と、交響する情報空間のドラマを描出。
吉見俊哉 著　　　　　　　　　　　　　　　　　　　四六判336頁／2800円

（表示価格は税を含みません）